공동육아, 이웃이 있는 가족이야기

공동육아 ❹

류경희 지음

도서출판 또 하나의 문화

국립중앙도서관 출판시도서목록(CIP)

공동육아, 이웃이 있는 가족 이야기 / 류경희 지음. — 서울 : 또 하나의 문화, 2004
  p. ; cm — (공동육아 ; 4)

ISBN 89-85635-67-0 03330 : ₩ 10000

598.144-KDC4
649.146-DDC21   CIP2004001663

책을 펴내며

한동안 잊고 살았다, 공동육아를… 뜻밖의 출판 지의를 받고 연구 현장에서 또 하나의 나로 자리매김했던 '나팔꽃'을 생각해 냈다. 해맑은 어린 친구들이 내게 붙여준 이 별명이 아직도 무척 소중하다 아이들과 함께 나팔꽃으로 살았던 순간을 떠올렸다. 당시 현장 일지와 부모님들께 나눠 주고 남은 사진들을 뒤적거리며.

부족한 글을 세상에 내놓기로 마음먹었다. 공동육아 가족들이 함께 나누는 삶은 대안 가족을 꿈꾸는 많은 이들에게 공동체 가족 모델이 될 것이며, 그 가능성을 직접 몸으로 경험한 사람이 바로 나 자신이기 때문이다. 남의 아이도 내 아이처럼, 남의 부모도 내 부모처럼, 남의 가족도 내 가족처럼 서로 편하고 친근하게 지내는 공동육아 가족들을 보며 이웃과 함께하는 삶이 있을 때 나와 아이, 식구들 모두가 행복해질 수 있다는 것을 배웠다. 이런 종류의 삶이 특정한 가족들만 누릴 수 있는 혜택은 물론 아니다. 내 가족이라는 틀을 벗어나 이웃과 공동체적인 삶을 모색하고 가족의 성장을 꿈꾸는 용기 있는 가족이라면, 누구든 선택해서 풍성한 공동체 문화를 누리는 기회가 있을 것이다.

가장 중요한 것은 대안을 모색하려는 미래 지향적인 시각이 아닐까. 현재에 안주하지 않고 늘 새로운 것을 시도하고 어려움을 겪더라도 성장하는 기회로 승화하며, 늘 대안을 모색하는 공동육아 가족들은 앞으로도 그 걸음을 멈추지 않을 것이다.

나는 예전이나 지금이나 공동육아에 대해서 '이방인'이다. 공동육아만을 연구하고 교육한 것도, 부모가 되어 공동육아를 실제 경험하고 있는 사람도 아니다. 그러나 현장 연구를 하면서 이방인인 내가 오염되지 않은 눈, 백지 상태로 참여 가족들의 생활을 있는 그대로 바라볼 수 있었음을 오히려 다행스 럽게 생각한다.

이방인인 내게 제 모습을 있는 그대로 과감히 보여 주면서 그 지점에서 발전적인 활로를 찾던 「활기찬 어린이집」[1] 원장님과 교사들, 조합원들(부모님 들), 그리고 어린 친구들 모두에게 감사드린다.

이 책은 내 박사 논문인 「공동육아 협동조합 가족의 공동체성 연구」에 바탕을 두고 있다. 연구 과정에서 많은 분들의 사랑과 은혜를 입었다. 논문을 지도해 주시고, 「활기찬 어린이집」에 오셔서 부모들을 직접 교육해 주시며 이 현장 연구가 잘 마무리될 수 있도록 이끌어 주신 나의 스승님, 김순옥 교수님께 먼저 존경과 감사를 전하고 싶다. 그분은 학자다운 학자, 교육자다운 교육자는 어떠해야 하는지 몸소 보여 주신 내 삶의 지침서 같으신 스승이다. 인생에서 김순옥 교수님을 만난 것은 내게 큰 행운이었다. 그리고 같은 학문의 길을 가면서 내가 성장할 수 있도록 항상 조언해 주고 격려해 준 왕석순 선배와 서미란 후배에게도 감사를 표하고 싶다. 자료 수집을 위해 많이 애써 준 서미란 후배의 따뜻한 마음은 항상 잊지 못할 것이다.

딸의 논문이 잘 완성되기를 늘 기원하시고, 내가 밤 늦게까지 연구 현장에서 가족 모임을 지켜보던 날이면 딸의 밤길이 걱정되어 어린이집까지 마중 나오셨던 아버지와 어머니의 크나큰 사랑에도 감사드린다. 지금 이 글을 쓰고 있는 순간에도 어머니가 참 그립다. 작년에 작고하신 어머니는 세상에서 가장 아름다운 고통이 그리움이란 것을 깨닫게 해주셨다. 살아 계셨다면 누구보다도 기뻐하셨을 어머니께 이 책이 조금의 위안이라도 되어드린다면 얼마나 좋을까.

마지막으로 얼굴 한번 본 적 없는 내 논문을 관심 있게 읽고, 나를 믿고서 출판 제의를 해준 도서출판 또 하나의 문화 유이승희 사장님께 감사드린다.

공동육아,
이웃이있는
가족이야기

책을 펴내며 —— 5

머리말 가족의 생명력을 찾아서 —— 11

아이들을 함께 키운다 —— 23
　　공동육아란 24
　　공동육아 협동조합이 탄생하기까지 27
　　활기찬 어린이집 30
　　어린이집 식구들 33

공동육아를 선택하기까지 —— 46
　　전업 주부의 나 홀로 육아 46
　　친척에게 의존하기 52
　　기존 보육 시설 또는 가정 탁아 58

같은 목표를 향해 —— 64
　　다양성을 보듬어 안는 공동 주인들 64
　　평등한 관계를 만든다는 것 67
　　뭔가 통하는 것이 있다 71

또 하나의 내 집을 마련하기 위해 90
시간을 들이니 시간이 난다 93

터전에서 관계를 맺다 ―― 95

한동네 사람들 96
동갑내기 자녀들 99
시간을 낼 수 있는 여유 99
함께 들어온 사람들 102
알고 싶어하기, 다가서기 위한 노력 105
기본적인 신뢰감 108
조합 속 또 다른 관계들 109
터전 일을 하면서 정을 쌓는 사람들 111
크고 작은 모임들에서 119
가족과 가족이 만나니 130
집단의 장으로 옮아가는 내 가족 136
함께 지내는 데는 어려움도 있다 145
역할 관계에서 정 관계로 149

갈등 속에 크는 공동체성 ―― 166

공동육아에 대한 환상을 깨고 166
빈자리를 채워 주었으면 172
친해질 만큼만 갈등한다 176

함께 크는 어른과 아이 —— 206
　관계 맺는 데 자신감이 생기다　206
　아이는 부모가 같이 돌본다　212
　가사 노동에 참여하는 남편들　216
　좋은 부모가 된다는 것　218
　집착을 넘어서다　221

가족의 경계를 넘어서 —— 224
　이웃과 함께하는 육아　225
　함께 푸는 부부 문제　231
　일상을 공유하는 이웃사촌　235
　내 가족에서 우리 가족으로　241
　가족 생활의 모델　245
　지역 사회를 향해　248

공동육아, 미래형 대안 가족 —— 253
　공동체 가족이란　254
　공동육아 협동조합이 왜 대안적 가족 형태인가　261
　다양한 대안 가족 실험의 전망　267

주 —— 274
참고문헌 —— 283

머리말

가족의 생명력을 찾아서

나는 가족이라는 단어를 무척 좋아한다. 이 단어에서 물씬 느껴지는 것은 사랑, 친밀감, 편안함, 그리고 안락함과 휴식.

일상적으로 체험하는 가족 생활은 사람마다 다르겠지만 머릿속으로 그리는 가족에 대한 생각은 모두들 나와 비슷할지 모른다. 내부로 들어가면 다양한 삶의 모습이 출현하는 현실 세계의 가족과 달리, 관념 세계의 가족은 어떤 곳보다도 사랑이 묻어나는 따뜻한 공동체여야 한다는 신념이 우리 무의식 속에 강하게 뿌리박고 있기 때문이 아닐까.

그러나 관념 세계가 아닌, 보이는 현실 세계 가족의 모습은 어떤가? 별문제가 없다면 내 가정의 행복한 경험들이 친숙하고 당연하게 여겨져 가족이라는 것에 대해 그다지 생각해 보지 않는다. 그러다가 부부간에 불화를 겪고, 함께 살고는 있으나 정서적으로 이혼한 상태라든지 자녀와 대화가 단절되고 식구들이 뿔뿔이 흩어지는 고통스런 경험을 거친 후에야 비로소 우리는 가족을 생각하기 시작한다. 그만큼 가족은 우리에게 너무 친숙해서 당연하기까지 하지만, 사실 이 개념만큼 모호하고 규정하기 어려운 것도 없는 것 같다.

그런데 그 '가족'에 살아 숨쉬는 생명력이 있다, 그것도 아주 역동적인 생명력이. 이 생명력의 진수를 글로 표현하자면 '사랑이 묻어나는 원초적이고 따뜻한 공동체성'쯤이면 어떨까? 가족학을 전공하던 박사 과정 시절 나는 왜 가족 생명력이 살아 숨쉬지 못할까, 왜 고통스런 경험들이 가족 생명력을 위협하고 있을까 하는 것들을 늘 고민했다. 어떻게 하면 '사랑이 묻어나는 원초적이고 따뜻한 공동체성'을 현실 가족 세계에서 구현할 수 있을까 하고 진지하게 자문해 보았다. 그러나 출구를 찾기란 쉽지 않았고 무언가 풀리지 않는 답답함이 계속 잠재해 있었다. 대학원 도서관에 앉아 가족학이란 학문, 이 안에서만 빙빙 돌며 고민했다.

어느 날 드디어 비상구 하나를 발견했다. 눈이 번쩍 뜨였다. 답답함을 해소할 수 있으리라 여겨진 것은 대학원 도서관 입구에 붙어 있던 게시물이었다. 「생명 가치를 찾는 민초들의 모임」(이하 생명민회)에서 주최하는 첫 번째 강좌 안내문이었는데, '생명, 그리고 생명의 세계관'이라는 대주제 하에 한국의 전통 사상, 동학, 동양 철학, 수행, 신학, 생태주의, 신과학 운동, 생명 운동 등 다양한 영역을 망라하고 있었다.

김지하 선생님의 첫 강연으로 시작해서 계속 이어지는 강좌들은 다양하면서도 생명 사상이라는 동일한 맥을 타고 있었다. 강좌를 들으면서 나는 새롭고 신선한 흥분을 느꼈고, 이상하게도 가족학 아닌 다른 시야로 눈을 돌리니 오히려 더 가족학을 이해하기 쉬웠다. 모임에 합류한 나는 서울의 홍대 근처 생명민회 사무실에서 한두 주일에 한 번씩 모여 생명 사상, 생명 가치 등과 관련된 서적을 나누어 읽고, 다양한 분야의 전문가를 초빙하여 토론도 했다. 다양한 직업 경력에 여러 학문을 전공하는 그야말로 다양한 사람들… 이들과 정보와 생각들을 나누면서 내 학문의 지평이 넓어지는 충만감이 좋았고 무엇보다도 '참 나'를 발견할 때 희열을 느꼈다. 그 당시 이렇게 새로운 사람들과 만나 마음을 나누고 생각을 나누었던 경험은, 스스로에게 던진 질문에 대한 해답을 찾으려는 내 나름의 모색이었다.

「생명민회」가 한창 무르익으면서 그 다음 해에는 '대안적 시민 운동으로서 생명 운동의 현실과 가능성'이라는 조금은 거창한, 생명 가치가 현실 속에서 어떻게 펼쳐질 수 있을지를 고민하는 세미나가 열렸다. 나는 여기서 생활 협동 운동, 여성 운동, 환경 운동, 대안 교육 운동, 생명 문화 운동, 농민 운동 등과 관련된 강연을 들으면서 공동체에 대한 공통된 주제를 발견했고, 지역 사회 공동체, 생활 공동체를 현실에서 모색하는 것에 관심을 갖게 되었다.

그러면서 공동체를 탐방하고 공동체 경험을 직접 해보는 것이 필요하다는 의견이 모아져 1997년 5월에는 경기도 안성에 있는 생태 공동체인 「푸른누리공동체」를 탐방했다. 당시 이 공동체는 경기도 안성에서 경북 상주로 이전할 준비를 하고 있었다.

「푸른누리공동체」에 도착하던 날 밤, 우리들은 공동체 의식을 함께 느낄 수 있는 몇 가지 게임을 하면서 즐거운 시간을 보냈다. 세속에 찌들지 않은 자연 그대로의 모습처럼 순수해 보이는 그곳 사람들과 함께 공동체에 대해 자유롭게 토론하는 기회도 가졌다. 공동체 식구들과 하룻밤을 묵으며 그 생활 방식대로 오전 6시경에 일어나 모든 사람들이 앞마당에 모여 맨손 체조를 하고, 함께 일터로 나가 잡초를 제거하는 공동 작업을 했다. 식사는 하루에 두 번, 오전 10시와 저녁 6시에 모두들 함께했다. 먹을거리는 농사 지은 것과 산에서 난 것뿐. 큰 접시에 먹을 만큼 밥과 반찬을 덜고, 수저를 들기 전에 눈을 감고 "이 음식이 내 앞에 오기까지 수고하신 많은 분들의 노고를 생각하며 감사히 먹겠습니다" 하고 말한 뒤 식사를 시작했다. 음식은 남기지 않고 깨끗이 먹어야 하며, 다 먹은 뒤에는 빈 그릇에 물을 조금 붓고 작은 무 조각으로 깨끗이 닦고서 그 물과 무 조각도 모두 먹었다. 이렇게 하는 것은, 쓰레기를 내부에서 모두 소화함으로, 만물이 순환되어 쓰레기 없는 삶을 지향하고 있기 때문이라

한다. 설거지 역시 역할 분담을 한 뒤, 합성 세제를 전혀 쓰지 않고 물에 밀가루를 풀어서 기름기를 닦았다. 방 청소를 할 때도 걸레를 들고 영차! 영차! 하며 협동했다. 이 공동체에서는 무엇이든 함께 의논하고 협동하여 생활한다. 논의할 문제가 생기면 만장일치 토의의 장인 '참 밝힘'을 여는데, 모두가 흔쾌하게 동의한 상태를 만드느라 합의점이 찾아지지 않으면 일을 진행하지 않고 계속 논의만 할 때도 있다.

혈연관계가 아닌 사람들끼리도 훈훈한 가족의 정을 나누며 한 식구로 살아가고 있는 「푸른누리공동체」 사람들을 본 것은 가족의 개념과 공동체를 다시 생각해 보는 계기였다. 가지각색의 뜻을 품고 나름대로 공동체를 꾸려 나가는 사람들을 모두 존중해 왔지만 내가 꿈꾸는 공동체는 특히, 생명력이 살아 숨쉬는 현실적인 토양 위에 세워나가는 가족적 공동체임을 깨달았다.

어떻게 공동체적인 삶을 살 것이며 공동체적인 삶을 현실에 어떻게 접목할 것인가를 같이 고민하던 훈훈한 만남 속에서, 나는 가족을 편협하게 바라보던 고정관념에서 벗어나 가족의 다양성, 변화 가능성, 유연성의 시각을 머리와 가슴으로 받아들이게 되었다. 그동안 현대 핵가족이 안고 있는 부정적인 문제와 어려움들에 초점을 맞추어 왜 이런 현상들이 생겨났는가에만 주목하다가 어떻게 가족의 생명력을 되살릴 수 있을까 하는 대안적인 눈을 갖게 된 것이다.

종교학자 제임스 카스는 가족을, 한쪽이 이기는 것을 목적으로 하는 유한 게임이 아니라 구성원 모두가 승리를 나눌 수 있는 무한 게임으로 보았다. (어차피 가족이 지속되는 것이라면) 이처럼 모든 가족이 인간에게 필요한 가장 원초적이고 따뜻한 생활 공동체의 전형이라는 긍정적 시각을 바탕으로 해결 방안을 찾는 것이 더 낫다고 생각한다. 내가 가족학을 전공하면서 품은 회의와 고민들에 대한 출구를 가족학 안에서 찾으려고 발버둥 치다 문득 다른 영역에서 실마리를 찾았듯이, 가족이 안고 있는 어려움도 내 가족 안에서만 풀어 가려고 아둥바둥하기보다 밖으로 시선을 돌려본다면 뜻밖에 해결되는 지점을 찾을 것이다.

그러던 중; 신문에서 육아의 어려움을 가족 간에 함께 해결하려는 부모들이 만든 '공동육아 협동조합' 이야기를 접했을 때 아! 하는 직관적인 깨달음이 왔다. 육아 문제를 고민하는 가족들이 이를 매개로 여러 가족들이 함께하는 공동체적인 생활을 얼마든지 새롭게 모색해 볼 수 있겠다는 생각이 든 것이다.

공동육아 협동조합 참여 가족들을 대상으로 가족 간에 어떻게 공동체성을 형성해 가고 있는가 하는 문제는 내게 새로운 연구 주제가 되었다. 그리고 학술진흥재단에서 연구비를 지원받으면서 본격적으로 연구를 시작했다. 내가 현장 연구 대상으로 삼은 「활기찬 어린이집」에 참여한 가족들은 구성원들 사이, 구성 가족 사이의 평등한 관계를 모색하고, 가족적 감정을 경험하면서 이웃 간에 '우리'라는 공동체 의식을 형성해 가고 있었다. 이들은 가족과 분리된 개인이 아니라 가족 단위로 참여한 것이어서 한 가족 안에서도 서로 간에 더욱 질적인 시간을 갖고 친밀해지며, 내 가족에 대한 객관적인 시각을 찾고 가족의 의미를 재구성하면서 나름대로 가족 간에 함께하는 문화를 형성해 가고 있었다.

생각했던 대로, 나는 이들 가족 간의 공동체 생활에서 역동적인 가족의 생명력이 살아 숨쉬는 것을 보았다. 이는 개별 가족의 생명력을 더 견고하게 하여 또다시 개별 가족 밖으로 확산되고 다른 가족들과 공동체적으로 한데 어우러질 수 있는 더 큰 생명력을 낳고 있음을 체험했다. 더 나아가 그 생명력은 가족 내 문제 해결을 넘어 바람직한 방향으로 사회를 바꾸어 갈 수 있는 가능성까지도 열어 두며 '사회적 가족'의 힘을 결집하고 있음을 주시했다.

이제 개별 가족들은 가족 문제를 해결하려는 정책이 부족한 현실을 탓하기보다 스스로 해결하려는 적극적인 주체가 되어야 한다. 그래서 오늘날 다양한 가족 형태들 가운데 하나인 이혼 가족, 재혼 가족, 한부모 가족, 맞벌이 가족과 같이 자녀를 양육하고 교육하는 데 어려움을 겪는 가족들은 공동체로 연대하여 스스로 가족의 문제를 해결하는 주체로 서야 한다. 이것이 바로 우리가 진심으로 추구하는 가족 생명력인 '사랑이 묻어나는 원초적이고 따뜻한 공동체성'을 되찾는 한 대안일 것이다.

막상 현장 연구를 하려고 보니 공동육아 협동조합이라는 낯선 현장에 어떻게 들어갈 수 있는가가 큰 과제였다. 먼저 1998년 10월 당시 서울 관악구 남현동에 있었던 공동육아연구원2을 방문하여 전국 21곳에 생겨난 조합형 어린이집 현황에 대한 자료를 수집했다. 그리고 곧 현장 연구 장소를 물색했다. 「활기찬 어린이집」이 눈에 띄었다. 공동육아 협동조합들 중에서도 지리적으로도 가깝고 아동 수 31명, 참여 가족도 27가족으로 다른 어린이집들보다 많아 활발하게 운영될 것 같아서였다. 혹시 거절당하더라도 실망하지 말자는 생각을 하면서 전화를 걸어 원장님과 통화를 했다. 현장 연구를 하고 싶다는 내 이야기를 관심 있게 들어주시는 원장님의 따뜻한 목소리에 용기를 얻어서 찾아뵙겠다고 하고, 현장 연구 협조 요청문을 작성하여 「활기찬 어린이집」을 방문했다. 첫 방문에서 나는 원장님의 인품과 해맑은 아이들에게 반했다. 이곳은 내가 연구할 현장이고, 어떻게든 연구 허락을 받기 위해 최선을 다해야겠다는 결심을 할 만큼… 또한 이곳은 1996년 3월에 개원했기에 (다양한 경험을 갖고 있으리라 예상되는) 초기 조합원들이 남아 있어 관찰이 용이하다고 판단되었고, 참여 가족 수도 너무 적거나 많지 않은 적정 규모여서 가족 간의 상호 작용 방식을 살펴보고, 정보 제공자를 선별하는 데 적합했다. 그리고 어린이집을 중심으로 걸어서 20-30분 거리에 조합원들이 살고 있었기 때문에 면접도 하기 쉽겠다는 판단이 섰다.

원장님은 이 연구 목적과 연구 방법에 대해 들은 뒤, 조합원의 동의와 협조를 얻어야 하니까 이사회 때 참석하여 허락을 받는 것이 좋겠다고 하셨다. 또 오늘 당장 교사 보조로 자원 봉사하면서 이곳의 상황을 보고 싶다고 했더니 흔쾌히 허락해 주셨다. 첫날, 참으로 낯설고 신기한 것을 보았다. 해맑은 아이들이 '도레미'를 찾는 소리가 여기저기서 들린다. 도레미는? 바로 음악 선생님의 별명이었다. 아이들은 모두 어른들을 호칭이나 이름이 아닌 별명으로 부르고 있었다. 또 어른들에게 '반말'을 하고 있었던 것. 공동육아 문헌을 읽어 보아서 알고는 있었지만 실제로 생생한 육성을 듣고 상호 작용하는 것을 보자니 참 신선하고 새롭다는 생각이 들었다.

낯선 나를 본즉 어떤 아이는 공격적인 표정과 몸짓을 지어 보이고 어떤 아이는 얼른 내 무릎에 앉거나 옆에 앉으려 하기도 했다. 낯선 나를 보고 "누구야? 응, 누구야?" 주변에 자꾸 묻는 아이, 술래잡기하다가 숨을 장소가 없는지 갑자기 나에게 "바위 해" 하면서 숨는 아이… 조금 있어 보니 이곳에서는 별명이 하나 있어야 나도 자리매김되겠구나 하는 생각이 들었다. 그래서 아이들에게 별명을 지어 달라 했다. 가장 나이 어린 도글도글방 아이들이 아기, 아찌, 하찌찌 한마디씩 하면서 재미있어 하기도 하고, 사과, 강아지, 불독이라고도 하고, 또 어떤 아이들은 짓궂게 오줌이야, 방귀야 하면서 까르르르 웃기도 했다. 이곳의 아이들은 어른을 경계하기보다는 함께 놀 수 있는 대상으로 편하게 여기는 것 같았다. 아무튼 정말 자유롭구나 하는 인상이 강하게 들었다. 둘째 날, 원장님 말씀대로 이사회에 참석하여 연구 목적과 연구 내용을 이야기했다. 원장님은 조합원들 앞에서 이에 대해 상세히 설명하고 지지해 주셨다. 외부에서 우리 터전을 대상으로 연구하는 것이 조합원들에게 새로운 긴장감을 줄 것이고 첫날 자원 봉사 현장에서 교사들 반응이 좋고 아이들과 관계를 잘 맺었다며 현장 연구자로 받아들이는 데 무리가 없다는 점에서였다. 이사회에서도 이 연구를 긍정적으로 검토하고 허락했다. 이사회의 조합원들은 그때부터 자신들의 터전을 대상으로 연구하여 결과가 어떤 식으로 나올 것인가 많이들 관심을 갖고 지켜봐 준 것이다.

드디어 나는 1999년 1월부터 9월까지 약 9개월간 일주일에 한두 번 자원 봉사를 하면서 「활기찬 어린이집」에서 현장 연구를 시작했다. 현장 연구 허락을 받고 나서 자원 봉사자로 어린이집에 가던 날 아이들은 내 별명을 지어 주기 위해 모여들었다. 나팔꽃! 해바라기! 한두 아이가 외쳤다. 해바라기는 "이미 다른 사람의 별명인 걸" 하며 매미(교사)가 이야기하자 아이들은 "그럼 나팔꽃 해" 하는 것이었다. 나도 아이들이 붙여 준 나팔꽃이 마음에 들어 동의했다. 드디어 그때부터 나팔꽃이라는 별명으로 아이들과 조합원들에게 불리면서 이 연구 현장에 빠져 들 수 있었다.

나는 교사의 보조 역할을 하면서 주제넘게 나서지 않으려 했으며, 아이들과 함께 놀면서 자연스럽게 이곳 부모들의 생활을 살펴볼 수 있었다. 또한 우연히 마주치는 기회에 원장, 교사, 부모들과 비공식 면접을 했다. 참여 관찰을 하며 처음엔 광범위한 서술 관찰[3]을, 친근감을 어느 정도 확보한 후에는 점차 집중 관찰[4]과 선별 관찰[5]을 하였다.

스프레들리(1979, 1980)의 발전식 연구 절차에 따라 기술적, 구조적, 대조적 질문을 해 나가는 심층 면접 계획을 세우고, 심층 면접의 정보 제공자를 선정하기 위해 2월 한 달 동안 조합원의 인적 사항, 참여 기간, 이곳 생활에의 몰입하는 정도, 면접 협조 가능성 등을 파악하였다.[6]

문화기술학[7]의 정보 제공자 선정 기준[8]을 참고하여 정보를 제공해 줄 가족으로 적합하다고 판단되는 열세 가족을 선정했다. 이 가운데 조합원 가족의 생활을 잘 대변해 줄 수 있는 가족 구성원 한 명씩(아버지 5명, 어머니 8명)을 선정하여 등원, 퇴원할 때 만나 보거나 전화로 면접을 부탁하였다. 연구 목적을 설명하고 1회 면접 시 한두 시간 정도 소요되며 앞으로 다섯 번에 걸쳐 반복적인 면접을 해야 한다는 것, 면접 내용은 연구 목적 외에는 사용되지 않으며 익명성이 보장된다는 것 등을 설명했다.

[표 1] 정보 제공자와 가족의 일반적 특성

정보 제공자	나이	성별	학력	직업	남편/부인 직업	등원 아동수 (나이)	참여 기간
김용범	38세	남	대졸	교사	교사	여아 3명 (3, 3, 6)	96. 3.18 -현재
박현주	32세	여	대졸	전업 주부 (어린이집 교사)	변호사	여아 1명 (6)	96. 3. 6 -현재
문영미	36세	여	대졸	전업 주부 (회사원)	학생 (회사원)	여아 2명 (4, 7)	96. 3 -현재
최숙자	33세	여	대졸	전업 주부 (어린이집 교사, 원장)	교사	남아 1명 (7)	96. 3 -현재
임소영	33세	여	대졸	전업 주부 (학원강사,독서지도)	회사원	남아 2명 (4, 7)	96. 3 -현재
권미숙	32세	여	대학원졸	전업 주부 (시간강사, 잡지사)	대학원생	남아 1명 (5)	97. 6.11 -현재
최정환	38세	남	대졸	회사원	회사원	남아 2명 (5, 7)	97. 12.1 -현재
박경미	34세	여	대졸	전업 주부 (회사원)	회사원	남아 1명 (6)	98. 1 -현재
홍은미	33세	여	대졸	전업주부 (교사)	회사원	남아 2명 (6, 7)	98. 2.16 -현재
정영숙	36세	여	대졸	전업 주부	남편과 사별	남아 1명 (5)	97. 8.11 -현재

* 직업에서 ( )는 전의 취업 경험이다.
* 참여 기간에서 현재는 1999년 2월이다.

그중에서 세 명의 아버지는 창업, 회사 일 등으로 시간을 내기 어렵다며 거절하였다. 그래서 이를 제외한 총 열 가족을 선정하여 아버지 두 명, 어머니 여덟 명을 정보 제공자로 하였다.

이 책의 구성

이 책에서는 공동육아 협동조합이 개별 가족이나 사회적 차원에서 해결하지 못하는 육아 문제를 가족과 사회의 자생적 중간 집단(가족 간 연대)을 통해 풀어 가는 대안 가족이라는 관점에서 조합에 참여하는 가족들이 어떻게 공동체적 삶과 문화를 형성해 가는지, 이 경험을 단위 핵가족 안에서 어떻게 해석하고 받아들이는지를 탐색하여 공동육아 협동조합을 미래 대안 가족의 한 모델로 제안하려 한다.

「아이들을 함께 키운다」에서는 이 연구의 주된 사례인 활기찬 어린이집을 통해 공동육아 협동조합의 태동부터 조합의 실태를 이야기한다.

「공동육아를 선택하기까지」에는 어떤 과정을 거쳐 공동육아를 선택하게 되는지 드러나 있다. 핵가족의 맞벌이 부부들은 양쪽 노부모에게 자녀 양육을 맡기는 경우가 많아 사실상 아직 대가족에 의존하는 형국이다. 그나마 이도 불가능한 부부들은 온갖 기관을 찾아 헤매고 탁아 시스템을 이용하면서도 경제적인 문제는 물론 제한된 탁아 시간, 먼 거리, 부모의 참여 제한 등, 산적한 어려움과 만난다. 육아 부담이 '엄마'에게 집중되는 경향도 심각하다. 이는 돌보는 역할을 해야 할 사람이 여성이란 인식에서 인데, 취업 여성들은 아이냐 일이냐의 이중 부담의 늪에서 헤어나기 어렵다. 사회적으로 고립된 전업 주부 역시 전적으로 떠안은 육아 스트레스를 해소할 통로가 없어(정진경, 1994) 자주 피곤과 짜증을 느끼고, 사회 활동의 제약에서 오는 소외감과 무능감, 아이와 남편에 대한 원망, 자괴감을 겪는다(Scarr, 1993). 엄마와만 독점적으로 상호 작용하는 아이들도 자발적인 사회성 발달이 저해된다(정병호, 1996).

육아는 (취업 여성과 전업 주부를 막론하고) 개별 가족의 한계를 보듬는 사회적인 접근이 필요하다(이정덕 외, 1998). 그러나 한국 정부나 기업은 육아 문제를 가족과 함께 해결하는 정책 의지가 부족한 상태다. 이런 현실에서 가까이 사는, 공통 문제를 지닌 가족들이 공동체적인 삶의 방식으로 해결책을 모색하는 다양한 시도가 일어나 체계를 갖추어 가고 있으며, 공동육아 협동조합은 비교적 잘 알려진 실례라 할 수 있다.

 이 책에서는 이러한 가족들 간에 공동체성이 형성되어 '내' 가족이라는 장에서 공동체 가족의 장으로 옮겨 가는 방식을 해부한다. 「같은 목표를 향해」에서는 공동육아 가족들이 서로의 다양한 출발점을 인정하고 동일한 목표를 지향하면서 평등한 관계를 맺어 가는 모습, 공동 공간, 공동 관심사, 동일 세대, 그들만의 용어와 문화를 공유하는 단계와 개별 가족들이 낯선 집단에 경제적, 시간적으로 투자하면서 한 집단을 조직하고 운영해 나가는 모습을 살펴볼 수 있다.

 「터전에서 관계를 맺다」는 가족 간의 공동체성 형성 과정에서 핵심적으로 중요한 관계 측면들을 구조, 시간, 심리, 사회적 관계 등의 다각도에서 조명한다. 공동체를 세우고 유지할 수 있는가는 개별 조합원들의 관계와 그 가족들 간의 관계에 달려 있다.

 공동체성이 형성되는 과정에는 필연적으로 갈등이 있다. 가족 내 또는 가족 간에는 이미 불평등이 내재해 있는데(Hartmann, 1981), 가족이란 서로 다른 활동을 하고 서로 다른 이해관계가 있는 구성원들 사이에서 갈등이 일어나는 장이기 때문이다. 단일 가족이라는 장에서 공동체 가족이라는 장으로 옮겨 가는 과정이라면 이 문제는 더욱 조직적으로 발생하는데, 이 갈등을 풀어 가는 방식은 공동체이기에 오히려 창조적이고 다양하다.

 「갈등 속에 크는 공동체성」의 사례들은 공동육아 협동조합을 선택하면서 참여 초기에 갖고 있던 기대들이 어긋나며 생기는 갈등과 이를 풀어 가는 과정을 솔직하게 보여 준다. 조합원 간의 갈등, 조합원과 교사 간 갈등이 생기면 개인 차원에서는 적응 위기에 부딪히고 집단 차원에서는 공동체 위기를 경험하며, 조합 공동체를 회의하는 상황으로 확대되기도 한다. 그러나 개별 가족이나 조합의 위기 상황을 해결하는 과정에서 결속된 힘을 확인하고, 공동체성을 새롭게 재정립해 나가기도 한다.

한편, 공동육아 협동조합은 한 가족 내부나 개인에게도 변화를 준다. 「함께 크는 어른과 아이」에 나타난 가장 큰 변화는 이웃과 함께하는 삶을 자연스럽게 내재화한다는 것이다. 또, 부부가 함께 육아에 관심을 두고 참여하는 것이 이곳의 의무이자 권리이므로 부부 사이 공동육아가 실현되는 양상을 볼 수 있다. 남편이 가사 노동에 참여하는 분위기 역시 일반 가정에서는 기대할 수 없을 만큼 자연스럽다. 이런 분위기에서 부모, 자녀 간에도 평등한 관계가 반복적으로 훈련되며, 좋은 부모가 되기 위한 구체적인 방법론을 배운다. 공동육아 협동조합에 참여하기 전 아이와 엄마의 밀착 관계에서 오는 스트레스나 아이에 대한 집착과 기대들이 조절되는 것이다.

주인 의식을 갖고 공동체를 운영하고 교육에 관여하는 과정에서 적극적인 사고방식을 갖게 되면 사람과 관계 맺는 자신감을 재차 획득한다. 터전의 자유로운 환경과 수평적 인간관계 속에서 아이는 자기 생각을 당당하게 표현하며, 어른들에게도 스스럼없이 친근하게 접촉하면서 건강한 관계를 맺어 나간다. 조합에서 어른들 사이의 공동체 운영 모습이라든지 터전에서 아이들과 반나절을 함께 어울리는 체험들은, 아이에게 더불어 사는 모습의 살아 있는 모델이 되어 학습 효과를 높인다.

「가족의 경계를 넘어서」에서는 가족 간의 공동체적인 생활을 통해 나, 내 가족에서 벗어나 이웃들도 내 삶과 가족 안에 초대하는 체험의 현장을 소개한다. 조합원 이웃과 육아, 부부 문제 등 일상을 나누면서 가족의 경계를 확대하고 새로운 문화를 가꾸어 가는 모습을 볼 수 있다.

마지막으로 「공동육아, 미래형 대안 가족」에서는 공동체 가족 개념을 상세하게 정리해 보고, 공동체 가족의 한 형태인 공동육아 협동조합이 왜 '대안 가족'인가를 결론적으로 이야기할 것이다.

아이들을 함께 키운다

맞벌이 가족이 늘면서 육아는 점차 사회화되고 있다. 그러나 육아를 담보로 이윤을 획득하는 사회 윤리적 문제를 비롯해서 양적, 질적인 면에서 사회적으로 필요한 탁아 서비스가 사회 보장 수준에 미치지 못하는 궁극적인 취약함(조형, 1994b)을 드러내고 있어서 시장 메커니즘에 의존하는 것만으로는 해결하기 어렵다. 게다가 육아조차 물화(物化)하여 아이와 함께 하지 못하는 죄책감을 오로지 물질적인 보상을 통해 안도감을 가지려는 현상(한송이, 1997)도 나타난다.

또한 출산과 육아에 따른 여성의 책임을 강조하는 모성 이데올로기와 성불평등이 아직도 남아 있다. 게다가 전업 주부가 자녀의 양육을 주로 떠맡는 가족에서 사회적으로 고립된 어머니하고만 상호 작용하는 어린이들은 TV 같은 매스컴과 상업 문화의 일방적 소비자로서 수많은 상징의 자극만을 과도하게 받을 때 일종의 감각 차단 현상, 즉 네오호스피탈리즘(새로운 시설병) 같은 새로운 병리 현상이 나타날 수 있다. 네오호스피탈리즘이란 반세기 전 영국의 볼비가 고아원이나 탁아소 등에 수용된 아이들 가운데, 어머니(모성적 애정)와의 접촉이 결핍되어 나타난 발달 지체 상태를 지적하여 이름 붙인 '호스피탈리즘'(시설병)에 대응하는 개념으로 각종의 병리적 생태 조건을 만들어 놓은 현대 산업 사회 전체를 거대한 수용소로 개념화한 것이다(정병호, 1993).

　이런 사회 상황에서 육아는 개별 핵가족 차원에서는 더더욱 해결하기 어려운 과제가 되었고, 이를 극복하기 위하여 비슷한 고민을 안고 있는 핵가족끼리 공동체적인 연대를 통하여 해결하려는 공동육아 방식의 도입이 절실히 필요하게 된 것이다. 우리 나라에서는 1990년대에 들어서면서 가족 생활 영역 중에서도 육아라는 생활의 일부를 공동체적으로 해결하려는 공동육아 운동이 생겨났다.

공동육아란

'공동육아'란 말은 내 아이를 맡기거나 남의 아이를 맡아 주는 것이 아니라 처음부터 우리 아이들을 함께 키우자는 뜻이다. 여기서 '함께'란 나뿐만 아니라 이웃, 지역 사회, 국가 모두가 우리 모두의 아이들을 함께 키운다는 의미다(정병호, 1994b). 즉 부모는 물론 육아에 관련한 각종 사회 조직과 집단이 육아를 책임지고 담당해서 우리 사회의 미래 성원을 신체적으로나 정신적으로 건강하게 양육하는 과정에 적극 참여한다는 것이 바로 공동육아다. 이러한 공동육아 개념은 민주주의 시민 의식, 아동 권리 의식, 공동체 사회 이념을 내포하고 있다. 즉 부모와 아동은 모두 사회의 일원으로 기본권을 공유하고 사회를 만들어 나가는 주체이며, 공동체적 상황에서 공동체적 삶을 익히며 공동체적 사회를 만들어 나가는 능력을 배양한다는 것이다(조형, 1994a).

　공동육아 이념은 공동육아 협동조합의 실제 운영 과정에서 각 성원들이 인지하는 정도가 다르기도 하고 시간의 변동과 상황에 따라 각기 다르게 해석되거나 재창조되기도 한다(이창호, 1998).

　공동육아 이념이 실현되는 장인 터전(조합원들은 어린이집을 '터전'이라 부른다. 터전이란 공동체적 삶의 원리가 실체화한 '공간', 삶과 문화가 있는 '장소'를 말한다)은 열린 관계를 지향하는 상호 작용을 통해 아이들이 기존 세계를 이해할 수 있는 해석의 틀을 형성하여 기존 세계에 능동적으로 적응하고, 나아가 기존 세계를 수정, 확대함으로써 새로운 의미와 세계를 만들어 가는 것을 돕는 총체적 삶의 장이어야 한다. 이와 같이 삶과 육아의 가치와 의미를 공유한 문화 공동체인 공동육아는, 이를 공유하는 사람들이 특정 지역에 모여 살면서 강력한 응집력이 있는 생활 공동체로 발전할 가능성이 엿보인다. 삶과 육아의 새로운 가치와 의미를 매일매일 삶 속에서 개발하고 발전시키기 위해서는 부모들과 보육 종사자, 지역 사회가 참여하여 공동 작업을 해야 한다(이기범, 1994).

　그래서 교사, 부모, 아동, 지역 사회 4자 간 건강한 관계망이 형성되어야 한다. 공동육아의 초석은 프로그램보다도 '관계 잘 맺기'다. 공동육아가 뿌리내릴 수 있는 공동체적 관계가 잘 형성되면, 교사, 부모, 아동, 지역 사회 4자가 중심이 되는 지역 육아 문화의 토착화 가능성까지도 기대해 볼 수 있다. 또한 이 4자 관계 외에도 자연과 맺는 관계는 아이들에게 인간 관계망 못지않게 중요하다. 자연과 함께하는 공동육아는 아이들이 자연의 근원적인 생성력에서 창출되는 의미를 몸으로 느끼고 보면서, 아이도 자연의 근원적 힘, 창의를 담고 있는 또 하나의 자연으로 커 나가게 한다. 한편, 건강한 관계망을 형성하기 위해서는 무엇보다 먼저 인간관계에서 성, 연령, 지위, 소득 등에 따른 차별 없는 관계를 정립해야 한다. 따라서 공동육아에서는 '평등'을 기본 가치로 인식하고 성, 장애아 등에 대한 고정관념에 도전하여 어린이집 생활은 남성과 여성, 장애아와 정상아의 생활의 통합을 지향한다(김노정희, 1997).

  공동육아 이념을 실천하고, 교사, 부모, 아동, 지역 사회 4자 간의 건강한 관계망을 형성하는 공동육아를 통해 더 나아가서는 사회의 새로운 구성원으로서 삶을 시작하는 아이들과 가족이란 사회적 단위로서 새로운 삶을 시작하는 젊은 부모들이 그 출발점에서부터 공동체적인 삶의 방식을 경험하고 내면화함으로써 장기적이고 점진적으로 본질적인 사회 문화 변화를 이끌어 내기를 바라고 있다(정병호, 1994b).

  공동육아는 과거에 아이들이 집 밖에서 친구들과 함께 놀며 이웃과 친척들이 눈여겨보는 가운데 자연과 더불어 자라날 수 있었던 자연적인 공동체 기능을, '마을'이 파괴된 도시 생활 속에 다시 심는 실험이며, 우리 가족 문제를 다른 가족과 연대하여 실질적인 도움을 주고받는 대안적인 가족 생활을 보여 준다.

공동육아 협동조합이 탄생하기까지

우리 나라에서 1990년대에 출현한 공동육아 협동조합은 공동육아가 보육 제도로 자리 잡고 있는 외국9과 달리, 일정 수의 가정들이 한 지역 조합 단위가 되어 직접 어린이집을 설립하고 운영하는 주민 자치적인 육아 방식이다.

공동육아 협동조합의 모태가 된 것은 공단과 빈민촌에서 야학과 탁아 운동을 하던 대학생들이 1978년에 만든 「해송어린이걱정모임」에서였다. 이들은 한국 사회의 변화를 바라고 근본적인 교육 대안을 찾기 위해 빈곤층 어린이의 보호와 교육을 위해 해송보육학교를 설립하여 교사를 양성하기 시작했고, 1980년 무허가로 서울 신림동의 난곡 철거민촌에 (천막으로 만든) 해송유아원을 차렸다. 여기서 해송보육학교 출신 교사들이 160명의 취학 전 아동을 대상으로 교육을 시작했는데, 이때 '유아원'이라는 호칭은 당시의 유치원법이나 어린이집설치법의 규정에 맞추지 않으려고 일부러 법 규정을 피해 가며 만든 말이다(공동육아연구원 1995; 정병호, 1994a). 1980년대 제5공화국의 출범 이후 유아 교육이 양적으로 확대되었는데, 정부는 내무부 산하 새마을협동유아원(263개), 보사부 산하 어린이집(694개), 농촌진흥청 산하 농번기 상설 유아원(382개), 민간 시설(38개)을 1,377개의 '새마을유아원'으로 통폐합하고 내무부가 일괄 관장하도록 했다(박숙자, 1990). 이 과정에서 해송유아원은 시립 새마을유아원으로 흡수되어 YWCA가 위탁 운영하게 된다. 해송유아원을 운영했던 당사자들은 당시 눈에 띄는 공간 확보와 대량 교육에 대한 집착으로 정부가 학교 형태의 유아원을 세우도록 내버려 두어 대안 유아원이 아주 쉽게 지배 권력에 흡수되어 버렸다는 자기 비판적 인식을 가지게 된다. 그 후 이들은 다시 1984년

종로구 창신동에 「해송아기둥지」를 설립하고 지역을 기반으로 한 보육 운동을 시작한다(공동육아연구원, 1995; 정병호, 1994a).

1980년대 후반으로 오면서 기혼 여성의 취업률이 꾸준히 증가함에 따라 탁아 요구는 급격히 증가했고, 저소득층과 농촌 아동의 방치가 심각한 사회 문제로 대두하면서 탁아 시설 확대에 대한 요구가 더욱 증폭했다. 저소득층 밀집 지역에서는 자생적 민간 탁아 교사들의 모임인 「지역사회탁아소연합회」를 시작으로 정당이나 시민 단체들이 탁아에 대한 독립 입법의 필요성을 제기하기 시작했다. 그 결과 영유아의 탁아 문제를 해결하고 가정의 복지를 증진한다는 취지를 담은 '영유아보육법'이 1991년 1월 14일 제정, 공포되었다.

영유아보육법은 그동안 다원화되었던 탁아 관련 주무 부서를 보건사회부로 일원화하고 탁아 시설을 국가, 지방 자치 단체, 법인, 개인이 설치할 수 있도록 확대하며 탁아 비용은 수익자가 부담하도록 하는 것 등을 골자로 하고 있다. 이에 따라 새마을유아원은 다시 탁아소라는 명칭으로 바뀌었고 소관 부서도 다시 보건사회부로 옮겨졌으며, 탁아소는 1991년부터 다시 어린이집으로 바뀌었다(김정자, 1993; 김영옥 외 1995). 2004년 2월에 보육 주무 부서는 여성부로 옮겨져, 보육의 사회화 정책을 더 구체화할 것으로 기대된다.

영유아 보육법 개정안에 대한 논의가 일던 당시, 1980년대부터 여성 운동을 해오며 보육에 대해 이론적이고 실천적인 논의를 해왔던 「또 하나의 문화」 동인들과 「해송아기둥지」 구성원들은 유학 중 일시 귀국하기도 하여 「탁아 제도와 미래의 어린이 양육을 걱정하는 모임」을 구성해 탁아 입법에 대한 논의를 한다. 그러나 탁아의 주체에서부터 교육 내용 전반을 포괄했던 이 모임의 다양한 논의들은 영유아보육법에 거의 반영되지 않았다. 모임의 성원들은 법안 공포 이후의 상황이 계층 차별적인 보육 정책과 사회적 육아의 영리화, 관료화로 치닫고 있다고 판단해

「탁아 제도와 미래의 어린이 양육을 걱정하는 모임」을 1992년 「공동육아 연구회」로 이름을 바꾸고 공동육아 이념의 구체적 지침에 따르는 어린이집을 만들기 시작했다. 그들은 이 사회에 이미 공동육아에 대한 절실한 필요성이 있으므로 부모들의 힘을 모으면 재정적인 토대를 가진 압력 집단이 자생적으로 만들어지리라 보았다. 공동육아연구회는 공동육아의 첫 실험적 터전을 만드는 일에 착수했고 1994년 2월에 신촌 지역 공동육아 협동조합 길잡이 모임이 탄생했다. 준비 기간을 반 년 거쳐 같은 해 9월에 개원했다(정병호, 1994a). 이후 「공동육아연구회」는 1995년에 「공동육아연구원」으로 조직을 개편했고 1996년에 비영리 사단법인으로 인가를 받았으며, 2001년에는 「공동육아와 공동체 교육」으로 조직을 개편하여 현재에 이르고 있다.

「공동육아와 공동체 교육」은 우리 사회의 모든 어린이들이 계층, 지역, 성, 장애 정도에 구분 없이 누구나 바람직한 육아 혜택을 받을 수 있도록 어린이 복지와 교육의 질을 높이려는 목적으로 설립되었다. 공동육아 제도의 연구와 개발, 공동육아 교육 프로그램 개발 등의 각종 연구 사업, 공동육아 어린이집 교사나 조합원이 되려는 사람을 대상으로 하는 다양한 교육 사업을 통해 공동육아 교육 이념을 확산하고 정착시키는 데 힘을 쏟고 있다. 뿐만 아니라 실제 공동육아의 현장인 공동육아 협동조합 어린이집 설립을 지원해 주고 있다. 이미 설립된 어린이집에 대해서는 교사, 조합원, 원장에 대한 재교육과 각종 교육 프로그램의 지원을 통해 공동육아 제도가 우리 사회에 올바르게 뿌리내릴 수 있도록 돕고 있다.

공동육아 협동조합은 참여한 부모들이 조직 형태에서부터 정관, 교사 채용, 장소 선정, 출자금 관리, 운영 방법 등 모든 것을 서로 분담해서 각자의 직업에 따른 전문성과 경험을 활용하여 준비하고 토의를 통해 결정해 나가면서 자치적으로 운영하는 곳이다(정병호, 1994a).

한편, 현재까지는 영유아보육법에 공동육아 관련 조항이 마련되지 않아, 공동육아 협동조합이 공동육아 어린이집으로 인가받지 못하고 개인이 운영하는 기존의 민간 어린이집으로 인가되며, 운영비 지원도 받지 못하고 있다. 그래서 우리 나라 공동육아는 가족과 국가의 공동체적 협동 체계에서 이루어지지 못하고, 조합원들이 자발적으로 참여하여 자치적으로 운영하는 민간 차원의 공동육아다.

그러나 지난 10여 년간 보육 현장의 의지와 실천적 노력이 결실을 맺어 2004년 1월 8일 영유아보육법 개정안이 국회 본회의를 통과하여 올해 안에 관련 시행령과 시행 규칙을 마련해 2005년 1월부터 시행하기로 하였다. 구체적인 시행 방안은 보육 업무가 보건복지부에서 여성부로 이관될 예정이어서 여성부가 마련하게 된다. 개정된 영유아보육법에 따르면 현행 민간 보육 시설을 사회복지법인이 설치하고 운영하는 법인 보육 시설과 국가 또는 지방 자치단체 이외의 자가 설치하고 운영하는 민간 보육 시설로 구분하고 부모 협동 보육 시설을 새로이 둔다는 조항이 있다. 보육 시설의 설치, 보육 교사의 인건비, 초과 보육 운영 경비 등 운영에 소요되는 경비, 보육 정보 센터의 설치, 운영 등 보육 사업에 소용되는 비용의 전부 또는 일부를 보조하도록 한다는 조항도 있다. 또한 직장 보육 시설 외 보육 시설의 운영비에 대하여도 조세특례제한법이 정하는 바에 의하여 조세를 감면한다는 조항 등을 두고 있다(『보육정보』, 2004년 1월호). 이번 개정안에서 보육 시설 유형에 「부모 협동 보육 시설」이 새로이 포함된 것은 참여형 보육을 실천해 온 공동육아로서는 무척 반가운 일이다.

활기찬 어린이집

연구 대상인 「활기찬 어린이집」의 설립 과정과 어떤 구성원들이 어린이집을 어떻게 조직해서 운영해 나가는가를 소개하려 한다. 좀 더 구체적으로는 이곳 어린이집의 일상생활에 대해 살펴보겠다.

「활기찬 어린이집」은 1995년 2월 공동육아에 관심을 가지고 있는 고학력의 두 어머니가 우연히 만나 공동육아에 대한 서로의 관심을 확인하고 준비해 보자고 결의하면서 시작되었다. 그해 6월 TV 프로그램에 준비 모임이 소개되면서, 6월 10일에 공동육아에 관심을 가진 11명의 엄마들이 1차 모임을 갖는다. 서로 공동육아를 하겠다는 마음 하나로도 동지감을 느껴서 처음 보는 사람들인데도 깊은 공감대를 형성하면서 의기투합했다.

6월부터 9월에 걸쳐서 네 차례 모임을 가진 결과, 조합 기금을 공동 출자하여 9월에는 서울 근교에 위치한 대지 132평, 건평 35평의 이층 단독 주택을 2년간 전세 계약하여 공동육아의 터전으로 마련한다. 지역 신문에 어린이집 관련 기사를 게재하고 홍보 전단지를 돌리는 노력으로, 당시 가입 조합원은 14가구, 자녀 수 19명이었다. 10월에는 입주했고, 그 후 1996년 1월과 2월에 조합원 총회를 하고, 3월 초 공동육아 어린이집을 개원하여 4월 5일 창립 총회와 개원 잔치를 열었다.

이곳은 부모들이 함께 모여 자녀를 균형 잡힌 인간으로 건강하고 밝게 키우기 위해 만들었다. 공동육아 협동조합은 함께 출자하고 함께 운영하면서 성, 계층, 신체나 정신의 장애 등에 따른 차별 없이 아이들이 마음껏 뛰놀고 건강하게 자랄 수 있는 터전을 만들어 가자는 것. 어린이집을 통해 어른과 아이, 마음과 마음이 열리고 미래의 꿈이 주렁주렁 열리리라는 기대 속에 힘찬 발걸음을 디딘 것이다. 부모들은 모두 어린이집 설립은 단지 시작에 불과할 뿐 앞으로 노력과 협동을 요구할 많은 과제들이 기다리고 있음을 인식하고 있었다.

그러나 1996년 초가을, 어린이집은 위기를 겪는다. 아이들 소리가 시끄러워 소음 공해를 일으킨다며, 일부 주민들이 어린이집 철거 진정을 시청에 제기함으로써 시에서 철거 명령이 떨어진 것이다. 10월 28일 터전 안정화를 위한 재정특별위원회가 구성되었고, 시의 관련 기관을 방문하여 협조 요청을 하였으나, 개발 제한 구역 내 보육 시설 불가 통보만 받는다. 건설교통부에 질의서를 보내어 가정 보육 시설은 용도 변경 없이 가능하다는 건설교통부 장관의 회신을 받았으나, 집주인은 주민들의 압력을 구실로 동의를 거부했다. 그 해 12월 초, 가정복지과로부터 신고 조치 및 불법 조치 중단을 명령받았고, 1997년 1월 초에는 신고 조치 없으면 영유아보육법에 따라 고발하겠다는 가정복지과의 경고장이 날아왔다. 그럼에도 결국에는 조합원들의 노력 끝에 다행히 전세 계약 기간까지 어린이집으로 사용하는 데 이웃 주민이 동의하여 민원 문제는 넘겼다.

  2년의 계약 기간이 끝나자 터전을 이전해야 하는 문제가 생겼다. 만기에 맞추어 터전을 구하기가 어려워 1997년 10월 말에 비닐하우스로 터전의 짐을 일단 옮겨놓고 일주일 동안은 조합원 집을 돌아가면서 터전 공간으로 사용하다가 월세 집을 얻어 임시로 이사했다. 조합원들은 마당 있는 집을 전세 계약하려고 애썼으나 당장에 구하기는 어려워 1997년 11월 말에 흙 마당이 넓지 않은 집을 터전으로 계약하게 되었다. 터전으로 사용할 집을 구한다는 것이 너무 어려웠기 때문에 집을 계약할 당시 어린이집을 한다는 이야기는 하지 않았고 계약한 다음, 이야기하고 양해를 구했다.

  1999년 내가 이 연구를 했을 당시 「활기찬 어린이집」은 단독 주택가에 위치해 있었으며, 작은 흙 마당이 있는 예쁜 2층집이었다. 1층에는 넓은 거실과 방 2개, 부엌, 화장실, 작은 학습 도구방이 있고, 2층에는 방이 3개, 화장실이 있으며 지하에는 교사방과 문 없는 방이 하나, 부엌, 화장실이 있었다. 방에는 아이들의 사물함과 나무로 된 상, 이불장이 있으며 거실 한쪽에는 벽돌 블록, 사각 블록, 렉스 등의 놀이 도구가 있고, 흙 마당에는 자동차, 자전거 등의 놀이 기구가 있었다.

그동안 엄마 MT, 가족캠프, 'ㅇㅇ지역 공동육아의 현황과 교육 내용' 강연회, 설명회, 지방 자치제 후보를 초청한 간담회, 개원 기념 잔치 및 체육 대회, 야유회, 다양한 내용의 조합원 교육 및 워크숍(MBTI를 통한 나·너 알기, 어린이 건강관리, 유아기 음악 교육, 공동육아-나, 우리의 체험과 전망 등) 등의 행사를 개최했다.

1999년 11월, 전세 계약이 끝나고 터전 이전 문제에 또 봉착했다. 집주인은 재계약도 할 수 있다고 하는데, 임시 총회에서 흙 마당이 너른 장소로 옮기자는 의견을 투표에 붙여 이전하기로 했다. 곧 터전 이전 특위를 구성해서 흙 마당이 넓은 2층집으로 이사했다. 그런데 어차피 전세 기간 끝에는 항상 같은 문제가 반복될 것이어서, 터전의 안정화 문제는 이사를 한 후에도 오랫동안 논의했다. 결국 지금의 「활기찬 어린이집」이 위치해 있는 곳은 그린벨트 지역에 어린이집 건축 허가를 얻고 조합원들의 힘과 의지를 모아서 만든 '영구 터전.' 드디어 2003년 2월 15일에 이사를 하고, 이곳에 보금자리를 두몄다.

어린이집 식구들

부모들

공동육아 협동조합은 조합원들이 어린이집을 설립하고 운영, 감독하며 비용을 부담한다. 조합원들이란 다름 아닌 어린이집에 아이를 맡긴 부모들. 1999년 8월 현장 연구 당시 활기찬 어린이집 조합 가구 수는 30가구였고, 한 가구가 한부모(한부모란 크고 온전한 부모란 뜻. 한국여성민우회가 편부나 편모란 말에 부정적인 어감이 담겨 있다고 보고 새로 만든 말이다.) 가구였고, 조합원 수는 모두 59명이었다(2004년 현재, 조합 가구 수는

38가구, 아동 43명, 교사 7명). 조합원은 대부분 삼십대이고 대졸 이상이며, 맞벌이가 많고 직업은 회사원, 교사, 전문직 순이다.10 조합원은 가입비와 출자금, 보육료를 조합에 납부한다.

아이들
아동들은 만 2세부터 6세까지. 실제 생활에서는 연령과 장애에 관계없는 통합 교육 프로그램을 운영하지만 연령에 따른 방(등원해서 주로 생활하는 실내 공간의 구분)이 있다. 가장 어린 아가들이 있는 도글도글방(3-4세)부터 차례대로, 도란도란방(4-5세), 소근소근방(5세), 깡충방(6세), 둥글레방(7세)으로 구별한다. 1999년 연구 당시에는 언어 지체 현상을 보이는 남아가 한 명 있어서 부모가 별도로 비용을 부담하여 일주일에 한 번 특수 교사에게 특별 개인 지도를 받게 하고 있었고, 또 오른발이 안쪽으로 90도가 휜 내번족으로 걷기가 불편한 남아가 한 명 있었다(2004년 4월 현재, 이들은 모두 어린이집을 졸업하고 장애 아동이 없는 상태다).

교사
전일제 교사 5명, 반일제 교사 1명, 아이들에게 주식과 부식을 제공하는 영양 교사 1명, 원장이 있다. 이들은 이사회에서 선발하며 공동육아연구원에서 시행하는 교사 양성 과정이나 원장 연수를 마친 사람들이다. 교사 경력은 2년 미만인 교사 1명을 제외하고는 교사 7명 모두 5년이 넘었고 그중에서 2명은 경력이 10년이 넘었다. 오십대가 2명, 사십대가 1명, 삼십대가 5명으로 다양한 연령으로 구성되어 있다. 영양 교사를 제외한 모든 교사들은 보육 교사나 유치원 정교사 자격을 소지하고 있으며, 대학에서 유아교육학, 아동복지학, 가정관리학, 정치외교학을 전공하는 등 지적 배경이나 사회 경험이 다양하다.11

운영 모임

조직으로는 이사회와 소위원회가 있다. 부모(조합원) 대표들의 모임인 이사회는 이사장, 원장, 교육이사, 홍보이사, 운영이사, 재정이사, 시설이사, 고문으로 이루어진다. 이 모임에서는 교사 선발, 보육 시간 결정, 어린이집 전세금에 필요한 출자금과 보육료 산정, 운영 규칙, 회계 내역 공개, 일일 교사 참여, 소식지 발간, 신규 조합원 모집 등 운영 전반을 책임진다. 월 2회 이사회가 있으며, 이사회 후 다음 주 수요일 전까지 조합원에게 회의 내용을 보고해야 한다. 이사회에는 일반 조합원들이나 교사들도 참여하여 의견을 낼 수 있다.

소위원회는 교육 소위원회와 홍보 소위원회가 있다. 교육 소위원회는 교육이사를 중심으로 소속 조합원들이 조합원 교육을 실시하고, 교육과 관련한 행사를 기획한다. 홍보 소위원회에서는 홍보이사를 중심으로 소식지를 편집 기획, 제작하며 이사회 총회 보고서를 작성해서 공지하고 관리하는 등 조합 안팎으로 홍보를 진행하고 있다. 홍보 소위에서는 조합원 내부 홍보로 월 1회 소식지를 발행하여 주요 이슈에 대한 공개적 토론의 장으로 활용하고 있으며, 소식지는 전 조합원과 졸업이나 탈퇴한 조합원, 지역 인사, 지역 주민에게 발송한다. 그 외에도 어린이집 졸업생을 위한 방과후교실을 위한 방과후 특위가 있다.

또한 아이가 속해 있는 방별 모임이 한 달에 한 번 있다. 방모임에서는 교육 내용을 교사들과 검토하고, 조합 운영에 대한 의견을 모으기도 하며, 함께 모여 관심과 고민을 나누면서 자연스레 조합원 간에 친밀한 유대감이 형성된다. 방모임에는 주로 엄마들이 참여하는데 아빠의 참여를 유도하고 있으며, 방모임 결과는 이사회에 보고해야 한다.

운영은 조합의 최고 의결 기구인 정기 총회와 임시 총회에서 이사회의 대표와 이사, 정관의 개정, 출자금,12 시설 관리와 보육료, 원장과 교사의 선출과 해임 등을 전체 조합원과 논의한다. 운영비는 전적으로 부모들이 부담하는 보육료로 충당되며 현재 국공립 어린이집보다는 높은 수준이지만 민간 보육 시설에 비하면 그리 큰 차이가 나지 않는다. 대신 영리 목적이 아니므로 교사 대 아동 비율을 정부 기준보다 훨씬 낮추고, 교사 처우를 상대적으로 현실화하고, 아동을 위해 쓰는 직접 비용(식비, 교재비 등)을 투명하게 할 수 있다.

교사들은 매주 월요일 3시 30분에서 5시까지 원장 주도 아래 짧은 회의를 해서 주간 교육 프로그램, 나들이 계획표 등을 짜고 자기 방의 아이 문제를 다른 교사와 상의한다. 또 매달 세 번째 토요일은 '교육의 날'로, 그날에는 아이를 등원시키지 않고 긴 회의를 한다.

어린이집의 일상

7시 30분에 등원을 한 아이들은 함께 모여 아침 도시락을 먹고 아침 활동을 하거나 자유 시간을 보낸다. 10시가 되면 모둠(여럿이 모여 의견을 교환하는 모임)별로 둥그렇게 전체가 모여 '아침 열기'를 하는데, 한 명씩 눈을 마주치며 반갑게 인사를 하고, 하루 생활을 계획하며 이야기를 나눈다. 오전 간식을 같이 먹고 나서는 방별로 모여 아침 이야기를 나눈다. 교사에 따라 동화책을 읽어 주는 경우도 있고, 나들이 장소를 함께 결정하기도 하고, 주의 사항을 이야기하기도 한다. 10시 반이 되면 그날의 나들이[13]를 간다. 나들이 장소는 주변의 공원, 놀이터, 산, 논, 시장, 어린이집 텃밭, 시민회관, 도서관 등 가까운 곳에 가기도 하고 가끔 전철이나 버스를 타고 박물관이나 미술관으로 먼 나들이를 가기도 한다. 나들이에서는 바깥 바람을 쐬면서 자연과 지역 사회와 사람들을 만난다. 관찰과 탐색으로 경험을 넓히고 오감을 키우는 데 주력하는 게 나들이다. 나들이 장소는 미리 짜여져 있으나, 비가 올 때는 아이들 모둠에서 함께 정할 수 있다. 나들이 때면 조합원들이 차량 아마(아마는 아빠, 엄마의 준말. 교사 월차 때 부모가 일일 교사를 맡는다. 차량 아마는 차량을 담당하는 아마 활동)를 하기도 한다. 주변으로 나들이를 갈 때는 보이는 자연물들 모두가 아이들의 호기심의 대상이 되기 때문에 교사들은 중간중간 노는 아이들을 재촉하지 않고 기다려 주며 나들이 장소에 도착해서도 주변 환경이나 자연과 더불어 자유롭게 놀도록 한다. 교사들은 자유롭게 노는 아이들에 대한 안전 문제에 항상 주의를 한다. 나들이 때 주워 오는 온갖 물건들(물병, 막대기, 소꿉 그릇 등)과 흙, 돌, 나뭇가지 등은 아이들의 훌륭한 놀잇감이 된다.

12시 점심 시간에는 보통 나들이를 끝내고 돌아온다. 돌아와서는 각자 손을 씻고 점심을 먹는다. 이곳의 먹을거리는 농촌(우리살림, 한살림 생활협동조합)과 유기농 직거래를 한 무공해 식품으로, 영양 교사가 아이들에게 맞도록 정성스레 다양한 음식을 만들어 먹이고 생일날에는 경단과 수정과 등도 만들어 먹인다. 점심은 각자 접시를 들고 줄을 서서 밥과 반찬, 국을 받아 간다. 음식은 남기지 않고 깨끗이 먹도록 지도하기는 하나, 밥 생각이 없는 아이를 억지로 먹이지는 않고 선택에 맡긴다. 식사가 끝나면 자기가 먹은 그릇을 직접 부엌으로 가져가 설거지통에 넣는다. 식사 후 스스로 할 수 있는 아이는 제 손으로 이를 닦게 하며 그러고 나서는 다시 자유놀이 시간이 된다. 말 그대로 자유롭게 노는데, 낮잠 전까지 아이들은 '만다라'를 하기도 한다. 이는 조용하고 엄숙한 분위기에서 자신을 표현하는 그림을 그리는데 아이들이 무척 좋아한다. 만다라에서 표현한 결과들은 책으로 만들어 준다. 그리기를 할 때도 자기 그림을 소중하게 여기고 함부로 버리지 않도록 종이를 일정량 나눠 준다. 다양한 재료를 활용하게 하고, 교사는 세밀하게 관심을 갖는다. 이야기 듣기와 그림책 읽는 시간에는 교사와 가장 가깝게 소통한다. 선호하는 그림책을 선택하게 하면서도 교사가 자연 흐름(세시와 절기)에 맞는 그림책을 보여 준다. 2시경에 피곤한 아이들은 이불을 펴고 낮잠을 잔다. 자기 싫은 아이는 하던 놀이를 계속한다. 아이들이 낮잠 자는 시간을

나들잇길의 아이들. 나들이에서는 바깥 바람을 쐬면서 자연과 지역 사회와 사람들을 만난다. 관찰과 탐색으로 경험을 넓히고 오감을 키우는 데 주력하는 게 나들이다.

위는 터전 앞마당에서 시장놀이를 하는 아이들. 아래는 소방서 나들이.

식사가 끝나면 아이들은 자기가 먹은 그릇을 직접 부엌으로 가져가 설거지통에 넣는다.
아래는 이야기 할머니가 들려주는 이야기에 귀를 기울이는 아이들.

정해진 프로그램과 시간표대로 운영되기보다는 아이들 스스로 호기심과 관심에 따라 자유롭게 놀 수 있다. 블록으로 성을 쌓는 아이들(위), 밀가루 반죽 놀이를 하는 아이들(아래).

이용해 교사들은 조합원의 노둣돌(가정과 어린이집을 연결해 주는 연락장. 노둣돌이란 순 우리말로 '말에 올라타기 쉽게 받쳐 주는 돌'이다. 즉 '아이들과 눈높이를 맞추려는 돌'이라는 의미가 담겨 있다. 다른 어린이집에서는 노둣돌 대신 '날적이'란 말을 쓴다)을 살펴보고, 또 조합원에게 아이의 생활에 관해 노둣돌을 써 준다. 어린이집과 집에서 아이가 하루를 어떻게 지냈는지 의견을 주고받음으로써 아이들에 대한 세심한 배려를 할 수 있게 한다.

낮잠을 자고 나서는 오후 간식을 먹고 오후 일정이 진행된다. 방별로 교사들이 프로그램을 준비하는데, 아이들은 다른 방 프로그램에 관심이 있으면 방과 연령 제한 없이 참여할 수 있다. 자연 친화적인 교육, 스스로 놀이를 창조하여 놀 수 있도록 하며, 아이들의 자발적인 선택을 존중하면서 융통성 있게 교육 프로그램을 진행하고 있다. (1999년도 현장 연구 당시) 매주 금요일에는 음악 선생님을 초빙하여 아이들이 특별 음악 수업을 받고 있는데, 비용의 절반은 터전에서 나머지는 1가구당 1만 원씩 지출하고 있다고 한다. 퇴원 시간이 되면 조합원들은 하나, 둘 아이를 데리러 오는데, 아이들이 하던 놀이를 중간에 중단시키지 않고 자연스럽게 다 놀 때까지 기다리면서, 조합원들끼리 서로 모여 이야기를 나누기도 하고, 원장님이나 교사들과도 아이 이야기를 나누기도 한다.

1시 반경에는 낮잠을 자거나 휴식을 취하고 오후 3시가 되면 자유놀이 시간, 4시 오후 간식을 먹은 후 오후 활동(특기 활동, 영역별 활동 등)을 진행한다. 오후 6시경부터 터전을 정돈하고 7시 반이 되면 보통 퇴원한다. 토요일은 오전 7시 30분부터 오후 3시까지. 등·하원 차량은 없고 엄마나 아빠, 할머니, 할아버지가 데리고 온다. 아이들은 더러워져도 괜찮을 만큼 놀기 편한 옷을 입고 온다.

정해진 프로그램과 시간표대로 운영되기보다는 아이들 스스로 호기심과 관심에 따라 자유롭게 놀 수 있다. 우유팩으로 만든 딱지를 가지고 딱지치기를 한다거나, 종이로 된 벽돌블록, 사각블록, 나무블록, 렉스,

풍선, 공 등을 가지고 서로 놀고, 작은 흙 마당에서 자동차와 자전거를 타고 놀기도 한다. 교사들과 함께 남생이 놀이, 시루떡 등의 전통 가락의 노래를 장구를 치면서 부르기도 하고, 동화책 읽어 주는 것을 듣기도 하고, 종이 접기도 한다.

어린이집 보육 방침은 나들이와 바깥 놀이를 통한 자연과 친밀해지기, 교사·아이·부모 간의 공동체적 유대 관계를 바탕으로 평등하고 열린 인간관계를 지향하는 것이다. 생활과 놀이의 통합(생활 체험 교육), 연령, 성, 장애/비장애 통합 교육, 감성 교육을 하며, 우리 음식 맛보기, 전래 놀이와 동요 즐겨 부르기를 통해 민족 정서를 알아 간다.

매주 터전에서는 전통 놀이마당이 펼쳐진다. 세시 절기를 기준으로 월별 주요 놀이가 있는데, 예를 들면 1월에는 윷놀이, 제기차기, 투호, 널뛰기, 2월에는 지신밟기, 5월에는 퐁당퐁당, 색깔 찾기, 소라 놀이, 9월에는 씨름, 12월에는 까막잡기, 비석치기 같은 식이다. 6-7세 어린이는 부모님과 함께 풍물놀이에 참여하기도 한다. 체조, 춤 등 다양한 표현 놀이는 모두가 함께하는 활동을 통해 아이들이 표현할 수 있는 기회를 갖게 한다. 아이들 스스로 옛이야기를 서로 들려주고, 하절기에는 바깥 놀이를, 동절기는 실내 놀이와 인형극 놀이를 많이 한다.

장기 활동으로는 텃밭 가꾸기가 있다. 자연의 흐름(절기)에 맞춰 농사를 시작하고 끝내는 과정을 경험해 보고, 퇴비와 천연 비료도 직접 만들어 보며 자연과 구체적으로 친해진다.

계절별 천연 염색을 하기도 하는데, 산과 터전의 주변과 생활에서 재료를 얻어서 염액을 가지고 번지게도 해보고 다양한 종이에 그리기도 하면서 자신이 염색한 것을 모아 하나의 그림일기 형식으로 책을 꾸민다. 또 염색한 물건은 생활에 쓰일 수 있게 한다. 과학 활동도 활발하다. 실내에서 수경 재배, 식물을 직접 심고 기르기 등 아이들이 곧 할 수 있는 쉬운 활동이 기획된다. 모둠별 요리 또한 빼놓을 수 없는 즐거운 활동. 이 역시 절기를 지내는 개념으로 진행되는데, 정월 대보름에는 오곡강정, 섣달 그믐에는 구절판, 초하룻날에는 콩 볶음과 나이떡, 삼짇날에는 진달래 화전 등을 함께 만든다.

반말과 아마

이 어린이집에서 보이는 특징 가운데 하나는 교사, 아마와 어린아이들이 서로 별명(매미, 산울림, 가방, 낙타 등)을 부르며 반말을 하는 것이다. 불필요한 격식을 차리지 않고 생활함으로써 존댓말에서 오는 거리감이나 긴장감을 없애고 어른 아이 구별 없이 친구처럼 평등하고 자유로운 인간관계를 형성할 수 있도록 배려한다. 별명은 아이들이 지어 주기도 하고 자신이 스스로 지어서 아이들에게 소개하기도 한다. 아이들은 이곳의 어른을 자기 엄마처럼, 또는 친구나 도와주는 사람, 심지어는 놀이 도구로 생각을 한다. 어른의 폐쇄적, 지시적 질문을 싫어하며 자신의 생각을 잘 표현하고 어른들을 두려워하지 않고 자연스럽게 다가간다. 이곳의 교사나 조합원들은 아이들에게 지시나, 명령조의 말 대신 나 중심 메시지를 사용하며 '안 돼'라는 말이나 체벌은 가능한 자제한다. 아이들이 가끔 싸워도 끼어들어 심판하지 않고 서로의 생각을 말로 표현한 뒤 화해하도록 유도한다. 아이들의 선택을 중요시하며 아이들이 할 수 있는 일은 스스로 하게 한다. 조합원들은 이곳에 자연스럽게 드나들며, 아이들을 내 아이, 남의 아이가 아니라 우리 아이로 대한다.

공동육아 어린이집에는 '아마 제도'가 있다. 아빠, 엄마 조합원이 의무적으로 연 3회 아마 활동을 하고 아빠들은 적어도 연 1회 아마를 할 것을 의무화하고 있다. 아마는 월차 낸 교사 대신 아이들과 함께 놀아 주기, 기저귀 갈아 주기, 약 먹이기, 방 청소, 설거지 등 일일 교사 활동을 하는 것으로 하루 동안 아이들과 함께 지내면서 내 아이만이 아니라 우리 아이들의 생활을 가까이서 직접 느껴 보고 교사의 일과를 이해할 수 있다. 아마 활동 후에는 아마 일지에 아이들과 하루를 보낸 느낌 등을 작성하며, 이곳에서는 활발한 활동을 한 아마를 뽑아 아마 상을 주기도 한다. 퇴원 후 방 청소는 조합원 2명이 돌아가면서 맡아 하고 있는데 자신의 아이가 노는 공간을 직접 청소한다는 것을 기쁘게 생각한다고 한다.

 터전의 일상생활 바로 그 자체가 자연스럽게 교육과 연결되어 있으며, 자신의 아이들은 호기심과 관심에 따라 스스로 놀이를 발견하고 창조해 가면서 자율적이고 참여적이며 자연 친화적인 생활을 하고 있다. 또한 어른과 아이 구별 없이 친구처럼 평등하고 자유로운 인간관계를 형성하고, 부모가 아마 제도를 통하여 아이들의 생활에 참여하며, 교사와 부모간에는 노둣돌을 통한 개방적인 의사 소통을 하고 있다. 터전은 아이들, 부모들, 교사들 모두가 하나의 공동체적 유대 관계를 바탕으로 삶과 문화를 만들어 나가는 공간이다.

공동육아를 선택하기까지

공동육아 협동조합에 참여하게 된 가족들은 육아 문제라는 가족의 주요 과제를 단일 핵가족 차원에서 해결하기보다 다른 가족과 연대해서 해결하는 방법을 선택했다. 공동육아 협동조합을 선택하기까지 가족 내에서, 기존 보육 시설에 의존하면서 육아 문제를 나름대로 해결해 보려 고군분투했다. 각 가족이 처해 있는 다양한 상황만큼이나 공동육아 협동조합 참여 전의 육아 상황은 가지각색. 다양한 상황에서 생겨나는 육아의 어려움은 공동육아 협동조합이라는 제3의 길을 한 대안으로 모색하게 한다. 공동육아 협동조합을 어떻게 선택하게 되었는가는 기존 육아 상황을 중심으로 살펴볼 수 있다. 공동육아에 참여하기 전에는 전업 주부로서 육아를 전담했거나 친정이나 시댁 식구 등에게 의존했거나 가정 탁아나 기존 보육 시설에 아이를 맡겨 육아 문제를 해결한 것으로 나타난다.

전업 주부의 나 홀로 육아

전업 주부로 있으면서 친척이나 이웃과 교류 없이 육아를 전담한 경험이 있는 엄마들은 혼자 아이를 키우는 고립감과 소외감을 느끼고, 여성에게만 주어지는 육아 부담에서 오는 부부간 갈등, 아이와 엄마의 밀착 관계에서 오는 스트레스, 사회 활동에 대한 욕구가 충족되지 않는 경험을 한다.

혼자 아이 키우기, 그 고립감과 소외감

핵가족화하면서 친척과는 멀리 떨어져 지내고, 이웃과도 교류가 거의 없이 지내면서 많은 여성들은 힘든 육아를 혼자 담당해야 하는 고립감과 소외감을 느낀다.

권미숙 씨는 같은 대학교, 같은 학과에 다닌 동갑내기 남편을 만나 대학 졸업 후 곧 결혼을 했고, 일찍 아이를 갖게 되었다. 결혼하고 남편이 공군 장교로 있는 부대와 가까운 서울 한 지역에서 살게 되었는데, 지방에 사는 시댁, 친정과 떨어져서 친구 하나 없는 지역에서 살림을 차리다 보니 아이를 혼자 키우면서 단 30분도 누구한테 아이를 맡길 만한 사람이 없을 정도로 의지할 데가 없었다. 이웃과도 왕래가 거의 없어서 혼자 아이를 키우며 철저히 고립되어 있음을 절감했다.

> 어… 주로 기철이는 제가 키웠어요. 딴 사람 손에 안 맡기고. 근데 인제 육아 스트레스랄까 뭐 그런 게 좀, 육아 우울증이랄까, 저 혼자 고립된 느낌 같은 거를 많이 가졌어요. 마실 같은 거 안 다니고 그런 편이었거든요. 특히 신혼 때는 또, 마실 안 다니게 되잖아요. 애가 있고, 엄마가 혼자 있는… 애 키우면서 인제 이러다 보니까 참, 되게 심심할 때도 있고, 심지어는 뭐… 애들 프뢰벨이나 몬테소리 이런 아줌마가 방문하는 것도 저는 너무 얘기 나눌 상대가 없으니까, 그런 아줌마 데려다가 얘기를 막 할 정도로, 주위에 사람이 없으니까 혼자 참 힘들더라구요. 애가 어릴 때는 대화 상대도 잘 되지 않고. 그래 가지고 정말 혼자 초보 엄마가 동동거리면서 애를 키웠어요. — 권미숙

권미숙 씨는 만날 사람도 없고 남편도 없는 밤 시간을 아이하고 보내야 하는 시기에, 핵가족에서 아이를 돌본다는 게 엄마만의 형벌인 듯 얼마나 괴로운가를 뼈저리게 느꼈다. 전통 대가족 제도에서 육아가 오히려 덜 힘들었을 것이라는 생각까지 들 정도로.

대학에서 사회사업을 전공했고, 운동권이던 박현주 씨는 대학을 졸업하고 탁아 운동 차원에서 친구들과 함께 전세금을 마련하여 안산에서 맞벌이 노동자 부부를 위한 어린이집을 운영하게 된다. 그러다가 결혼을 하면서 어린이집 교사를 그만두고 시댁이 있는 대구로 내려가 시부모를 모시고 살다 아이를 연년생으로 낳으면서 현재의 지역으로 이사온다. 박현주 씨는 연년생을 혼자 키우면서 '홀로'라는 위기의식과 고립감, 소외감을 느끼고, 아이 둘 데리고 있으면서 일할 수는 없을 거라는 불안감을 느낀다.

> 연년생이니까 애들 데리고 밖으로 나갈 수가 없죠. 그러니까 작은애 때문이라도 그럴 수밖에 없고 그러니까 그때 느꼈던 거는 아마 주부들이 갖는 흔히 말하는 고립감이나 소외감 같은 거, 특히 혼자 있다는 그런 위기의식이 컸어요. 특히 저 같은 경우는 되게 명랑하고 활발하고 막 이런데, 집안에만 갇혀 있어야 되는 게 굉장히 불안하더라구요. ― 박현주

자신이 직접 어린이집을 운영해 보았기 때문에 기존의 보육 시설에 대한 문제점을 잘 파악하고 있었으며, 그런 문제점을 배제한 어린이집을 만들겠다는 생각이 있었는데, 공동육아를 알게 되면서 공동육아는 바로 그런 욕구를 충족시켜 줄 수 있겠다고 생각했다. 또한 공동육아에서 자신이 직접 교사로서 일을 할 수도 있고, 혼자 아이 키우는 고립감과 소외감에서 벗어날 수 있으리라 생각했다. 그래서 공동육아연구원(현재는 사단법인 공동육아와 공동체 교육)을 통해서 지금 사는 지역에서 준비 모임을 희망하는 사람들과 연결되면서 열정적으로 공동육아를 시작한다.

육아와 부부 싸움

육아는 전업 주부였던 권미숙 씨에게 대부분 떠맡겨졌는데, 육아 스트레스를 혼자 감당하기에는 벅찼다. 육아를 남성보다 여성의 몫으로 생각하는 문화 속에서 자녀의 출생은 여성에게 많은 생활의 변화를 가져오는데, 이때 육아 상황을 자신의 상황으로 받아들이지 않는 남성의 생활 태도는 여성으로 하여금 혼자 육아를 책임지는 상황 속에서 배려받지 못한다는 생각과 함께 많은 불만을 야기했다.

> 내가 이렇게 힘든데 왜 몰라주느냐, 집에 좀 일찍 들어와라. 근데 남편은 남편대로 생활이 있는 거니까, 친구들하고 모임이 있어서 늦게 올 때도 있고 회식이 있기도 한데, 저는 첫애구, 나 혼자 있으니까 너무 불안한 거예요. 애가 어릴 때, 두 돌 전에는 열도 갑자기 나고 응급실 달려가야 될 상황이 여러 번 있었거든요. 근데 그럴 때 남편이 없으면 되게 불안하잖아요. 기철이 아빠가 결혼 초에 술 마시고 늦게 들어오고 그랬어요. 총각 때 습관이 많이 남아 있어서. 전 그런 걸 이해를 못해 주고, 왜 내가 이렇게 힘든데 당신은 당신 생활만 그대로, 그렇게 하느냐. 당신 생활 그 틀을 그대로 유지를 하느냐. 어떤 일도 있었냐면, 기철이가 밤에 잠을 안 자니까 재우고 있는데, 기철이 아빠는 혼자 자러 가면서 나더러는 시계를 맞춰 놓으래요. 너무 기분 나쁘더라구. 혼자 잠자러 들어가는 것도 그런데, 심부름까지 시킨다고 싸운 적도 있고. 기철이 아빠는 그 시계 맞추는 게 뭐가 힘들어서 그러냐, 근데 저는 혼자 잠자러 들어가는 게 야속했던 거죠. 난 거의 밤을 꼴딱 새울 판인데. 막 그랬었어요. ― 권미숙

혼자 육아를 감당하는 과정에서 육아의 고립감과 소외감을 분출해 낼 통로가 없을 때 오로지 남편에 대한 심리적 의존만이 점점 강해지는데 그런 심리적 의존감이 제대로 충족되지 못할 때는 불만이 생기고 이것은 자주 부부 싸움으로 발전한다.

나는 완전히 고립된 섬 같다는 그런 생각을 많이 했어요. 어느 정도였냐면, 베란다에 나가서 아빠(남편) 올 시간만 되면, 차들이 지나가는 걸 다 계속 보고 있는 거예요. 몇 십 분 동안. 기철이 아빠 차가 아닌가 해서 막… 아유 그렇게 남편한테만 많이 의존하게 되고. 남편 늦게 들어오면 내가 예민하게 심하게 반응해서 자주 다투고. 그런 게 힘들었어요. ― 권미숙

육아 스트레스

전업 주부인 여성이 이웃과도 교류하지 않는 상태에서 아이와 단둘만 있다 보면 지나친 밀착 관계가 형성되고, 스트레스가 생긴다.

애와의 관계가 너무 밀착되다 보니까 애한테 뭐 얼토당토않은 화풀이를 하게 되고 그러면서 '나 엄마 맞어?' 그런 생각을 자꾸 하게 되는 때가 있더라구요. 애랑 너무 밀착된 생활을 하다 보면 그게 꼭 좋은 것만 같진 않더라구요. 내가 아이와 밀착되면서 생기는 육아에 대한 스트레스를 아이한테 풀게 되는 자괴감 같은 것이 있어요. 집안일은 너무 많은데 집안일이 많아서 짜증이 난다기보다는 애가 신문조차 못 읽게 하고 뭐 내가 보고 싶은 것조차 못 보게 되는 상황이니까 그리고, 또 그런 거 때문에 화를 아이한테 풀었을 때 해소가 안 되고 그대로 자괴감으로 돌아오는 경험들을 하게 되요. ― 박경미

아이와의 밀착된 관계에 있다가 박경미 씨는 취미로 미술 강좌를 하나 듣게 되어 강좌를 들으러 가는 날 서너 시간 정도 대학생 베이비시터를 두게 되었는데, 아이가 울고 안 떨어지려고 하여 애를 먹은 적이 많았다. 그러다가 친언니에게서 공동육아를 소개받고, 자기 시간을 나름대로 가질 수 있고, 아이와의 밀착된 관계에서 벗어날 수 있으리란 생각에 공동육아를 선택하게 된다.
한편, 정영숙 씨는 남편과 사별하고 혼자 아이를 키우고 있었는데,

다시 대학에 들어갔기 때문에 학교에 가는 날에는 아이 봐주는 할머니에게 맡겼다고 한다. 그러나 아이와 할머니, 아이와 엄마와의 제한된 어른과의 생활 속에서 너무 밀착되는 것이 아이에게 좋지 않다는 생각이 들었다. 한부모 가족이라는 조건 때문에 아이가 사회에 나가 받게 될 상처가 두려워 기존 보육 시설에 보낼 생각은 전혀 하고 있지 않다가, 다른 지역에서 공동육아를 하고 있는 형님에게서 공동육아에서는 부모의 조건, 사회적인 배경, 아이의 신체적 조건 등에서 차별받지 않고, 참여하는 가족들끼리 육아뿐만 아니라 생활도 교류하면서 친하게 지낼 수 있다는 말을 듣고, 한부모 가족이라는 조건을 수용해 줄 수 있으리란 기대에 망설임 없이 공동육아를 선택하게 된다.

사회 활동의 걸림돌, 육아

여성이 사회 활동을 하는 데 육아는 아직까지도 큰 걸림돌이 되고 있다. 육아가 여성의 몫으로 여전히 인식되면서 남성의 사회 활동은 육아와 별개로 당연한 것이고, 여성은 아이가 태어나면 육아와 사회 활동 중에서 신중한 선택을 하도록 무언의 강요를 받는다.

권미숙 씨도 사회 활동에 대한 욕구가 있었으나, 이미 형성된 엄마와 아이의 강한 밀착 관계 때문에 아이가 엄마를 벗어나 생활하기 어려워하고, 또 어느 정도까지는 아이를 엄마가 키워야 한다는 남편의 사고방식 때문에 일에 대한 자신의 욕구를 일단 접어두었다. 그래서 아이가 어느 정도 자라면 육아에 대한 탈출구로서 자신의 일을 찾겠다는 강한 욕구가 생기게 된다.

> 저는 그때 일이 몹시 하고 싶었거든요. 그래서 실제로 학원에 일주일에 한 번씩 나가서 아르바이트를 몇 번 한 적도 있었어요. 그러다 결국 안 돼서 포기했는데, 애를 외삼촌 내외한테 학원 나가는 시간만 맡겼는데, 울고불고 난리를 쳐가지구.

그때 뭐 한참 엄마 찾을 때, 갓난 아이 때 한 6, 7개월 때였나? 뭐 울고불고 난리를 치더라구요. 그래갖구 막, 안 되겠다 해서 포기한 경험도 있고. 기철이 아빠가 두 돌 때까지 엄마가 애를 키워야 된다는 원칙을 세워 놓고, 그 이전에는 안 된다, 남의 손에 맡기는 것도… 그랬어요. 그래 가지구 두 돌만 되면 두 돌까지만 내가 키우고 두 돌만 되면 내가 어디 일을 찾아본다… 이렇게 나 나름대로 탈출구를, 비상구를 하나 마음속에 만들어 놓고 있었죠. — 권미숙

친척에게 의존하기

맞벌이 부부로서 아이를 친정 또는 시댁 식구들에게 맡겨 본 적 있는 김용범, 홍은미, 최정환 씨 부부는 아이를 맡기는 것이 미안하고 죄송스러웠고 최숙자 씨는 시어머니와 양육 방식의 차이로 인한 갈등을 겪었다.

맡기고 난 후의 부담감

홍은미 씨는 교사로 일하면서 큰아이인 경운이를 낳은 1년 동안 한동네 사시는 친정 어머니의 도움을 받다가, 바로 14개월 차이로 둘째를 낳고서는 휴직을 한다. 그래도 연년생인 두 아이를 혼자서 키우기에는 많이 벅차서 큰아이는 친정 어머니에게 맡기고 작은아이는 주로 자신이 보면서 생활하게 된다. 2년 반의 휴직 생활을 마치고 또다시 직장에 나가게 되었을 때는 친정 어머니가 아침에 와서 아이들을 세수시키고 밥 먹여서 미술 학원에 데려다 주고 3시에 데려와 홍은미 씨가 퇴근할 때까지 봐 주셨다.

근데 어느 날 아침에 엄마(친정 엄마)가 "아침에 애들을 미술 학원 보내는 게 얼마나 힘든 건지 아냐" 그렇게 얘기를 하는데 그땐 잘 몰랐거든요. 근데 그 아침에 애들을

먹여서 씻겨서 보내는 게 굉장히 잠깐 동안이지만 상당히 힘들더라구. 정말 나중에 해보니깐. 그리고 엄마는 독실한 천주교인인데 늘 시간에 쫓기시는 거예요. 어디 갔다가도 3시 되면 아이들 미술 학원에서 데려와야 되니깐 가도 긴장되서 앉아 있어야 하고 어디 뭐 하다못해 등산이라든가 성당에서 친목회 같은 거 하면 2박 3일 이렇게 가게 되는데 그런 데도 못 가거나 아니면 가게 되도 완전히 비상사태인 거예요. 그런 데서 오는 갈등이 저도 힘든 거예요. 엄마- 자주 어디 보내 드리고 싶은데 보내 드리고 나면 제가 그날은 학교 가도 안절부절못해요. 그리고 그때(아이들 맡아서 봐주실 때) 엄마 사진이랑 나중에 애들 안 볼 때 엄마 사진을 언젠가 한번 보게 됐는데 정말 얼굴 혈색이 다르더라구요. …(중략)… 엄마가 그렇게 고생하니까 속상하더라구요. 그러면서 뭐 무슨 일 있을 때마다 신경을 많이 쓰게 되죠. 애들 안 맡기는 게 제일 효도하는 거더라구요. 주변 사람들에게 그렇게 얘기해요. 요새도 할머니들이 하나는 업고 하나는 손 붙잡고 다니는 거 보면 너무 좀 안 됐고 자기 자식은 자기가 키워야 되지 않나 그런 생각 들더라구요. — 홍은미

그러던 중 『여성신문』에 우연히 공동육아에 대한 기사가 실린 것을 보고 공동육아연구원에 전화를 하고, 그 당시 살고 있었던 수원에서 공동육아 준비 모임을 하는 사람들과 연결된다. 이미 만들어진 곳에 별 고생 없이 들어가서 아이를 맡기고 싶었기 때문에 아직 간들어지지 않았다는 것이 조금 실망스러웠지만, 친정 엄마를 빨리 해방시켜 드려야겠다는 생각에 준비 모임에 참여하게 된다. 열 가족이 준비 모임을 하는 과정에서 홍은미 씨는 공동육아를 더 잘 알게 되었고, 자신이 지향하는 육아 방식과 같다는 생각에 공동육아에 확신을 갖게 된다.

김용범 씨는 아이를 아이 이모가 맡아 준다고 하여 안양에서 안산으로 이사까지 했다. 그 과정에서 육아를 맡기고 있는 사람 입장에서 이모에게 미안한 마음을 가지게 되고, 이모는 나름대로 아이에게 묶여 자신의 생활을 할 수 없다는 데 답답함을 느끼며 서로 불편한 관계가 된다.

> 애 이모가 아이를 맡아 준다고 하여 안양에서 안산으로 이사를 갔어요. 그런데 거기에 있으면서 애기 엄마랑 이모랑 갈등이 있었어요. 이모도 자기 자식같이 조카를 최선을 다해서 못 키우는 것에 고민을 했고, 우리는 미안하니까 하고 싶은 말 제대로 못하고 궁금한 것 못 물어보고, 그러면서 부모로서 아이에 대한 답답함 같은 게 쌓이고 이모 입장에서도 뭔가 당당하게 뭐 할 거 못하고 자기 일을 나름대로 성취하고 싶은데 조카를 키우면서 묶인다는 부분에서 답답하고 갈등이 좀 있었어요. — 김용범

육아는 누구에게나 커다란 짐으로 다가온다. 내가 육아의 짐에서 어느 정도 벗어난다면 누군가 육아를 맡아 주는 사람은 (아무리 친정 식구라 할지라도) 스트레스와 힘겨움을 겪을 것이므로 미안하고 죄송스러운 감정에서 벗어나기 어렵다. 더구나 이것이 서로에게 상처를 주는 것으로 표출되면 육아에 들인 노력과 보람, 육아를 맡아 준 데 대한 고마움보다는 불편한 갈등 관계로까지 발전한다. 김용범 씨는 이때 교육방송 프로듀서인 처남이 공동육아를 취재하면서 정보를 주어, 준비 모임을 꾸린 지역 주민들과 만나 공동육아를 시작하게 되었다. 부부 모두 이미 만들어져 있기보다 만들어지는 과정에 참여하게 된 것을 '나에게 주어진 기회'라고 생각했고, 기쁘게 받아들였다.

최정환 씨는 결혼 후 부모님과 함께 살다가 분가를 하였는데, 분가하여 맞벌이를 하는 시기에 아이가 태어나면서 한 일 년 정도 먼 거리에 떨어져 사는 외할머니에게 아이를 맡기게 된다. 이때 주말마다 먼 거리까지 아이를 보러 다녀야 하므로 번거로웠으며, 아이와 떨어지기 싫은 괴로움을 겪게 된다.

> 시기적으로 보면 철환이가 태어난 때는 우리가 맞벌이를 하던 때였거든요. 그래서 철환이가 태어나고 한 일 년 정도는 외할머니가 키우셨어요. 그런데 그때 저희가 아버님 집에서 같이 살다가 분가하고 처갓집이 목동이었고, 우리는 그때 도봉동에

살았거든요. 토요일 오후에 퇴근을 해 가지고 사당동에 가서 아버지한테 차를 빌려서 목동에 가서 철환이를 데리고 도봉동에 와서 하룻밤 재우고 놀다가 일요일 저녁에 다시 목동에 데려다 주고, 차는 다시 아버지한테 사당동으로 가서 반납하고 다시 도봉동으로 가고, 그러니까 도봉동, 사당동, 목동을 일 년을 다녔어요. 토요일 저녁에 데리고 와서 일요일 저녁에 데려다 주고 하니까 너무 이게 데려다 주기 싫은 거야. 하루 더 데리고 재우고 싶고… 하여튼 그 난리를 일 년을 떨고 맞벌이를 했어요.
— 최정환

아버지가 아이를 생각하여 다시 들어와 살라고 하면서, 분가 생활을 포기하고 아버지 집에 들어가 살게 된다. 아내는 시아버지에게 아이를 맡기고 직장 생활을 하면서 나름대로 스트레스를 받게 되고 그것을 남편인 최정환 씨에게 풀다 보면 짜증나는 상황이 많이 생겨나, 최정환 씨도 아내와 아버지 사이에서 스트레스를 받게 된다.

와이프와 아버지 두 사람의 눈치를 봐야 된다는 게 힘들었죠. 아버지는 좀 덜해 아버지니까. 와이프가 신경 쓰고 있다는 것을 아니까 내가 와이프 눈치를 보게 되더라구. 괜히 와이프가 스트레스 받고 있다는 것을 알고 있기 때문에 그거에 대해서 내가 또 스트레스를 받는 거야. 그래서 집사람은 스트레스 풀 때가 나밖에 없는 거고, 어쩔 땐 나한테 퍼붓는다고, 이제. 그러면 어떤 때는 무진장 짜증이 나더라도 그 상황에서는 받아줄 수밖에 없는 거죠. 그니까 애를 아버지가 키운다는 것도 있지만 같이 사는, 그 뭐라고 그러나, 시집살이 플러스 애를 맡기는 뭐 이런 거잖아요. 그런 것이 이제 스트레스로 오죠. 우리 아버지가 기본적으로 애는 엄마가 키워야 한다는 그런 생각을 가지고 계세요. 그런데 지가 하겠다니까(며느리가 직장을 다니겠다고 하니깐) 그러면 내가 봐주마. 뭐 이렇게 하신 거지 즐겨서 자원하신 거는 아니에요. 그런데 애를 좋아하시니까 애 보는 즐거움은 있지. 그런데 애 엄마가 아이를 주로 보고 내가 옆에서 해주는 건 좋지만은 애 엄마가 직장 나가 있는 모습은 애한테 안 좋다. 기본적으로 그런 생각을 가지고 있기 때문에 근본적인 스트레스가 좀 있죠.
— 최정환

분가하여 이 지역으로 이사 와서 우연히 공동육아를 하고 있는 대학 동창을 만나면서 맞벌이라는 현실에서 공동육아가 열두 시간 가까이 안심하고 맡길 수 있는 방법이라는 판단을 했다. 차츰 공동육아 이념에 동의하면서 공동육아를 선택한다.

엇갈리는 양육 방식
최숙자 씨는 시어머니와 한집에서 살면서 양육 방법에 대한 생각 차이로 어려움을 겪게 된다. 책에서 본 대로 키우고 싶은 첫 아이를 옛 경험으로 양육하려는 시어머니 사이에서 사소한 일로 자주 부딪히고 서로 불만을 경험하게 된다.

> 시댁에서 어머니랑 같이 키웠는데 어머니랑도 양육 방법에 대해서 생각이 좀 많이 달라요. 어머니는 아주 연로하신 분이고 그래서. 그리고 나도 첫애라서 경험이 없다 보니까 아무래도 책에서 본 거 그렇게만 끼워 맞추려고 많이 했고, 시어머니는 예전에 뭐 아유 이것도 괜찮고 저것도 괜찮고… 좀 나랑 많이 다르죠. 그러니까 뭐랄까 남자는 차게 키워야 돼… 그러구 바지를 벗겨 놓는다든가, 밖에서 마루가 차가운데 거기서 아이를 막 앉게 한다든가, 이유식 그런 부분… 더러움에 대한 건 내가 너무 깔끔을 떨었는데 그런 거, 뭐 먹던 숟가락 먹이는 거, 씹어서 먹이는 거(웃음) 그런 거. 저는 책에서 이유식도 몇 개월부터 이거 먹여라 그러면 그것만 먹이고 그 다음 단계는 먹이기를 꺼려 하고 그런데 그거 막 먹이시고, 애가 어린데 밥알 같은 거 막 먹던 숟가락으로도 넣어 주고 그러면 안 된다고 또 펄펄 뛰다가(웃음). 또 뛰지도 못하죠. 시어머니니까. 그런 사소한 것들이 좀 달랐어요. 그리고 소만이 많이 아파서 막 응급실도 간 적도 있고 그래요. 그 밥알 먹였다구(웃음). 막 애가 우는데 안 그치는

거예요. 이거 큰일났다 그래서 밤에 병원 가구. 어머니도 인제 무서워하구. 그냥 어머니가 정말 책대로 해주길 원했죠. 그냥 사소하게 부딪치는데, 그러다 보니까 계속 내 방에만 아이를 데리고 와서 키우니까 어머님도 나름대로 불만을 갖고 계셨죠. — 최숙자

그러다가 최숙자 씨는 분가를 하여 혼자 남편이 돌아올 때까지 아이를 돌보게 되었는데 그때의 심정을 이렇게 표현한다. "막 이렇게 부글부글 끓고 내 인내력이 바닥날 때도 있고 그럴 때가 참 힘들더라구요." 그러던 참에 우연히 공동육아 어린이집에서 교사 생활을 하는 친구의 권유로 현장학교 수업을 듣게 되었다. 그 수업을 들으면서 내 아이인 소만이한테 참지 못하는 부분, 허용해 주지 못하는 부분을 다시 한번 생각해 보고, 내가 이것도 해줄 수 있는 건데 너무 막았구나 하면서 자신의 육아 방식을 되돌아보고 반성했다. 또한 최숙자 씨는 자신이 유치원 교사로 있어 보았기 때문에 유치원이나 어린이집에서 해왔던 교육 방침도 되돌아보게 되고 자신과 아이의 삶이 메말라 있었음을 깨닫는다.

현장학교 수업을 듣고 공동육아의 교사가 되어 이곳 어린이집으로 오게 되었고, 소만이도 공동육아로 키울 수 있게 되었다. 그러기까지에는 공동육아에 대해 심한 거부감을 가지고 있던 소만이 아빠를 설득하는 일이 가장 큰 과제였다. 소만이 아빠는 공동육아 자체가 이 사회 속에서 어우러지기보다는 자신들을 특정 집단으로 인식한다는 점, 참여 가족들이 나중에는 졸업하기 때문에 영구적인 관계도 아니고 한계가 많은 점 등을 지적하면서 강한 거부감을 가졌다. 그러나 최숙자 씨가 자기 일을 갖고 싶어 하고 잘 아프던 아이가 공동육아를 하면서 자유롭게 뛰어노는 튼튼한 아이로 변해 가자 참여하기로 결정한다.

기존 보육 시설 또는 가정 탁아

문영미, 임소영, 권미숙 씨는 가정 탁아나 기존 보육 시설에 아이를 맡긴 경험이 있는데 보육 교사와 대화 통로가 단절되어 있고 부모의 참여가 불가능하여 아이와 단절된 삶을 살게 되며, 부모가 육아의 주체가 되지 못하는 경험을 한다.

아기의 하루를 알기 힘든 답답함
맞벌이인 문영미 씨는 친척조차 멀리 떨어져 있어, 갈등과 불만이 있음에도 주위에 사는 친척에게 맡긴 사람들이 맘 놓고 한밤중에 들어오는 것을 볼 때마다 부러웠다. 어떤 사람들은 시어머니나 친정 어머니가 계신 시골에 아이를 맡겨 놓고 한 달에 한 번 가는 사람도 있어서 남편한테 그렇게 해보자는 얘기도 한 적 있지만 너무 멀어서 한 달에 한 번 가기도 어려울 정도였다.

결국은 이곳저곳에 임시로 아이를 맡기면서 불편을 많이 겪다가 결국은 같은 아파트 옆 동에 있는 가정 탁아를 선택하게 된다. 가정 탁아에 맡기면서도 나름대로 불만과 신뢰하기 힘든 일들이 발생한다.

> 가정 놀이방처럼 돌 전후의 아이들을 서너 명 정도 보고 계시는 분이 계셨거든요. 거기에 맡겼는데 거기에 맡기면서도 마음이 많이 불편했어요. 낮에 애가 어떻게 지내는지도 모르고 물어보면 심문하는 것 같고 꼬치꼬치 따지는 것 같기도 하고, 저녁 때 윤선이를 데리러 가면 7시. 그 집이 5층이었는데 시간이 좀 늦거나 임박해서 가면 어디 가실 일이 있으셨는지 윤선이 데리고 밑에 내려와 가지고 바로 애를 건네주려는, 하여튼 조급하게… 저도 그게 불편했고 그 분도 제가 늦게 오는 상황을 기다리는 걸 싫어하시는 것 같고, 여러 가지로 어려웠어요. 아줌마가 능숙하게 애를 잘

보시긴 했는데 낮에 애가 어떻게 지내는지에 대한 정보를 도무지 얻을 수가 없었어요. 그냥 뭐 "잘 먹었다, 잘 놀았다" 하고 얘기는 하시는데 그냥 맡길 데가 있는 것만으로도 고맙다 그런 마음으로 했는데 좀 맘에 안 차는 부분이 많았죠. 요구 사항도 있긴 했는데 그런 것까지 요구할 만한 형편이 아니었던 거 같고, 그건 많이 불편했죠. 또 애가 점점 커 가니까 집에서만 지내는 게 또 안쓰럽기도 하고, 그래서 이제 좀 마음 놓고 맡길 만한 데가 있었으면 좋겠다 하고 생각을 했는데 그 가정 탁아는 너무 한계가 뚜렷한 거 같았죠. ─ 문영미

돌 전후의 어린아이를 맡아 줄 어린이집이나 유치원은 없었기 때문에 할 수 없이 가정 탁아를 선택한 문영미 씨는 아이의 생활을 알 수 없다는 답답함이 있었고, 요구 사항을 제대로 이야기하지 못하고 그저 맡길 데가 있다는 것만으로도 고맙다는 마음으로 지내야 하는 상황에서 가정 탁아의 한계를 느낀다. 그러던 중 거주 지역에서 공동육아 준비 모임을 한다는 정보를 듣고 부부가 함께 동의하여 공동육아 준비 모임에 참여하게 된다.

임소영 씨는 결혼해서 대전에서 살다가 산본으로 이사했는데, 우연히 친구 세 명과 같은 지역에 살게 되었다. 친구들 중 누구 하나가 영어 교재를 사게 되면 너도나도 따라서 사고, 두 살 때부터 한글 교육을 하는 등 경쟁적인 육아 방식에서 벗어나지 못했고, 이웃과는 거의 문을 닫아 놓고 지냈다고 한다. 둘째 아이가 생기면서는 첫아이를 유치원에 보내게 되었는데, 아이의 유치원 생활은 임소영 씨가 이해하지 못할 정도로 집 생활과 많이 달랐고, 교사와 부모 간의 대화 통로가 전혀 없어서 유치원에서 아이가 어떻게 지내는지 거의 알지 못하면서 불신을 갖게 된다.

명아를 낳으면서 명철이가 버거워서 유치원을 보냈어요. 다섯 살 때 선교원 같은

데 보냈는데 거기서 한 달 동안 애가 말을 안 했다고 그러더라구요. 근데 그것도 나한테 말을 한 게 아니라 내가 인제 어느 날 갑자기 병원에 데려 가려고 유치원에 갔는데, 제가 "잘 하죠?" 그랬더니 "애, 예예예…" 이러는 거예요. 그래서 "왜요 잘 못해요?" 그랬더니 "글쎄 말이 좀 많이 늦죠?" 이러는 거예요. 그래서 내가 "무슨 말이 느려요?" 뭐 그랬더니 그때 제가 한글뿐만 아니라 속담 뭐 왜 그런 거 있잖아요. 그런 것도 다 하고 그래서… 말하는 데도 속담 같은 것까지 섞어서 하고 그랬거든요. 그런데 여기선 한 달 동안 얘기를 안 했대요. 그러니까 그 다음부터 한마디, 한마디 이렇게 하니까 말이 되게 늦는다고 생각했나 봐요. 그리고 한 달 동안 애가 말을 안 했는데 나한테 말도 안 해주고… 얘가 한 달 동안 말을 못했다는 그게 좀 이해가 안 가더라구. — 임소영

그러던 중 ○○○ 잡지에 난 공동육아에 대한 소개 기사를 보았는데, 교사와 부모 간의 대화 통로인 노둣돌에 대한 설명을 읽고서 공동육아에서는 교사가 아이들이 무엇에 관심을 가지고 있는지 알 수 있다는 것과, 부모가 참여하여 적어도 우리 아이가 무엇을 하는지를 알 수 있겠다는 생각을 하게 된다. 활기찬 어린이집을 처음 방문해 보았을 때 교사들이 헐렁한 바지에, 모자도 하나씩 눌러 쓰고, 마치 아이 같은 모습을 하고 있었는데, 이 모습이 화장 예쁘게 하고 있고 날씬하고 손톱에 색깔 칠하고 청바지 꽉 끼는 것 입고 있는 유치원 교사의 모습과 비교가 되면서 정말 아이들과 함께한다는 생각이 들었다고 한다. 또한 유치원에서 보여 주듯이 정리되어 있는 반짝반짝한 책들과 달리 낡아서 나달나달한 책들을 보고 이곳에서는 실제 아이들이 책을 본다는 생각과 여기저기 아이들이 논 흔적들이 있는 것을 보고서 주저 없이 공동육아를 선택하게 된다. 공동육아를 선택할 때 남편의 반대가 두려워 일단 출자금을 내고 나서 나중에 이야기를 하자, 남편은 아이들이 자유롭게 자연을 누빈다는 공동육아에 대한 자신의 이야기를 듣고 "어린 시절의 추억을 돈으로 사겠다는 거지"

하면서 어쩔 수 없다는 듯이 동의했다고 한다.

내 아이 기르는 주체가 되지 못할 때
권미숙 씨는 공군 장교로 있던 남편이 제대를 하면서 현재의 거주 지역으로 이사를 오게 된다. 전업 주부로 아이를 기르다가 이사를 오면서 갑자기 잡지사 객원 기자 일과 시간 강의도 맡게 되었다. 준비가 안 되어 있는 상태에서 갑자기 애를 맡겨야 하는 상황이 생긴 것이다.

그래서 일단 거주 지역의 시립 어린이집을 알아보았는데, 쉽게 자리가 나지 않아 애를 먹으면서 우리 나라 보육 시설이 부족한 것에 실망을 하게 된다.

> 시립 어린이집은 비용도 저렴하고, 아동 대 선생님 비율 같은 게 법적으로 정해진 기준을 따르잖아요. 그래서 제일 믿을 만하겠다 하서 갔는데, 정원이 다 찼고 뭐 1년 기다려도 될까 말까라고. 이름이나 올려놓고 가라고. 그래서 다른 데로 전화해 보니 한번 와 보래요. 다른 시립 어린이집인데 너무 웃긴 게 정작 갔더니 자리는 없고 1-2년 기다려야 된다는 거예요. 그러면 아예 전화로 '자리가 없다'고 얘기를 해주지 거기까지 오라 해서 찾아갔더니 그렇게 얘기를 하더라고요. 아동 대 선생님의 비율을 갖춘 어린이집에 애들을 들여 보내기가 하늘의 별 따기인 거예요. 우리 나라 탁아 시설의 현황이 이렇구나… 정말 이 정도밖에 안 되는구나 싶기도 하고. 그때 너무 어려웠던 게, 평촌에도 제가 알아봤거든요, 오죽하면… 그랬는데 평촌도 1년을 기다려야 된대요. 내가 그때 친구들한테 "야야, 너 애기 보내려면 애기 태어났을 때, 너 지금부터 등록해 놔, 그래야지 너 필요한 시기에 애를 보낼 수 있다" 했어요. 나는 지금 급하게 찾으려니까 정말 어디 한 군데 보낼 데가 없다고… 그때 막 한탄을 했어요. — 권미숙

그러다가 어렵게 ○○복지재단에서 운영하는 ○○어린이집에 들어가

게 되어 좋은 어린이집에 들어갔다고 매우 기뻐한다. 그러나 일주일 정도 지내면서 이곳에서는 간식으로 직접 만든 음식이 아닌 초코파이 같은 것을 주고, 아이들이 뛰어놀아야 할 마당은 주차장으로 되어 있으며, 실외 놀이 공간이 전혀 없는 가운데 실내에서만 생활하고, 부모가 자유롭게 드나들며 참여할 수 없고, 아이를 억지로 낮잠을 재우는 등의 일들이 형님이 평소에 이야기해 주던 공동육아의 모습과 계속 비교되면서 '이곳은 아니다'는 생각을 한다.

또한 아이의 여러 가지 상황에 대해 질문하는 어린이집의 사무적이고 관료적인 분위기가 아이를 맡기는 부모 입장에서 주눅 들게 했고, 기저귀 떼지 못하고 밥도 혼자 먹지 못하는 아이를 맡기는 부모 마음에 괜히 미안한 마음을 갖게 했다.

> 첫날 갔는데, 막 여러 가지를 물어봐요, 선생님이. 아, 뭐뭐뭐 해서 갖다 주세요, 물 기저귀에다 이름표 붙여서 갖다 주세요…(중략)… 밥은 혼자 먹나요? 내가, 밥도 아직 혼자 못 먹는데요, 기저귀도 못 뗐구요… 이렇게 말하다 보니까 내가 너무 주눅 드는 거예요. 그래서 내가, 아… 어린이집 보내려면 기저귀도 떼서 보내고, 밥도 먹을 수 있게, 선생님들 손 덜 가게 해서 보내야 되나 보다. 괜히 선생님들한테 미안하고 그러더라구요. 선생님들이 부모들한테 아쉬운 게 없는 거예요. 거기는 부모들한테 보육료 받아서 반 충당하고 복지 재단에서 돈이 반 나와요. 그 선생님들이, 굉장히 관료적인 그런 느낌까지 나더라구요. 원장 선생님도 그렇고 선생님도 그렇고 여기 나온 애들이 혜택받은 애들이다… 막 이러는데 그 말이 나중에는 굉장히 기분이 나쁘더라구요. 우리가 돈 내고 애들 보내는 거지, 무슨 수혜자인 것처럼, 혜택을 주는 사람처럼 그걸 누누이 강조를 하는데, 전 나중에 좀 안 좋았어요. ― 권미숙

이와 같은 보육 시설에서 권미숙 씨는 부모의 참여를 배척하는 분위기를 느꼈다. 보육 시설의 체제에 아이를 끼워 맞추고, 관료적인 분위기에

눌러서 부모가 당당해지지 못하게 만드는 분위기. 즉, 부모로서 내 아이를 기르는 주체가 되지 못하는 경험을 하게 된다. 아이를 보육 시설에 더는 맡길 수 없다고 판단한 권미숙 씨는 일주일 다닌 어린이집을 환불도 받지 못한 채 나온다.

그 후, 출자금과 보육료라는 현실적인 경제적 문제가 걸렸음에도 기어이 공동육아를 선택한 권미숙 씨는 기존 보육 시설에서 시행착오를 겪지 않고 바로 시작했다면 오히려 '내가 잘 들어왔나?' 하는 의문도 품었음 직한데, 여러 곳을 거쳐 와 보니 이만한 데가 없다는 안도감과 꼭 계속해야 겠다는 생각이 확실해졌다.

같은 목표를 향해

서로 다른 가족 환경, 서로 다른 기대와 생각을 가지고 출발한 공동육아 가족들은 다양한 출발점을 인정하면서 같은 목표를 지향해 나간다. 점차 여러 가족들 간에 평등한 관계를 맺으며, 공동 공간(터전)이라는 물적인 영역과 공동 관심사, 동일 세대, 터전에서 즐겨 쓰는 용어라든지 반말 문화, 별명 부르기 같은 고유문화를 관념적으로 공유하면서 다름을 인정하고 같음을 일구어 나간다. 또한 개별 가족들이 낯선 집단에 아낌없이 경제적으로, 시간적으로 투자하면서, 공동육아 협동조합이라는 하나의 집단을 생명력 있게 운영해 나간다.

다양성을 보듬어 안는 공동 주인들

공동육아를 하기로 결심하고 참여하는 가족들은 나름대로의 다양한 기대를 가지고 이곳에 들어오며, 공동육아 이념을 수용하는 정도도 다르다. 즉, 공동육아 이념에 대한 뚜렷한 목표 의식과 동기를 가지고 참여하는 가족이 있는 반면, 기존 보육 시설에 비해 아이를 맡기기가 더 좋고, 조합의 분위기도 좋다고 생각해서 참여하는 가족도 있다.

활기찬 어린이집 초창기에는 함께해 나갈 가족들이 부족하여 재정적인 어려움이 있었기에 홍보물을 집집마다 돌리기도 하고, 참여하겠다는 가족이 있으면 고마워하면서 받아들일 정도였다. 일단 조합의 재정난을 해소하기 위해 필요에 의해서 참여 가족들을 받아들인 것이기 때문에 의식의 차이가 크다고 해서 비난한다든가 나가라고 할 수는 없었다.

그렇지만 최정환 씨는 "출발 지점이 다르다 해도 공동육아가 지향하는 큰 틀에 대해서는 적어도 동의해야 하며, 이 마인드가 어긋나면 함께하기 어려운 문제가 생긴다"고 한다. 서로 비슷한 생각을 가지고 있는 가족들이라고 해도 '긴 스펙트럼'이 연상될 정도로 공동육아 이념에 대한 수용 정도는 각기 다르다. 그래서 이곳에서는 참여 가족들의 구성과 의식이 다양하면 다양할수록 참여 가족들 간의 의식 동질성은 저하될 우려가 있으므로 출발은 달라도 그 생각에 대한 차이를 줄인다거나 한 목표에 동의할 수 있게끔 끊임없이 조합원 교육을 하고 있다.

또한 많은 정보 제공자들은 참여 조합원들이 공동육아의 큰 틀에만 동의하거나, 일단 따라가 보겠다는 생각만 갖고 있으면 어쩔 수 없이 존재하는 생각 차이는 인정해야 한다고 한다. 다른 사람도 나와 같은 생각을 갖고 있을 거라고 단정해 버린다면 그렇지 못할 때 실망과 좌절을 경험하고, 그만큼 공동체성은 형성되기 어렵기 때문이다. 그래서 어떠한 생각을 가지고 어떻게 들어왔건 일단 참여했다면 가족들의 다양한 생각과 그 차이를 인정하고, 우리 식구로 받아들여야 한다는 데 동의한다.

> 생각이 다를 수 있다는 것을 인정하는 데서 출발을 한다는 거예요. 어떠한 목적과 어떤 이유로 여기 왔건 간에 다 우리 식구라는 생각이 들어요. …(중략)… 공동체 조직에서 가장 조심해야 될 게 저는, 모든 사람이 나와 같은 생각을 갖고 있다고 생각하고, 그것이 기대에 못 미쳤을 때 실망하고… 이것(생각의 다름을 인정하지

서로 다른 가족 환경, 서로 다른 기대와 생각을 가지고 출발한 공동육아 가족들은 다양한 출발점을 인정하면서 같은 목표를 지향해 나간다.

못하는 것)은 이곳을 꾸려 나가는 사람들이 가장 경계해야 될 거라고 봐요. 오히려 그런 거(생각의 다름)에 대한 통찰력을 갖는 게 더 중요하지 않나 싶어요. — 최정환

어느 정도 공동육아에 합의하여 들어온 사람들이나, 뭐 투철하게 안 들어왔다 하더라도 여기에 발을 들여놓는 순간부터 우리 사람이 되는 거고 어쩔 수 없이 얽히고 맺게 되잖아요. — 박현주

그러나 현재는 재정적으로 안정되고, 이곳에 들어오고자 대기하고 있는 가족들이 늘어나면서 함께해 나갈 사람들의 범위나 특성이 비교적 좁혀지고 있다. 의무적인 역할에만 참여하고 모임이나 다양한 역할들에는 참여할 생각이 없다거나, 공동육아에 대해 부정적인 관점을 많이 갖고 있다면 초기 면접 과정에서 맞지 않음을 느낄 수 있고, 조합에

들어왔다가도 다시 나가게 된다고 한다. 공동육아의 '진정한 주인'으로서 함께할 가족들이 모인다는 것은 자칫 마음 맞는 사람들끼리의 공동체로서 폐쇄성을 띨 우려도 있으나, 참여 가족들은 공동체라고 해서 누구나에게 다 열려 있을 수는 없다는 현실도 받아들이고 있다.

평등한 관계를 만든다는 것

터전에서 중요한 의사 결정은 총회에서 하며 모든 가족이 참여하여 발언권과 의결권을 갖는다. 또한 자체적으로 1년간 조합을 위해 봉사할 수 있는 운영위원과 이사를 매해 돌아가면서 뽑아 어느 가족이나 한번씩은 돌아가면서 조합의 운영 일을 해본다. 주인이 되는 경험을 골고루 맛보는 것이다. 이런 점에서 조합의 운영은 가족 간에 동등하고 평등한 구조라는 것이며, 이런 구조가 공동체라고 할 수 있는 한 근거를 마련해 주고 있기도 하다.

또한 터전에서는 남녀에 따른 역할 구분이 없다. 아빠들도 아마 활동을 하면서 자녀 양육에 참여하고, 조합원들과 교류하면서 자연스럽게 자녀 양육에 관심이 많아지게 된다. 터전에서 총회를 하거나 조합원 교육이 있어서 조합원들이 저녁 식사를 모두 함께할 때는 아빠들이 설거지를 한다거나, 퇴원 후에 터전 청소를 하는 예도 많다. 설령 집안에서는 권위적이고 보수적으로 행동할지라도 터전에서만큼은 예외적인 상황이 되어 터전이라는 공간에서 남녀 간에 구별되는 역할은 찾아보기 힘들다.

교사와 부모도 평등한 관계 속에서 서로 아이들 교육에 대한 의견을 주고받는다. 부모들은 당당히 교육에 대한 자신의 견해를 이야기하여 터전에 반영되도록 개입할 수 있고, 교사들도 가정 교육에 대한 의견을 부모들에게 자유롭게 이야기하는 열린 의사 소통 구조를 볼 수 있다.

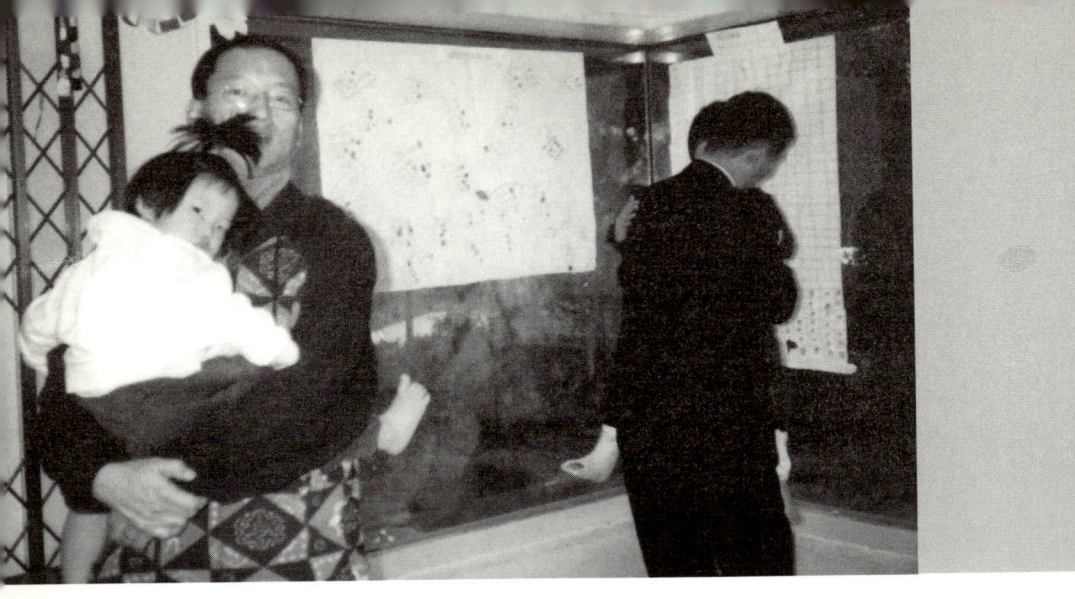

터전에는 남녀에 따른 역할 구분이 없다. 아빠들도 아마 활동을 하면서 자녀 양육에 참여하게 되고, 조합원들과 교류하면서 자연스럽게 자녀 양육에 관심이 많아지게 된다.

그러나 그 때문에 부모와 교사 간에, 조합원 간에 불편한 관계가 만들어지기도 한다. 신입 조합원으로서 이곳의 방식에 아직 익숙하지 않은 원정이 부모는 교사가 과감하게 부모의 양육 방식의 변화를 권고하자 당혹스러워하기도 했다. 부모들도 아마를 하면서 교사들과 함께 아이들을 돌볼 때는, 나들이에서 위험하게 막 뛰어가는 아이들을 교사들이 제대로 통제하지 않는다며 불만을 직설적으로 토로하기도 했다. 이곳에 일주일에 한 번 아이들의 특별 음악 수업을 위해 외부에서 오시는 선생님의 수업을 부모나 교사들이 참관하면서, 좀 더 체계적으로 설명을 해달라는 요구를 하기도 한다. 아이들과 나들이를 함께 가면서 아이들과 호흡을 맞추고 더욱 친숙해져야 음악 수업을 진행하는 데 수월하며, 일정 시간에 주입식으로 교육하기보다는 나들이와 같은 자연스런 놀이 상황에서 음악 교육을 포함한 놀이를 해볼 수도 있지 않냐고. 외부 교사에게도 이곳 교사나 부모들은 자신의 생각을 거침없이 말하기 때문에 건설적인 모색을 하기도 하고 요구와 비판이 많아 서로에게 불편한 감정을 남기기도 한다. 이곳의 기존 조합원들은 교사와 부모 간에 함께 아이를 키운다는 평등한 관계에서 생각을 솔직히 이야기할 수 있고, 또 교사에 대한 서운한 감정, 부모에 대한 서운한 감정도 솔직히 서로 터놓고 이야기할 수 있다고 조언해 준다.

원정 엄마_맞벌이 가족이라서 우리는 아이를 일찍 데려가지 못해요. 6시 30분에서 7시 사이에 데려가게 되는데 원정이가 칭얼대니 빨리 데려가는 것이 어떻겠냐고 노둣돌에 적혀 있더라구요. 선생님도 이것이 불가능한 것을 알 텐데 어떻게 해야 될까 고민스럽더라구요. 다른 사람도 비슷한 상황일 텐데 서운했어요. 우리 상황 다 알면서…

형원 엄마_선생님이 원정이를 위해 그렇게 한 것은 알지요.

구영 엄마_이곳 생활이 아이들에게 무리가 되지 않나 하여 그렇게 한 것 같은데, 그런 것을 방 모임에서 이야기 할 수 있어요. …(중략)…

원정 엄마_아이가 집에서 자주 떼를 쓴다는 문제를 노둣돌에 썼더니 매미가 노둣돌에 "어린이집과 집의 교육이 달라서 그런 것 아닌가, 이제는 교육관의 변화가 필요하지 않나요" 하고 써 놓아 황당했어요.

구영 엄마_그것은 아이 성격과도 관련 있는 듯허요. 우리 구영이도 그랬어요.

원정 엄마_아침에 안 간다는 말은 안 해요. 우리가 어떻게 해야 선생님이 편한가 고민이 돼요. 글의 한계가 있으니깐 나중에 이야기하 보자 하고 있어요. 저도 나름대로 적응하려고 노력하는데 좀 황당했어요. 아빠랑 저랑. …(중략)…

구영 엄마_ '교사와 나' 시간에 면담해 보세요. 저도 나름대로 교육관을 갖고 공부했는데 역시 전문가는 다르다고 생각했어요. 상담이 많이 도움이 되었어요.

원정 엄마_저도 학교에서 모둠별로 글을 써 줘요. 쓰는 사람 입장도 돌아보면서 생각해 보았는데, 아직도 해결되지 않은 나의 감정이에요. 선생님하고 해결해야 할 것 같아요.

구영 엄마—우리 어린이집은 그런 이야기도 다 솔직하게 할 수 있어요. 어떤 이야기도 할 수 있는 관계지요. 교사-학부모의 기존 관계와는 달라요.
— 1999년 6월 1일 신입 조합원 교육

또한 조합원 간에도 공식적인 모임이나 비공식적인 모임에서 스스럼없이 자신의 의견을 내세우다 보면 다른 조합원과 의견이 대립하여 마찰을 빚기도 하는데, 문영미 씨는 "생각 차이를 인정하지 않고 대안 없이 상대방을 비난하고 비판하는 모습을 볼 때 공동체에 대한 회의마저 느낀다"고 한다. 하지만 대개의 조합원들은 의견이 대립했다 하더라도 나와 의견이 같든, 다르든 여기는 함께해 나가야 하기 때문에 그 자리를 일단 떠나면 그냥 '접어 두고 푼다'고 한다.

> 의견이 다르니까 언성을 높이고 그만둔다고 서로 막, 나 조합원 내던지겠다는 둥… 이런 식으로까지 싸워요. 근데 그거는 또, 그 다음에 만나면 또 그냥 엄마로 돌아가죠(웃음). 안녕하세요 하고… 그런 식으로 좀 많이 여기 와서 바뀌게 된 것 같아요, …(중략)… 그때 (의견 대립이 될 때) 끝나고 나서 부글부글 끓고 뭐 울고, 술 마시고 이럴 때도 있는데 그냥 하룻밤 지나면 접어요. — 최숙자

평등한 관계 구조가 오히려 사람들 사이에 마찰을 일으키기도 하고, 처음 공동육아에 참여하는 사람들에게는 이런 관계들이 낯설고 익숙하지 않을 수도 있다. 그럼에도 모두가 동등하고 존중받아야 마땅한 사람들이라는 생각과 모두가 근본적으로 평등하다는 의식을 갖도록 하는 데는 이 평등한 관계 훈련이 중요한 역할을 한다. 또한 이런 방식의 관계는 그들끼리 더 쉽게 화합하게 해준다.

뭔가 통하는 것이 있다

이곳에 참여하는 가족들은 공동 공간(터전)이라는 물리적인 공유 영역과 더불어 육아라는 공동 관심사, 386세대라는 동일 세대, 즐겨 쓰는 용어들, 반말 문화나 별명 부르기 같은 고유문화 등 관념적인 영역을 공유하고 있다.

공동 관심사, 아이 키우기

결혼한 부부에게 육아 문제란 일상에서 매일 해결해야 하는 큰 과제이기 때문에 '아이 키우기'는 강한 공동의 관심사로 자리 잡고 있다. 정영숙 씨는 가족들을 연결해 주는 '강한 끈'을 의식하게 된다고 하고, 박현주 씨는 "그냥 동질성을 팍 느낀다"고 강하게 표현할 정도로 육아라는 공동 관심사는 사람들을 묶어 주는 매개이며, 이웃과 연대하는 힘을 낳는다. 아이를 통하여 부모들 간에 교류할 수 있는 강한 끈이 마련되며, 어른들 사이 교류가 생기는 것이다.

육아 문제의 해결이라는 공동의 관심사를 가지고 있는 사람들 간에는 나와 똑같은 사람들을 만났다는 것만으로도 동질감을 갖게 되고 심리적인 거리감이 줄어든다. 그래서 같은 조합원으로서 공동육아에서 아이를 함께 키운다는 것만으로도 "전체적으로 나와 지향하는 것이 비슷할 것이다" 하는 기본적 신뢰감과 친근감을 느끼고, 그렇지 않더라도 "앞으로 공동육아적으로 변할 것"이라고 기대한다.

> 공유하고 있는 게 확실히 있으니까, 언제나 만나면 할 이야기 있으니깐, 그게. 뭐 출발은 아이 이야기부터 시작해도 그게 왜, 아이 이야기가 내 생활 이야기고, 내 가족의 이야기이기 때문에 그게 나오면 사람이 마음을 더 열게 되잖아요. 다른 밖에

서 만난 관계보다. 그래서 그런 이야기를 하기가 더 쉬운 조건이어서 유리하다고 봐요. 친구 사귀기와 비슷하게 어떤 조합원과 관계를 형성하는 데 유리하다고 보고.
— 정영숙

그러나 공동의 관심사라고 하지만, 그 가운데 내 가족의 필요를 느끼지 못한다면, 가족 간의 연대나 공동체성은 형성되기 어렵다. 육아라는 문제가 내 가족의 가장 근본적인 생존과도 관련될 만큼 절실할 때 가족 간에 연대할 수 있는 힘이 생기고 공동육아도 출발할 수 있다고 본다.

따라서 이곳의 참여 가족들은 육아라는 공동 관심사를 중심으로 한 가족 간의 연대도 가족의 필요라는 이기적인 측면에서 시작된다는 것을 현실적으로 인정하고 있다. 예를 들어 흙 마당이 넓은 터전으로 이사하기 위해 참여 가족들이 터전을 구하려고 함께 고생하는 것은 물론 조합 전체를 위한 것이기도 하지만, 아주 기본적으로는 내 아이를 위한다는 점에서 출발한다는 것이다.

> 계약서에 도장 찍고 난 다음에 제일 먼저 생각난 게 누구냐, 우리 애들 생각이 제일 먼저 나고. 다른 조합원 기뻐하는 것도 생각이 물론 나지만(웃음). 그러니까 결국은 조합의 일이라는 게, 이사장의 일이라는 게, 그렇게 뭐… 이사장으로서 조직이 어쩌구 저쩌구… 이런 것도 있지만, 아주 순수하게 결국은 내가 하는 게 우리 애를 위해서 하는 일이라 이거지. 그런 게 육아 협동조합의 특징 중의 하나가 아닌가? 내가 애쓴 게 우리 애한테 도움이 되지 않는다면 상당히 무거운 부담으로만 올 텐데, 내 애랑 직접적으로 관련이 있고… — 최정환

1999년에는 방과후학교를 만들려다가 실패한 경험이 있다. 그 당시에는 조합에 전업 주부가 많아서 활기찬 어린이집을 졸업한 후에 방과후학교에 보내야겠다는 절대적인 필요성을 결국 못 느꼈기 때문이다. 즉

공동의 관심사가 형성되지 않으면 공동체적인 삶도 형성되기 어려울 것이다. 그만큼 공동의 관심사는 공유 영역들 중에서도 가족 간에 연대하여 공동체적인 삶과 문화를 형성해 나가는 데 가장 기본적인 것이다.

우리는 386세대

참여 가족의 구성원들은 대부분 같은 세대, 즉 30대, 80년대 학번, 60년대 생으로 일명 386세대다. 최정환 씨는 참여 가족들 간에는 "80년대 초반에 대학을 다녔던 그들에게 배어 있는 사회 정치적 상황에 대한 정서적 저항 의식이 공유되고 있으며, 동일한 절망감에서 이 절망감을 해결하고자 노력한 묘한 연대감과 동질감이 있다"고 한다. 동일 세대로서 386세대가 갖고 있는 특성을 김용범 씨는 "혼자는 약하다. 어려우면 뭉쳐야 된다"고 표현했듯이, 386세대들의 잠재적인 공동체 성향은 이들이 사회에 나가고 부모가 되면서 느꼈던 육아에 대한 고민을 해결하려는 한 방법으로 가족 간에 연대하는 공동육아를 선택하게 할 수 있다.

> 그 사람들(386세대)끼리의 정서적인 동질감 같은 건 있어요. (중략) 공통의 과제, 공통의 소재, 공통의 화제가 있는 학번이라는 생각이 들어요. 386 중에서도 소위 말해서 87년도 이전 세대하고 이후 세대하고는 조금 또 냄새가 다르고 그런 것들은 개인적으로 느끼는데 글쎄요, 386세대들이 사회 나가고 엄마, 아빠가 되면서 느꼈던 고민, 해결 방법으로 육아 차원에서 이걸 선택한 것은 분명한 사실인 것 같아요. 재미난 것은 우리 어린이집만이 아니라 제가 다른 어린이집하고 이제 회의 같은 거 할 때 가끔 나가는데 거기에 이사장을 하건 이사를 하건 주도적으로 열심히 활동을 하는 사람들은 거의 예외 없이 80년대 초반 사람들이 아직까지는 하고 있다는 생각은 들지요. — 최정환

> 386세대로 느낄 수 있는 여러 가지 특성… 그러니까 어려우면 뭉친다는 기본 원리와

그것을 체험을 했다는 것, 쉽게 말하면 공동체적 체험을 했다는 거죠. 전 세대는 위축돼서 못했고 구 세대는 많은 자극 때문에 못했다면 그 세대(386세대)만 공동체적 체험을 했다는 거죠. 그거는 혼자는 약하다, 어려우면 뭉쳐야 된다 이런 게 아닌가 싶은 거죠. 그런 공통분모와 육아 문제도 뭉쳐서 어려움을 극복해야 한다, 그래서 이렇게 된 거죠. — 김용범

터전, 또 하나의 가정

터전은 단순히 물리적인 공간이라기보다는 또 하나의 가정, 문화 형성 공간, 공동육아 이념의 실천의 장, 치외 법권 공간, 나를 수련하는 공간 같은 더 큰 세계, 하나의 상징적인 세계다. 터전은 참여 가족들에게 무엇보다 '또 하나의 가정'이다. 자연스레 생활하는 집과 유사한 공간이며 무의도적인 학습과 교육을 하게 된다.

소위 가정의 연장선 아닐까요. 아이가 하루 집에 있는 밤 시간보다 더 긴 시간을 터전에 있는데, 집이라는 공간과 별로 다른 공간이 아닌 터전은 가정의 연장선, 그러니까 새로운 또 다른 가정이라고 생각을 해요. 그래서 터전은 집과 유사한 공간이어야 된다고 생각을 하거든요. 그런데 터전 장소는 많이 불안하죠. 일단 우리 집이 아니고 전세로 있어서 계속 옮겨 다녀야 하고, 그리고 우리 마음에 드는 흡족한 공간도 아니고 그래서 그 터전에 대해서 뭐, 좀 더 나은 공간, 좀 더 안정된 공간 이런 곳으로 갔으면 하는 바람이 많은 것이죠. — 최숙자

정말로 내 집 같지. 뭐 청소도 내가 해야 되는 거고 그래서 청소가 너무 힘드니까 돈 들여 청소부 아줌마 써서 하자고 했는데 그건 안 하고 싶은 거죠. 좀 힘들어서 가구 수를 한 가구 더 늘렸으면 좋겠다 하는 거지 남한테 맡겨서 청소하고 싶지는 않더라구요. — 임소영

터전은 아이들 간의, 또 어른들 간의 문화 형성 공간이기도 하다. 아이들이 하루의 대부분을 보내는 터전이라는 공간은 일차적인 생활공간이다. 문영미 씨가 "아이들에게 터전은 집과 달리 자유롭게 해볼 수 있는 것은 다 해보는 공간이며, 어린 시절을 보낼 수 있는 소중한 꿈이 있는 공간"이라고 표현했듯이, 아이의 자유로운 본성을 인정하고 존중해 주는 터전 분위기에서 아이들은 호기심과 억압되지 않은 본성을 마음껏 발휘할 수 있다. 아이들은 터전을 집보다도 편안한 공간으로 인식한다. 터전에만 오면 자기 자리를 딱 찾아가듯이 떨어지고, 저녁 퇴원 시에도 터전에서 좀 더 시간을 벌어 볼까 하고 부모들을 기다리게 만들 정도로 이곳을 좋아한다. 터전에서 아이들은 소중한 꿈과 추억을 만들어 간다.

또 임소영 씨는 "이곳에서 아이들 간의 생활과 경험이 아이들 간의 문화를 형성하게 하여 아이들끼리 유행어, 유행 놀이, 유행 그림을 만들어 내며, 지적 호기심도 부모가 억지로 주입하는 것이 아니라 그들 간에 서로 충족해 가며 그 욕구가 더 강해진다"고 했는데, 터전에서는 서로 모방하고 학습하면서 그들만의 행동 양식이라든가 독특한 문화를 만들어 나간다. 함께 놀고 싸우고 또 스스로 화해하는 자연스러운 경험 속에서 풍부한 간접 경험과 공감 능력도 키울 수 있다.

> 애들한테 집보다도 더 편안하게 지낼 수 있는 공간이라는 생각이 들어요. 왜냐하면 거기 보내 놓으면 집에서는 엄마가 뭐 하지 마르 하는 것도 허용이 되는 부분이 있고… 또 그게 못마땅하기보다는 참 다행스럽다는 생각이 들거든요. 저는 윤영이가 낮잠을 잔다고 누워 가지고 풀칠을 얼굴에다가 하고 종이를 얼굴에다가 붙여요. 다들 자는데 안 잘 거니? 그랬더니 이거 다 하고 떼고 씻고 잘 거라고, 집에서 그랬으면 그게 난리가 났죠. 지금 뭐 하는 거냐 하고. 여기서는 집에서 해볼 수 없는 거 뭐든지 다 해볼 수 있는 공간, 그만큼 아이들한테 자유롭고 음… 하여튼 어린 시절을 보낼 수 있는 소중한 꿈이 있는 그런 공간이다 생각을 해보죠. ― 문영미

터전은 아이들과 부모들이 공동체를 이루고 삶을 일구어 가는 물적 공간 이상의 세계다.

한편, 어른들에게는 터전이 아이들에 비해 부차적인 공간이지만, 이웃과 교류하는 장소로 매우 편안하게 다가온다. 김용범 씨는 '일종의 사랑방'이라고 표현하고 있으며, 권미숙 씨는 갔을 때 손님 같지 않고 밥도 해먹고, 모임도 할 수 있는 '내가 주인이 되는 공간'이라고 하였다. 터전은 어른들에게도 내 집처럼 행동할 수 있는 편안한 공간이며, 다른 가족들을 이곳에서 마음 편하게 만날 수 있고 모임을 만들어 만남의 장소로 이용할 수도 있어서 전통 사회의 사랑방 같은 편안함을 준다. 터전이란 공간에서 이웃과 일상적으로 관계 맺으며 가족 만남의 문화를 형성한다.

> 어려운 공간이 아니에요, 저한테는. 그러니까 터켠에 가서 밥해 먹을 수도 있고, 터전에 애들 간식 먹고 남은 거, 막 내가 집어먹을 수 있고 그 다음에 수시로 가니까, 모임도 거기서 많이 하고. 워낙 수시로 다니고 우리가 자유롭게 쓸 수가 있잖아요. 우리가 주인이니까. 그래서 그런지 전 맨 처음에 어린이집에서 다들 밥해 먹는 거 보고, 처음에 신입 조합원 때, 어떻게 저러나 그랬거든요. 근데 그럴 수 있더라구요. 충분히. 좋아요. 그렇게 어렵거나 내가 객인 공간이 아니라, 내가 거기 가서 밥해 먹고, 내가 거기 가서 모임 만들어서 어디서 모이자 하면은 뭐 그렇게 만날 수 있는 언제든지 그런 공간이니까. ─ 권미숙

공동육아는 일차적으로 아이들의 생활의 공간이면서, 공동육아의 환경을 제공해 주는 터전에서 출발할 수밖에 없다. 아이들한테 적절한 공간, 즉 터전을 만들어 주는 물질 기반인 출자금 없이 공동육아 이념을 실천한다는 것은 불가능한 이야기다. 이런 터전이 안전해야 하는 것은 물론이다. 바깥바람을 쐬면서 자연과 더불어 아이들을 자유롭게 키우겠다는 공동육아의 방침 때문에 터전을 나서는 나들이를 일상화하다 보면 안전 사고가 일어날 위험이 늘 있다. 이는 가장 시급한 사안이고, 터전에서 공동육아 이념을 실천하는 일은 그 다음 문제로 여겨질 수밖에 없다.

근본적으로 존재의 근거 자체가 위협받는 것이기 때문에 터전이 안정화 되어야 공동육아 이념을 제대로 실천할 수 있다.

터전은 바로 '공동체의 기지,' 공동육아의 이념적인 부분들을 구체적으로 실천해 가는 '공동육아 실천의 장'으로 받아들여진다.

> 터전을 하나의 공동체의 기지로 활용해 가면서 그걸 중심으로 여러 가지… 예를 들면 터전에서 텃밭을 같이 가꾼다, 잔디밭을 함께 가꾼다, 아니면 놀이 공간을 함께 만들어 준다… 그러면 터전이 하나의 노동의 장이 되는 거예요. 어른들은 노동의 장이 될 수 있단 얘기죠. 그렇게 된다면 터전을 가꾸고 만들고 환경을 이렇게 변화해 들어가는 거 자체가 공동육아에 참여하는, 이념적인 부분을 실천하는 장으로 활용할 수 있는 거고. 이사라는 게 단순히 공간을 옮긴다는 측면만이 아니라 공동체적인… 내지는 공동육아 실천의 장으로 터전의 이전을 바라봐야죠. ― 최정환

터전은 아이들이 주로 생활하는 공간으로 이곳에 들어오는 어른들은 아이들 중심의 이곳 문화를 따라야 한다. 이곳은 아이들을 존중해 주는 분위기라서 어른들도 아이들과 같은 눈높이에서 생각하고 행동한다. 그래서 이곳의 어른들은 터전에 오면 동심의 세계로 돌아가서 모두가 어린아이가 된다. 어른인 자신도 아이들과 똑같다는 단정을 하여 어른, 아이 구별이 거의 없다. 이곳은 어린아이들의 세상이며, 어른들도 아이들의 방식대로 생각하고 행동해 주다 보면, 어른, 아이의 구별이 있는 외부세계와는 다른 세상이 되는 것이다.

집이나, 터전 밖의 장소에서는 그동안 외부 세계에서 익숙해져 있던 자신의 방식대로 행동할지라도 조합원이 되고 나서, 터전이라는 공간으로 들어올 때는 터전 밖에서 자신이 행했던 행동과 사고방식이 적용되지 않는 것을 경험한다. 즉, 터전은 아이들간의 법칙과 문화가 존재하고 터전의 공동육아 이념이 실천되고 있는 공간으로서 외부 세계에서 익숙해

져 있던 자신의 방식이 적용되지 않는 치외 법권 공간이 된다.

예를 들어 아이들 간에 싸움이 나더라도 양쪽 아이들의 화나는 감정을 다 들어주고 아이들 입장에서 생각해 보고 부모의 생각을 아이들이 이해할 때까지 대화해 나가면 아이들이 스스로 상대에게 미안한 마음을 갖고 화해하게 된다. 터전이 아니라면 부모가 먼저 심판관이 되어 옳고 그른 판단을 내린다든가, 벌을 준다든가 하는 경우가 있을지라도 이곳에서는 공동육아 방식을 따르는 것이다.

터전에서 아이들을 존중해 주는 분위기는 터전 바깥 사회의 경험을 통해 더 잘 느끼게 된다. 아이들을 대하는 어른들의 권위적인 모습을 우리 사회 어디에서나 많이 볼 수 있는데 그럴 때마다 아이들을 존중해 주는 공동육아 방식에 참 다행스러움을 느낀다고 한다.

터전이라는 공동 공간을 나를 중심으로, 나에서 출발해서 바라보기보다는 더 큰 지역 사회에 속한 하나의 사회 공간이라는 관점에서 바라보면서 지역 사회에 봉사하려는 자신의 마음 자세도 발견한다. 나와 내 가족을 위해서만 봉사하는 것이 아니라 다른 참여 가족들을 함께 생각하는 마음이 우러나도록 하는 이 터전이라는 공간은 바로 '나를 수련하는 공간'으로 자리잡게 된다.

우리들만의 용어들

터전, 아마, 나들이, 들살이, 물살이, 노둣돌, 마주이야기, 마실가기 등의 그들이 사용하는 용어들이 있다.[14] 아마, 노둣돌 같은 말은 공동육아를 모르는 사람들에게 설명이 필요한 용어이고, 그 밖의 것들은 지금 많이 사용하지 않기 때문에 익숙하지 않은 용어들이다. 이렇게 공동체로서 '우리들만의 용어'를 만들어 내고, 새로 들어오는 사람들이 그 용어를 익혀 가면서 차츰 공동육아 사람이 되어 가는 모습을 볼 수 있다.

이게 소위 386과 그 이상 세대들이 이런 것들을 많이 해요. 원래 새로운 용어들을 만들고 공동체의 많은 부분에서 이런 용어들을 많이 써요. 아마라는 거는 여기에 독특한 용어이긴 하죠. 긍정적으로 보면 자기네들끼리의 하나의 단결력이라고 그럴까, 공동체적인 요소를 심어 줄 수 있는 언어이기도 하고. 자칫 잘못하면 자기들만의 공동체로서의 폐쇄성, 다른 사람은 못 알아듣는 거야. 그런 폐쇄성을 의미하기도 하는, 그런 동전의 양면이 있는 것이 그 공동육아 언어이기도 한데. — 최정환

이 용어들은 기존의 틀을 깨는 데 도움이 되고 집단의 신선함과 새로움을 느끼게 해준다. 외부 사람들에게는 생소함과 거부감을 주어 또 하나의 폐쇄성을 가지게 할 수 있는 반면에 이곳 사람들의 결속력과 공동체성을 돋궈 주기도 한다.

이런 용어들 외에도 이곳의 아이들은 나들이를 통하여 지역 사회 곳곳을 알게 되는데, 곳곳에 자기들 나름대로 새 이름을 지어 붙이기도 한다. 전봇대가 있어서 전봇대산이라고 한다든가, 분수대가 뚱뚱보처럼 생겨서 뚱땡이 분수대라고 한다든가 하는 식으로 공식적인 이름이 아니라 자기네들이 스스로 지어 붙인 이름이라 친근감이 있고 지역 사회 곳곳에 재미있는 추억이 배어 있다. 이러한 것이 아이들에게 지역 사회에 대한 구체적인 애정을 심어 준다.

'분수' 하는 거랑 '뚱땡이 분수' 하는 거랑 느낌이 다른데 저는 그 말 듣고 되게 웃었어요. 뭐라 그럴까 더 친근하죠. 뭐 우리 애가 어떤 공식적인 남이 붙여 준 이름이 아니라 자기네들이 붙인 이름으로 부른다는 게. 애들이 이곳을 사랑할 것 같아요. 어려서도 고향이 없잖아요, 그러니까 구체적인 애정을 키워 가게 될 거 같아요. 곳곳에 추억도 많고. — 권미숙

또한 이들이 사용하는 용어들은 전통적인 우리의 것을 선호하고 아이

중심적인 공동육아의 교육 방식에도 부합하고 있어서 이곳의 교육 원칙을 표방하는 수단으로 쓰이기도 한다.

> 들살이라는 이런 거는 신조어인지, 워낙에 있는 말긴지 잘 모르겠지만, 나름대로 이렇게 말이 되잖아요. 들에서 산다… 하구. 나들이는 나들이 나간다, 그거는 워낙에 있는 말이고. 그런 말은 계속 파생되면 좋을 것 같아요. 이런 말들은 (공동육아) 교육 원칙이랄까, 그런 걸 좀 표방하는 말이죠. 뭐, 몬테소리 이렇게 쓰는 거가 그 사람들의 교육 방식을 내보이기 위한 것처럼, 우리도 전통적인 우리 것을 찾고, 아이 중심적이고. 이런 것을 표현하기 위한 말들이죠. — 최숙자

반말하기, 별명 부르기

공동육아 터전에서 관찰되는 독특한 것은 어른과 아이 간에 서로 반말을 하고 별명을 부르는 문화다.

이 반말 문화는 외부 사람들에게 일단은 거부감을 줄 수도 있다. 최숙자 씨는 "반말 문화가 외부 사회에서 바라볼 때 얼마나 어색하게 여겨질지 평소에 터전이라는 집단 속에서는 잘 알지 못하나 한동안 터전과 떨어져 다른 곳에서 생활하다 오면 반말하는 것이 좀 어색하게 들리기도 한다"고. 외부 사람들에게뿐만 아니라 신입 조합원들도 이곳의 아이들이 반말을 사용하고 어른에게 함부로 대하는 듯한 행동에서 혼란스러워한다. 아이들의 버릇없음이 반말과 관련된 것이 아닌가 하는 생각도 해보고, 반말로 어른에게 함부로 대하는 아이들을 어떻게 상대해야 할지 난처해 한다. 평소에 아이들과 평등한 관계에서 서로 생각과 감정을 나누어 보지 못한 신입 조합원들은 반말이라는 형식으로 아이들과 대화하는 방식이 친밀하고 평등한 관계 형성에 도움이 된다는 것을 몸소 체험하기 전까지는 아이들이 반말을 사용하는 것에 상당히 거부감을 느끼고 있고, 사회 속에서 인정하고 있지 않은 반말을 사용하는 것이 어떤 의미가 있을까

의아해 한다.

원정 엄마—반말 문화에 대해 이야기하고 싶어요. 아이들의 공격성이 보이고 새로 온 아이에게는 힘 겨루기가 있는 것 같아요.

구영 엄마—이에 대한 해결 방안으로 새로 온 아이는 전체 아이들에게 우리 식구라는 개념에서 소개를 하고 있어요. 반말 문화 때문에 꼭 폭력성이 나타나는 것은 아니에요. 거의 모두가 반말 문화 싫어하면 또 다른 문화를 형성할 수 있지요.

원정 아빠—순간순간 혼란스러워요. 원정이에게 우리 식으로 이야기해 왕따시키는 모습을 보았어요. 여기 오기 전까진 한사람(아줌마)에게 모두 맡겼어요. 여기서는 내 아이뿐 아니라 남의 아이도 봐주어야 하여 의식적으로 노력하고 있어요. 아이들이 오만불손하고 상식을 넘어서더라구요. 내가 옷을 건네주었을 때 뿌리쳐 버린다거나, 예쁘다고 하면 째려본다거나… 인내를 요구하는 상황이 있어요. 내 아이 같으면 시정을 해주겠는데 많은 혼란이 있어요.

형원 엄마—저는 활기찬, 무럭무럭 크는, 구름다리(공동육아 협동조합)에서 교사 경험이 있어요. 새로 들어온 아이를 배척했다기보다는 아이들 나름의 놀이이고 거기에 잘 안 맞을 때 큰 아이들이 작은 아이를 포함하기 싫어해요. 그리고 아빠들의 등장은 아이들에게 좀 더 흥분되고 굉장한 놀잇감이에요. 반가운 표시일 수도 있고, 또래에 대한 힘 겨루기도 나타나요. 그때는 자신의 감정을 분명히 표현하는 식으로 대처를 해야 돼요. 원정 아빠는 원정이에게 발바닥을 자주 때린다고 했는데 그렇게 하지 말고 자신의 감정을 이야기해 보세요.

원정 아빠—사회에서 반말 문화가 인정되고 있지 않은데 싸가지 없게 키워 무슨 소용인가, 사회 속에서 인정받지 못하면 무슨 소용이 있나 하는 생각이 들어요.

형원 엄마—형원이도 할머니, 할아버지에게 함부로 하여 혼나기도 했지만 점점 나이가 들어 구별을 하더라구요. 학교에서 선생님과의 관계도 존댓말을 쓰면서 잘 맺고 있고요. 또 다른 사회에 잘 적응해 나가요.

— 1999년 6월 1일 신입 조합원 교육

터전과 터전 밖을 구분하지 못하고 반말을 함부로 사용하는 문제점이 나타나기도 한다. 터전에서 반말을 사용하는 것은 터전 식구들과 터전이라는 장소에서 쓰기로 한 약속이다. 아이들이 외부 사람들에게 반말을 사용하여 당혹감을 주는 예도 있다. 터전에서 나들이를 갈 때 아이들은 지나가는 어른들에게도 거리낌 없이 반말로 자기 이야기를 하기도 하는데, "요즘 아이들 참 우습네" 하면서 당황해 하는 어른들도 있다. 잘 아는 사람들에게 아이가 반말을 해서 부모로서 당황해 하기도 한다. 솔직하고 아이답고 자연스러우면서 거기다 반말까지 해대는 아이들을 볼 때, 타자들의 시선에는 정말 버릇없이 제멋대로 자라는 아이들처럼 보일 수 있겠다는 우려를 한다.

　터전 밖 사회에서는 반말 문화가 통용이 되지 않아 아이들이 7세가 되어 초등학교에 가야 하는 시기가 되면 이런 면에서 우려들이 더욱 불거져 나오게 된다. 터전에서는 반말을 통하여 아이들의 생각을 다 들어주고 아이들이 올바른 판단을 하도록 이끌어 아이들 스스로 판단한 대로 행동하도록 했는데, 터전 밖의 학교 사회에서는 어떤 설명도 없이 선생님이 "깨끗이 씻으세요," "가방은 꼭 어디에 거세요" 하면서 지시하는 방식이 아이들에게 강박 관념으로 다가오기도 한다. 처음 초등학교에 들어가 적응하면서 혼란스러움을 다소 경험했던 형원이는 한동안 "엄마 이거 어디다 놔야 돼?," "엄마 나 이렇게 됐는데 손 씻어?" 하면서 자꾸 엄마에게 확인하고 되묻는 경향이 생겼다가 어느 정도 지난 후 이제는 학교 생활에 잘 적응을 하고 있다고 한다. 형원이 말고도 이곳을 졸업한 아이들은 아직까지는 대체로 학교 생활에 잘 적응하고 있다고 한다.

　이곳의 부모들은 아이들이 7세가 되어 어느 정도 반말과 존댓말의 구분을 할 수 있는 시기가 되었을 때, 부모가 친숙한 터전 공간과 그 밖의 공간을 구분하고, 반말을 사용하기로 약속한 사람과 그것이 약속되어 있지 않은 사람들을 구분하여 행동하도록 가르친다. 잘 모르는 분이나 할머니, 할아버지, 그리고 터전 밖에서 만나는 분들한테 존댓말을 써야 한다는 것을 그냥 자연스럽게 받아들이는 아이가 있는가 하면, 모르는 어른들에게 존댓말을 하도록 계속 강조를 하면 존댓말을 해야 하는 사람들을 만날 때 아예 말을 하지 않는 거부 반응을 보이는 아이도 있다.

그럼에도 터전의 반말 문화는 활성화되고 숙성되고 있다. 반말 문화는 아이들의 발달 단계에 맞는 사회성을 학습하게 해준다. 김용범 씨의 말처럼 "마치 암기시키듯이 발달 단계를 무시하고 존댓말을 쓰도록 사회적으로 강요하지 않으며, 아이들은 사회적으로 성숙하고 반말, 존댓말의 필요성을 느끼게 될 때 자연스럽게 존댓말을 한다"는 것. 흔히 어른들은, 아이들이 어른들에게 반말을 하면 존중받기 어렵다고 여긴다. 그래서 사회에서처럼 존댓말을 하도록 강요하지만, 이곳의 어른들은 아이들에게 맞는 문화를 제시한다는 측면에서 반말 문화를 키워 가고 있다.

또한 이를 통해 평등한 인간관계를 경험할 수 있게 한다. 어른과 아이 간에 평등하다는 입장에서 서로의 감정과 생각을 이야기할 수 있는 대화의 장이 자연스럽게 열리고, 이해와 타협의 틈새가 생겨난다. 우리 사회의 분위기는 어른이 아이에게 말한다는 것만으로 충분한 설명 없이 아이가 어른 말을 순종하고 받아들이기만을 요구하는데, 그러다 보면 어른과 아이 간에 대화와 이해의 과정이 단절되어 버리기 쉽다. 반말 사용은 반말이라는 형식이 중요한 것이 아니라 그 반말이라는 형식을 채우는 내용 즉, 반말 사용을 통해 실현될 수 있는 평등한 관계 형성을 중요시한다. 그래서 이곳의 부모들은 반말이라는 형식을 우려하기보다는 아이들이 반말을 통해서 습득하는 건강한 태도나 마음이 외부 사회에서 다치게 될까봐 우려하고 있다.

> 물론 부작용도 있죠. 어른보고 말을 함부로 해선 안 되는데, 애들이 반말이라는 형식 때문에 어른한테 함부로 말하고 그래요. 예를 들어 어린이집 엄마들한테도 "뚱땡

아" 그러는데, 그건 친구들한테도 해서는 안 되는 말인데, 처음에는 공동육아라는 것 때문에 엄마들이 막 많이 참거든요. 아주 기분 나쁜데도. 저는 "너 그런 말하면 나 기분 나빠" 그랬지요. 반말이 주는 의미는 어른이라고 그렇게 기분 나쁜 데도 아이한테 참는 게 아니고, 그런 것을 서로 말할 수 있도록 하는 거니까. 막 엉덩이 때리고, 가슴 만지고 막 이러고 다니는데, 그러면 저도 애들에게 내 감정 이야기하거든요. 반말을 차라리 잘 이용할 수 있다고 봐요. 어른한테도 감정이 있고, 어른도 이렇게 기분 나쁠 때도 있고. 그런 것도 알려줄 수 있는 게 될 수도 있다고 보고. 그러니까 뭐, 맹목적으로 권위만 받아들이는 게 아니고, 근데 사회는 뭔가 많이, 순종이나 받아들이기만을 많이 원할 수도 있다고 보거든요, 특히 이 사회의 어른들은. "이 녀석이 어른이 말하는데" 이런 게 대표격인 말인데, 어른이 말한다는 이유만으로 충분한 설명 없이 아이한테 받아들이게 하잖아요. 정말, 지나다니는 아이한테라도 설명이 돼야 된다고 보거든요. …(중략)… 반말이라는 형식에 대해서는 우려를 안 해요. 근본적으로 가르치려는 것은 반말이 아니고, 평등이라든지 예의라든지 이런 게 뒷받침이 되기 때문에, 그러니까 반말이 예의 없음으로 가면 아이를 대하든 어른을 대하든 그건 나쁜 거라고 보거든요. 근데 이제 그런… 반말이라는 거는, 그런 내용(평등, 예의)을 채우기 위해서 도입한 형식일 뿐이고, 다른 게 보충이 되면 언제나 존댓말이 필요할 땐 할 수 있다는 거죠. 그래서 그 형식에 대해선 걱정을 안 하고, 단지 그것에서 배우는 그 건강한 태도나, 마음이 사회에서 다칠까봐 그게 우려스러운 거죠. ― 정영숙

이런 우려도 있지만 반말 문화가 아이와 같은 눈높이에서 이야기하게 하기 때문에 어른과 아이 사이에 친밀감을 주는 것이 사실이다. 내 아이가 아니더라도 다른 아이들이 나를 반말로 친근감 있게 대해 주다 보니 아이들에 대한 애정이 생기기 쉽다.

> 그 반말 문화로 인해서 애가 왜곡되거나 우려되는 쪽으로 간다고는 생각 안 해요. 그러니까, 오히려 친밀감을 준다든가, 눈높이를 맞춘다든가 하는 긍정적인 부분이 더 크다는 생각을 해요. 뭐… 그 반말 문화 때문에 졸업한 애들에게서 문제는 없었거든… — 임소영

> 애들이 나한테 반말을 하니까 아주 걔네들이 친근하게 느껴져요. 애들이 나를 친근하게 스스럼없이 대해 주니까 나도 걔네들에 대해서 애정이 생기는 것 같애요. 애들이 일단 나를 반말로 어렵지 않게 대하니까. — 권미숙

이제 부모들은 아이들이 어쩌다 "예, 예"하거나 "이랬어요, 저랬어요" 하고 존댓말을 할 때 어색하게 느껴진다고 한다. 존댓말을 하는 아이와는 대화가 더 단조로워짐을 느끼고 오히려 반말을 서로 사용할 때 아이들의 입장에서 이야기하고 들어주기 때문에 자극시켜 주는 말, 격려시켜 주는 말을 더 많이 하게 된다고 한다.

한국 사회에서 대부분의 어른들은 반말 문화를 쉽게 받아들이지 못할 것이다. 사회에서 이해하기 힘들어 하는 반말 문화를 만들어 내는 터전 사람들의 사회에 대한 긍정적 비판 의식의 힘은 바로 이곳의 부모들에게서 나왔다. 사회에서는 문제 제기 없이 아이들은 어른들에게 존댓말을 해야 한다는 것에 그냥 순응하고 있는데, 이곳 부모들은 그것 자체에 대해서 문제를 제기하면서, 평등한 인간관계 경험, 어른과 아이 간의 친밀한 관계 형성이라는 측면에서 반말 문화를 선택한 것이다.

> 반말 문화가 이 사회에서는 이해하기 힘든 거잖아요. 보통 사회에서는 왜 존댓말을 써야 하는지를 문제 제기하면서 따라가는 건 아니잖아요. 그러니까 그냥, 남이 하니까 하는 거잖아요. — 임소영

반말 문화 외에 이곳의 고유문화로는 별명 부르기가 있다. 별명이 지어지고 불림으로써 어른들은 모든 아이들에게 의미 있는 존재가 된다. 아마 활동을 하는 부모들도 별명으로 불리며, 교사나 자원 봉사자들도 처음 들어올 때 통과 의례처럼 아이들이 별명을 지어 준다. 주로 아이들이 붙여 주는데, 본인이 지어서 아이들에게 가르쳐 주는 예도 있다. "아니 그거 말고 무엇으로 하자"란 얘기가 없고, 본인도 괜찮으면 합의가 되고, 아이들 간에 계속 의견이 나올 때는 그중에서 본인이 선택을 하기도 한다. 아이들은 사람을 딱 보면 떠오르는 이미지대로 별명을 붙여 주는데, "아, 정말 잘 지었다" 하는 감탄사가 나올 만큼 그런 비슷한 분위기로 별명을 지어 준다. 본인이 스스로 지어서 불리는 것보다 아이들이 자발적으로 지어 주는 별명이 더 오래간다.

이곳의 어른들은 자기 이름 외에, 아이들과 합의하여 또 하나의 이름으로 별명이 지어지고 불리는 것을 상당히 즐거운 경험으로 받아들이고 있으며, 아이들에게 친근감을 주고 내 아이만의 엄마라는 것에서 벗어나 터전에서 모든 아이들에게 의미 있는 존재로 자리 잡게 된다.

> 내가 본명으로는 많이 불렸지만 그거 깡그리 잊어버리고 소만이 엄마가 됐는데, 이제는 사람들이 다 솔방울이라고 불러 주니까 인제 집에서도 전화하면 "솔방울인데요" 내 친구한테도 "솔방울이야" 이렇게까지 하게 돼요(웃음). 그런데 그 솔방울이란 말이 참 친숙해지면서 내 이름, 또 하나의 이름을 얻는 게 상당히 즐거웠어요.
> — 최숙자

> 제 별명은 토끼인데 정연이가 저보고 토끼, 토끼 그러잖아요. 말은 잘하지만 발음이 정확하지 않고 따끼, 따끼 이러면서 부르는데 애가 혹시 토끼하고 나를 헷갈리는 게 아닌가(웃음) 그런 생각도 하거든요. 이제 세 살밖에 안 됐으니까 동물원에 가서 토끼를 보면 토끼라고 따라 하는데. 그것 참 재미있고 신기해요. — 문영미

노래를 엄청 못하는데, 애들이 그걸 모르고 꾀꼬리라고 지어 줬어요. 저는 노래를 못해 가지고 지금까지 그게 콤플렉스였거든요. 애들이 꾀꼬리라고 지어 주니까, 저를 잘 봐준 것 같아서 아주 기분이 좋았죠. 오늘도 기철이가 막 떨어지기 싫어하면서 엄마 꾀꼬리 하라구(터전에서 아마를 할 때는 별명으로 불리므로 터전에서 아마 하라는 뜻.) 그러더라구요. 어린이집에서 아마 한다… 그러면 애들이 그때부터 꾀꼬리라고 부르더라구요. 별명 부르는 것이 애들하고 친근감이 있죠, 아무래도 누구 엄마 하는 거보다는. 그러니까 '기철 엄마' 했을 때는 내가 누구의 엄마고, 꾀꼬리 했을 때는 아이들하고 전면적으로, 모든 아이들을 상대한다는 느낌이죠. ― 권미숙

별명 부르기는 이곳 어른과 아이 간에 농도 짙은 친밀한 관계를 맺게 해준다. 별명이 자리매김되지 않아 잘 불리지 않는 부모도 있는데, 그건 그만큼 또 아이들하고의 친숙도가 떨어진다고 보아도 과언이 아니다. 아이들하고뿐만 아니라 어른들 간에도 서로 별명을 부를 때 더욱더 편안하고 친근한 관계를 맺을 수 있다. 별명은 사람에게 어떤 정과 친근감을 느낄 수 있는 가장 좋은 매개다. 아이들이 별명을 부르지 않고 "누구 엄마"하고 부를 때는 관계가 좀 멀어졌나 하는 생각에 섭섭한 감정마저 든다고 한다.

별명을 부른다는 것이 아주 친밀한 관계가 되는 것 같더라구요. 저한테 돌고래 이렇게 부르고 선생님들도 서로 별칭을 부르는 게 누구 엄마 이거보다는 친밀한 관계가 되는 느낌이고. 돌고래는 애들이 붙여 줬는데 애들이 그걸 기억하고 다음에도 불러 주니까 어, 너희가 나를 기억을 했구나 이런 느낌이고. ― 박경미

애들이 나더러 형원이 엄마 그러면 기분이 안 좋아요. "형원이 엄마 이것 좀… 어떻게 해 주세요" 그런 애들도 별로 없지만 그러면 난 벌써 속으로 기분이 상해요. 내가 그럼 너희들과 좀 멀어졌나 보다, 이런 생각을 하게 돼요. 근데 산딸기라고,

> 약간 만만하게 보면서 조금은 내게 기어오르려고 적당히 이렇게 하는 거는 좀 서로 관계가 트인 것 같아 아주 예뻐요. 별명 쓰기가 사람에게 어떤 정과 친근함을 느낄 수 있는 가장 좋은 매개인 것 같아서 딴 데서도 그렇게 해봤음 좋겠어. ― 박현주

터전의 '산딸기'는 이곳의 초기 조합원이면서 교사로 있었던 적이 있었기 때문에 아이들에게 확고하게 '산딸기'로 자리 잡았고, 조합원 간에도 이름보다는 '산딸기'로 더 불리고 있다. 다음의 '산딸기'의 경험을 통해서도 처음 보는 아이에게도 별명이 무척 친근감을 준다는 것을 알 수 있다.

> 호원이는 이미 졸업한 아이인데 나한테 산딸기라고 부르거든요. 걔도 약간 아줌마, 형원이 엄마 이러다가 조금 더 자주 만나니까 다시 산딸기를 하더라구. 그런데 그 옆에 다른 애가 있었어요. 우리 쪽 공동육아 애들이 아니고 걔네(호원이네) 집에 갔었는데 딴 애가 있고 형원이, 호원이가 있었는데 "산딸기 이것 좀 봐봐" 그랬거든요. 걔(다른 애)가 인제 깜짝 놀라는 거야. 왜 산딸기냐고. 왜 아줌마가 산딸기냐고 그랬더니 애들이 막 웃어. 어 산딸기야. 그러니까 다무도 모르지. 근데 너무 귀여워. 자기도 산딸기라고 괜히 부르고 싶었나봐. 산딸기라고 불러도 된다고 편한 대로 하라고 그랬더니 산딸기 아줌마도 아니고 산딸기라고 하더라구요. 걔도 하더니 어색해 하면서 산딸기래 으하하… 하면서 지 혼자 웃는 ㄱ야. 그러고 나서 그 다음에 다시 만났더니 걔가 산딸기 아줌마, 좀 겸연쩍어하면서 그렇게 하더라구. 웃겼지 정말. 우린 너무 자연스럽게 딱 했는데 어디서 보면 정말 웃긴 거야. 그리고 이 나이에 누가 별명을 불러 줘요? 이것도 되게 신기한 경험이죠. 솔방울도 아마 같은 생각일 거예요. 만약에 애들이 소만이 엄마 그러면 되게 많이 속상할 거야. 솔방울도 늘 나보다 더 많이 불렸고 여기 터전에서는 교사였으니까 소만이 엄마라고 불러 주는 것보다 솔방울로 불러 주는 걸 본인도 더 좋아할 거야. ― 박현주

별명을 짓는 과정에서 아이들은 창의적인 사고를 한다. 이곳의 아이들은

사람의 특징적인 분위기를 긍정적인 모습으로 끄집어내서 별명을 붙여 주는데, 이런 식으로 아이들이 별명을 붙여 주는 과정은 무척 창의적이다. 임소영 씨는 초등학교 아이들을 독서 지도하면서 고정관념이 강한 아이들이 창의적인 발상을 하기가 어렵다는 것을 느꼈다고 한다. 그러나 터전의 아이들은 별명 붙이기를 통해서도 창의적인 사고를 한다.

> 저는 병아리라고 했어요. 그때 노란색 옷을 입어 가지구. 근데 내게는 주로 '새' 이름을 얘기하더라구요. 애들이. 그러니까 그게 있나 봐. 근데 참 웃겨요. "내 별명 뭐게?" 다른 엄마들한테 물어봐도, "새 종류일 거 같애" 이렇게 그, 느끼는 게 있는 거 같애. 그러니까 코알라 같은 경우도 정말 어울리게 잘 지었잖아요. 근데 그게 나쁜 의미로 안 다가오잖아요. 코알라 모습의 어떤 긍정적인 걸 끄집어낸 거잖아요. 그러니까 나는 아주 아주 잘 짓는다는 생각이 들어(웃음). 그러니까 그것도 하나의 창의력… 그러니까 다르게 불러 보는 거, 이쑤시개 물건을 다른 이름으로 한번 지어 보자든가, 이런 식으로. 초등 학생들(독서 지도받는 아이들)이 더 안 나와요. 그러니까 이쑤시개에서 벗어나질 못해. '이쭈찌게' 뭐 이런 식으로, 뭔가 이렇게 획기적으로 확 바꾸질 못하고. 나는 더 고정관념에 싸여 있으니까 못하고, 오히려 명철이한테 얘기한다면 확 뒤집어 놓는 거지. 뭐, 그게 뭐야… 할 정도로 확 뒤집어 놓는데, 기존의 초등 학생들은 못 벗어나요. 그러니까 이런 것도 자꾸 다른 이름 지어 보게 하고, 만약에 이걸 냄비로 사용하지 않았다면 뭘로 또 쓸 수 있겠냐라든가 이런 식으로 자꾸 생각을 하게끔 하는 거죠. 그러니까 얘네들(공동육아 아이들)은 엉뚱한 거 같아요. — 임소영

또 하나의 내 집을 마련하기 위해

공동육아 협동조합은 가족 간에 얼마간의 출자금을 내서 함께 터전을

마련해야 하기 때문에 기본적으로 경제적인 투자를 해야한다. 조합을 처음 구성하는 시기뿐만 아니라 조합을 운영해 나가는 과정에서도 재정적인 문제는 공동육아의 기본적 생존의 문제로 계속 대두된다. 처음부터 준비 모임에 참여했던 가족들은 터전을 마련하기 위해 아낌없는 경제적 투자를 감행하기도 한다. 조합의 재정적인 어려움을 해결하기 위해서 시에서 융자를 받을 때 기꺼이 자신의 집을 담보로 내주기도 하고, 경제적으로 여유 있는 사람들은 터전이 '또 하나의 내 집'이기 때문에 이자 받을 생각이나 빌려 준다는 의식도 없이 조합을 위한 경제적 지출을 감행하기도 한다. 초기 조합원인 박현주 씨는 출자금이 모자라 터전을 얻을 수 없게 되자 우선 자신의 전세금을 빼서 터전을 마련하는 데 보태고 조합원이 늘어 출자금이 마련될 때까지 터전 용도로 마련한 어린이집의 지하에서 생활해 전설적인 인물이 되었다.

이곳 사람들은 경제적인 여유가 있어서 공동육아를 선택했다기보다는 지하 셋방에 살지언정 우리 아이는 공동육아 아이로 키우겠다는 신념이 무엇보다 강했고, 이러한 신념은 집단에 경제적 헌신을 과감하게 시도하게 한다.

조합원들의 아낌없는 경제적 투자는 터전을 '또 하나의 집'이라고 생각할 정도로 강한 애착을 가지게 하고, 참여 가족들이 함께 공동으로 출자했다는 것 자체가 가족 간의 강한 연결 고리다.

> 그… 뭐라 그래야 되나, 우리 집 외에 또 얻어 놓을 다른 내 집인 거 같아요. 이 집(터전) 얻을 때 시에서 융자를 냈거든요. 그 담보를 다른 집에서 섰는데 지금 저희로 넘어왔어요. 저희 집을 담보로 해 이 집 얻는 데 들어간 게 한 6,000만 원? 아니 그거하고 무관하게 그전에 처음 이 지역에 집을 얻을 때도 출자금 450만 원, 두 아이일 경우에 550만 원 했는데 그게 꼭 전세금을 낸 거 같은 그런 기분이 들고 사실 그리고 그때는 돈이 모자라니까 이제 여유 좀 있는 사람들은 그거 외에 또

몇 백만 원씩 뭐 이자 없이, 빌려 준단 생각 없이 그냥 다 내놨죠. 더 있으면 더 내놔라 이랬으니까. 1년, 2년 후에 되돌려 받는 식으로. 그런 식으로 돈을 융통했으니까 뭐 거의 아낌없는 투자를 했고 450만 원이나 550만 원도 나중에 안 돌려 받아도 상관없다, 이런 식으로 돈을 내놨으니까 또 하나의 내 집이라는 생각이 들어요.
— 문영미

출자금이라는 게 (조합원들을) 연결시켜 주는 끈이죠. 다른 사람한테 설명할 때 일차적으로 하는 게 조합원들이 돈을 모아서 저 집을 세 얻은 거예요, 그렇게 설명이 되거든요. 그리고 보육료도 우리가 다 내구요. 그런 식으로 우리 터전을 이야기하거든요. — 정영숙

저는 공동체를 같이 먹고… 같은 종교를 가지고 뭐 이런 걸로만 생각을 했는데, 꼭 그런 건 아닌 거 같아요. 그렇지만 공동체로 묶어 두는 매개는 있어야 되는 거 같아요. 여기는 출자금을 동원해서 집을 얻었다는 부분이 그 묶어 주는 고리인 거 같아요. — 문영미

터전의 웬만한 전기 제품이나 어린이 도서들, 피아노, 컴퓨터, 놀이 기구 같은 것들은 대개 이곳 가족들이 갖다 둔 것이다. 조합원들이 졸업하면서 후원금을 내놓기도 하고, 도서나 오디오 등을 기증하기도 한다. 주은이 아빠는 처음에는 그다지 터전에 관심이 없었다가 또래와 관계 맺기 어려워하고 언어 발달이 늦은 자기 아이가 차츰 아이들과 함께 어울리게 되면서 변하는 모습을 보고 고마움을 느끼면서 피아노를 기증하더니, 이제는 늘상 터전에 기증할 물건들은 또 없나 챙긴다고 한다.

항상 조합원들의 머릿속에는 나의 가족과 터전이라는 집단이 동시에 자리 잡혀 있다. 터전에 도움이 될 만한 물건이라든가 먹을 것이 있으면 터전을 생각하게 되고, 오히려 주고 싶어도 줄 것이 없을 때 속상해

하기까지 한다. 그래서 돈이 많다면 그때는 아낌없이 이곳에 후원금을 내겠다는 조합원도 있다.

> 집마다 소득이 달라요. 좀 넉넉한 집안에서는 어린이집에다 기부 같은 거 많이 하죠. 꼭 돈이 아니라 뭐 이를테면 사과 철이면 사과 한 상자, 뭐 그런 식으로. 그 다음에 먹을 걸 많이 갖다 준다거나, 아니면 오디오 같은 거를 기증을 한다거나, 근데 정말 저희는 어린이집 주고 싶어도 별로 줄 게 없더라구요. 사실. 어쩔 땐 속상해요. 물론 시댁에서 철이면 유자를 보내 주는데 그때 유자차를 담아 준다거나 가끔 그런 건 있지만 정말 뭐 크게 갖다 주고 할 건 없거든요. 저는 돈 많이 벌면 어린이집에다가 후원금을 내고 싶어요. 희망 사항인데, 내가 돈을 많이 벌게 되면(웃으면서) 언제 될지 모르겠지만… ― 권미숙

시간을 들이니 시간이 난다

공동육아에서 부모의 참여는 의무이자 권리다. 부모들은 터전의 청소, 각종 대소사를 의결하기 위한 총회, 이사회, 조합원 교육, 방 모임, 아마 활동 같은 공식적 역할과 모임에, 또 터전의 시설 보수, 텃밭 가꾸기, 가족 간의 마실, 퇴원 후의 육아 품앗이 같은 비공식적 역할과 모임에 참여하면서 시간을 투자해야 한다. 이제까지는 자신의 가족과 직장 일에 투자하던 시간을 공동체와 함께하는 시간에 나누어 써야 한다.

이곳은 조합원들이 직접 주인이 되어 운영하는 곳이기 때문에 시간을 투자하지 않으면 운영될 수 없는 구조다. 그래서 사람들은 육아를 해결하고 시간을 벌기 위해 이곳에 들어왔다가 오히려 시간을 투자해야 하는 상황에 직면한다. 김용범 씨를 포함한 대부분의 정보 제공자들은 "공짜는 없다"는 보상 차원에서 시간 투자를 생각한다. 육아 문제를 해결하고

이웃들과 친밀한 관계를 유지하고 지내는 것 등에서 큰 만족을 느끼고 있기 때문에 그 보답으로 시간 투자를 할 만하다고 생각하기도 한다. 그런데 이렇게 시간을 내면서 가족들은 오히려 육아에서 해방되는 시간을 얻는다. 여기서 자유로운 시간은 물리적 시간과 심리적 시간 모두를 포함하며 아이가 터전에서 하루 종일 생활하기 때문에 물리적으로 자유로워진 시간도 확보할 수 있지만, 육아라는 짐에서 벗어나 일과 중에도 마음이 자유로울 수 있는 '심리적인 시간'도 갖는다.

> 여기에서 돌아가는 구조상 제가 여기에 시간을 투자하지 않으면 굴러가지 않잖아요. 재밌는 건, 여기에 시간을 많이 뺏기는데, 또 여기 때문에 명윤이 맡기면서 시간이 나지요. 제 생활이 좀 편해진 것이 많아요. 안 하던 일을 많이 해야 되는 것이 때로는 좀 귀찮기도 하고. — 박경미

> 한 달의 일정 중에서 그렇게 내가 역할을 하는 것, 아빠들을 만나고 터전을 청소하고. 터전 돌아가는 것도 파악하고. 여기 일정에 따라서 내 일정이 바뀌고, 그렇지만 여기에 아이들을 보내면서 일과 중에 아주 자유로운 그런 거죠. 그런 그 자유로운 대가로 일과 후에 부모 역할을 하는 거고 공짜는 없다는 생각이 들더군요. — 김용범

터전의 생활을 통해 처음부터 무엇인가를 얻어 가는 것이 아니라 시간을 들여서 터전 일에 적극적으로 참여한 후에야 얻는 것이 있음을 깨닫기도 한다. 그리고 터전에 시간을 투자한다는 것은 바로 이웃 간에 함께 나누는 시간을 뜻한다. 시간을 투자하지 않는다면 그만큼 공동체성이 희석될 수밖에 없고, 시간 투자 정도에 따라서 함께하려는 사람인지가 판가름 날 정도로 이를 '공동체성의 잣대'로 생각하기도 한다. 그만큼 터전에 시간을 투자하는 것은 절대적으로 필요하다.

터전에서 관계를 맺다

 낯선 가족들이 만나 공동체성을 형성하기 위해서는 관계 형성이 매우 중요하다. 개별 가족 단위로만 생활하다가 다른 이웃과 더불어 생활하는 익숙하지 않은 경험을 해 가며 참여 가족들은 차츰 집단 안에서 소속감과 정체성을 찾아간다. 가족들 간의 관계를 돈독하게 만드는 것은 무엇일까? 또 역할을 수행하고 모임에 참여하면서 관계를 맺어 가는 모습은 어떠한가? 결과적으로 그들이 형성하는 관계는 어떤 것일까?

 공동육아에 참여하면서 누군가와 관계를 맺고 지속한다는 것은 다양한 요인들이 복합적으로 작용한 결과다. 구조적인 면에서는 거리적 근접성, 같은 자녀 연령, 시간의 측면에서 본다면 여유로운 정도, 조합에 들어온 시기, 심리적 요인을 들자면 관심과 노력, 심리적 친밀감, 그리고 조합원 관계 외에 친구, 학교 선후배, 직장 동료 등 사회적으로 엮인 또 다른 관계 요인들이 작용한다. 이런 요인들을 많이 충족할 수 있는 상대방과 친밀해지기 쉽고, 이런 요인들을 충족하기 어려운 상대방과는 그만큼 친밀한 관계 형성이 어렵다. 말하자면 가까이 살고, 자녀 연령대가 같고, 시간상 여유가 있고, 조합에 들어온 시기가 비슷할수록 친해지는 경향이 있다. 게다가 집단과 참여 가족에 대한 심리적 친밀감이 있고 스스로 관계 맺으려는 관심과 노력을 기울이고, 사회적 관계의 안정적인 끈이 있다면 더 수월하게 관계를 맺을 수 있다.

한동네 사람들

공동육아에 참여하는 초기, 거리적 근접성은 상당히 중요한 관계 형성 요인이다. 처음에는 멀리 떨어져 사는 조합원보다는 가까이 사는 공동육아 이웃에게 의지하게 되고 도움을 주고받으면서 우선적으로 가까운 관계를 맺는다. 정영숙 씨, 임소영 씨, 문영미 씨 등의 정보 제공자들은 처음 공동육아에 참여하면서 가까이 사는 조합원들과 함께 모여 식사를 한다든지, 서로 아이를 봐준다든지, 아이들을 함께 등원, 퇴원시키는 빈번한 교류를 하게 되었다. 같은 지역 사회 안에서 생활한다는 것 자체가 기본적인 연대의 토대를 마련해 주고 있으며, 주거지가 근접할수록 생활 지역 안에서 교류가 더 쉽고 자주 만나게 되어 조합원 가족 사이에 유대가 더 강해진다. 어떤 가족들은 이곳 조합원이 되기 위해 먼 거리에서 이사를 단행한 가족도 있다. 임소영 씨는 다른 지역에 살면서 남편 모르게 과감하게 출자금을 내고 조합원이 되었는데, 버스를 타고 힘들게 터전을 다니면서 좀처럼 조합원들과 가까워지기 어려웠다고 한다. 그래서 전세금이 비싸 빚을 지면서까지 터전이 있는 지역으로 이사 오기로 결심하게 되었고, 이사 와서는 같은 단지에 사는 조합원들과 친해지면서 적응하기가 한결 쉬워졌다.

> 처음에 터전이 너무 먼 거야. 둘째를 메고 업고, 버스를 타 가지고 여기까지 데려다 놓고, 그때는 조합원들하고 친해지질 못하니까 누구네 집에 있지도 못하고 그렇더라구요. 그리고 그때는 내가 독서 지도사 공부를 하고 있었고 한 팀을 가르치고 있어서

같은 지역 사회 안에서 생활한다는 것 자체가 기본적인 연대의 토대를 마련해 주고 있으며, 주거지가 근접할수록 생활 지역 안에서 교류가 더 쉽고 자주 만나게 되어 조합원 가족 사이에 유대가 더 강해진다.

하여튼 너무 힘들더라구요. 이사를 가자는 말도 못 꺼냈는데, 아빠가 이제 아침에 갈 때 명철이 깨워서 데리고 가고 오고 할 때 너무 힘들다고 생각을 했는지 이사를 가자고 먼저 얘길 해 주더라구요. 바로 집을 알아봤는데, 전세가 삼천만 원 정도 차이가 나더라구요. 저희가 사천에 있었는데 여기 오니까 칠천인 거야. 근데도 빚을 삼천 지고 이사를 왔어요. 이사를 왔는데, 제가 성격이 새로운 사람하고 잘 못 어울려요. 아직도 조합에서 새로운 사람 오면 나가서 얘기하고 그런 게 없고요, 그때 다행히 9단지로 이사 갔는데 민재네, 상권이네, 현채네 이렇게 있어가지고 되게 많이 챙겨줬어요. 그래가지고 쉽게 적응을 했고… — 임소영

이렇게 가족들끼리 만나면서 개인적인 친밀한 이야기가 오가고, 상대방의 힘든 점을 헤아려 더 깊은 도움을 주고받으면서 가까운 이웃이 되어감을 느낀다.

저는 4단지에 살았는데, 거기 4단지에선 엄마들이 이렇게 친해졌어요. 3명이었는데, 그래서 저녁때 밥도 우르르 한 집에 가서 애들 데리고 아빠들 늦게 들어오면 같이 먹고, 놀고, 얘기하고, 그럴 때는 자기 개인적인 얘기가 되는 거죠. 마실 같은 거 가서는, 남편 어떻게 만났어, 이런 얘기부터 해서, 하여튼 뭐 얘기 아빠가 돌아가신 경우가 있어요. 그러면 그런 건 사실 어린이집에서 물어보기 힘들잖아요. 근데 이제 친해지다 보면 그런 얘기도 자연스럽게 하게 되고, 서로 뭐 이를테면 안 좋은 기억이나 상처 같은 것도 얘기하게 되고 이러면서 그 사람하고 점점 진짜 인격적으로 친해지는 거죠. 그 다음에 주로 자기 애 이야기 많이 하고. 같은 방이고, 또 같은 4단지에 산다, 이러면 친해지는 거죠. 이러면 아 우리 4단지끼리 언제 단합 대회 한번 하자, 모이자 한번. 이런 식으로 해서 모여서 얘기하게 되고… — 권미숙

동갑내기 자녀들

자녀의 연령이 같은 가족들은 아이가 같은 방에 속해 있으면 터전이나 집집마다 돌아가면서 하는 방모임에서 모이는 기회가 잦고 아이의 비슷한 발달 단계, 같은 선생님, 같은 교육 프로그램 등의 공통 관심사가 있기 때문에 자연스럽게 대화의 장이 펼쳐진다.

> 같은 방하고 친해질 수밖에 없더라구요. 같은 방 아이들 공통 관심사가 있으니까 그렇게 친해지게 되더라구요. 같이 뭐 예술의 전당 같은 데 가서 미술관 관람도 애들 데리고 같이 하고, 저번에 판화전 같은 데 가서 애들 판화도 찍어 보고 그랬거든요. 그런 식으로 다른 그룹하고는 만나면 얘기하기는 하죠. 이렇게 긴밀하지는 못하죠. — 홍은미

또한 아이들은 또래들과 어울리면서 퇴원 후 저녁 시간에는 누구네 집에 마실가서 논다는 자기네끼리 약속을 서로 하게 된다. 아이들끼리 서로 친하면 부모들도 퇴원 후 저녁 시간에 아이가 놀러 간다는 친구네 가족들과 함께 어울리게 된다.

시간을 낼 수 있는 여유

홍은미 씨, 문영미 씨, 정영숙 씨처럼 맞벌이를 했거나 시험 준비를 했던 정보 제공자들은 터전에 신경 쓸 여유가 없어 공동체와 친밀한 관계를 맺지 못하는 만큼 큰 부담을 느끼기도 했다.

너무 힘들고 바쁘고 이러면, 생각은 있지만 못하게 되고, 또 생각이 있는데 못하면 부담을 느끼고 또 그게 역으로 돌아오면 그렇잖아요. 부담스럽잖아요. 내가 해야 되는데 안 하고 있다는 생각 때문에, 그래서 좀 웬만한 여력도 있어야지 할 수 있는 일인 거 같아요. 그리고 실제로 우리 조합원들 중에서 그런 여력이 있는 엄마들이 훨씬 활동도 많을 뿐만이 아니고 인간관계도 더 많이 형성을 하고 있는 거 같거든요. 저는 여력이 좀 없는 편이지요. 그리고 또 회사를 다니면 차라리 낫겠는데, 시험 (교원 임용 고시) 공부를 한다는 게 그렇잖아요, 왜. 시간이 전혀 없는 거 같잖아요. 마치 다른 사람이 보기에는 하루 종일 시간이 있는 거 같지만 나로서는 하루 종일 시간이 없거든요. 그러니깐 그런 사람들이 제일 여력이 없는 거 같아요. 차라리 회사 퇴근하면 그래도 좀 아주 피곤한 날 빼고는 좀 여력이 있겠는데, 그렇게 되니깐(시험 공부를 하고 있으니깐) 정신적인 여력도 참 찾기가 어렵더라구요. 생각은 있어도, 그렇게 잘 안 되고. 굉장히 지금 안 좋은 상태죠. 사실은 제가. 여기 들어와서 몇 년을 계속 이러고 있다는 게(시험 공부하고 있다는 게) 안 좋죠. ― 정영숙

맞벌이 가족과 전업 주부가 있는 가족들 간에는 여유로운 시간대가 다르다 보니 터전에 아이를 데리러 오는 시간대도 다르고 해서, 서로 교류하기가 더욱 어렵다. 맞벌이 가족은 비슷한 저녁 시간대에 아이를 퇴원시키기 때문에 그들끼리 만나 어울리고, 전업 주부 가족은 또 낮 시간에 그들끼리 모임을 갖게 된다. 안 친하려고 하는 것이 아니라 시간상의 문제로 못한다는 것이다.

제가 계속 직장 생활을 했다면 아침에 애 맡기고 저녁에 애 찾아오고 하는 데서 많이 벗어나지 않았을 거예요. 다른 분들도, 맞벌이하시는 다른 분들도 아침에 애 맡기고 저녁에 찾아가고 그러는데, 직장 그만두고 시간이 많아지면서 어린이집에 투자할 수 있는 여력이 많아진 게 좀 다른 거죠. 요새 새로 오신 맞벌이하는 분들은 아침저녁으로 바쁜 분들이 많거든요. 그런 분들은 한 달에 한 번 방모임하고 회의할

때나 오고 그러지, 마주치고 얘기 나눌 시간도 별로 없죠. …(중략)… 비공식적인 모임도 그러다 보니까 그걸 주도하는 사람들이 여기 조합에서 오래된 사람들이고 오래되다 보니까 맞벌이 주부 하다가 전업 주부로 바뀐 사람들이 많은데, 그런 사람들이 주도하는 모임에 맞벌이 가족은 잘 안 부르게 되죠. 아무래도 바쁠 텐데 이런 생각을 하게 되니까. 제가 옆에서 지켜보니까, 맞벌이로 바쁜 분들은 그분들끼리 저녁에, 늦게 오잖아요. 애들 찾으러. 시간대가 비슷하니까. 같이 어울려서 저녁도 먹고 자주 어울리고 그러는 것 같아요. — 문영미

직장 생활을 하던 홍은미 씨, 문영미 씨는 직장을 그만두고서야 비로소 시간적 여유가 생겨 주로 가정 주부들과 교제하게 되었고, 전보다 터전에 더 많은 관심을 기울이게 되었다. 직장 생활을 할 때는 아마 활동을 해야 하는 것이 가장 큰 스트레스였으나, 직장을 그만두면서 여유가 생기니 아마 활동도 편하게 받아들이게 되고 그런 역할을 통해 집단에 대한 소속감을 갖게 되며 더욱 긴밀한 인간관계를 맺었다.

직장 다니며 아마 할 때하고 기분이 확 틀리더라구요. 아마가 제일 스트레스였거든요. 스트레스 받아서, 여기 정말 나갈까 그런 생각도 들고 그랬는데, (교사라) 주로 방학 때 아마를 하긴 했지만, 몸도 힘들고 그런 상태에서 하루를 어떻게 하나 그런 생각이 들었는데, 이제는 직장 그만두고 아무래도 정신적 여유가 생긴 것 같아요. 선생님들한테 자세히 어떻게 하는 거예요, 물어보고. 원장 선생님 의견도 듣고, 여기 애들도 결국 내 애들이랑 똑같으니까 이렇게 해야겠구나. 애들 심리를 더 잘 파악하게 되는 것 같아요. 그래서 편하게 아마를 하게 되는 것 같더라구요. 그러니까 자연히 터전 자체도 더 소속감을 갖게 되는 것 같고, 가면 뭐 하나라도 정리하면서 있게 되고, 애들 한 명한테도 더 말을 걸게 되고. 선생님한테도 아무래도 서로 대화를 많이 하고 그러니까 훨씬 더 가까워지는 것 같아요. — 홍은미

함께 들어온 사람들

처음 참여한 시기가 같으면 친밀한 관계를 유지하기가 쉽다. 공동육아 협동조합 개원하기 전부터 참여하여 공동육아 협동조합을 만든 창단 멤버, 터전이 만들어진 후에 들어와 1년 이상 생활한 중간 조합원, 채 1년이 안 된 신입 조합원으로 구분해 볼 수 있다.

창단 멤버는 육아에 대한 관심사를 공유하면서 애초부터 강한 동질감, 연대감을 바탕으로 '공동체 한다'는 강한 의식에서 출발한 사람들이다. 비슷한 생각을 가지고, 지역 사회 운동 격으로 가족 간의 공동체적인 교류를 염두에 두고 있다. 설립 과정에 투신한 초기 조합원들은 만들어지는 과정에 참여한 것을 다행스럽게 생각하며 "이것은 나에게 주어진 기회, 기쁨, 보람"이라 생각할 정도다. 초창기 터전을 만들어 나가면서 많은 어려움들을 함께해서 그들 간의 결속력이 크다. 그래서 처음부터 자연스럽게 터전에 대한 애착과 주인 의식을 갖고 지역 사회의 가족들이 어떻게 하면 공동육아에 더 많은 관심을 가질 것인가, 좋은 감정을 가지고 서로 교류를 지속할 수 있을까를 고민하며, 나중에 들어온 조합원들을 공동육아 사람으로 만들기 위해 부단한 노력을 한다.

그러나 생각이 다른 사람들 간의 갈등도 있다. "공동체가 변했다"며 회의를 느끼고 조합을 탈퇴하는 과정을 겪으면서 상처도 경험하고, 구성 가족들의 계속적인 교체 과정에서 현재까지 남아 있는 초창기 조합원들은 새로운 구성원들에게 서서히 자신들이 했던 역할들을 이전하고 관망하는 위치에 서 있다. 지금은 계속적인 구성원 교체 과정에서 중간 조합원이나 신입 조합원이 조합에서 대다수를 차지하게 되었고, 이제는 되려 신입 조합원이 많은 모임에 나가면 이방인같이 느껴진다고 한다.

중간 조합원들은 친밀한 초기 조합원들 속으로나 터전의 중심으로 잘 흡수되지 못하면 창단 멤버의 결속력에서 닫힌 구조를 느낄 수 있다. 이사회나 처음 만든 사람들이 당겨 주지 않는다는 소외감을 느끼는 것이다. 중간 조합원들은 육아 외에 가족간의 친밀한 교류에도 어느 정도의 기대치를 갖고 출발한 사람들이기에 그만큼 소외감을 많이 경험한 층으로, 신입 조합원을 이끌어 주어야 한다는 자신의 위치를 알면서도 주체적으로 나서서 해결하려는 힘은 미약하다.

신입 조합원은 거의 맞벌이 부부들로서 오직 육아 문제만을 해결하려고 공동육아를 자족적으로 선택한 사람들이 대부분이다. 이곳에 대한 고민이 진정으로 우러나지 않은 상태에서 비판 없이 아이를 보내는 예가 다른 조합원들에 비해 많은 편이다. 이들도 기존 조합원의 친밀한 벽을 뚫지 못할 때 거기서 또 하나의 폐쇄성을 경험하기도 하는데, 신입 조합원들끼리 더 밀접한 관계를 형성하며 생활하게 된다.

이와 같이 비슷한 시기에 들어와서 함께 적응해 나가기 때문에 서로의 생각과 느낌이 비슷하고, 들어왔을 때 이곳 집단의 구성원들 간에는 이미 친밀한 관계가 형성되어 있기 때문에 같은 시기에 들어온 가족들끼리 의존하게 되는 예가 더욱 많다.

> 친한 사람만 친하다는 게 문제가 있다는 걸 알면서도 또 격의 없는 모임에 신입 조합원 누구네 집에 한번 연락해 보자, 이렇게는 안 되더라구요. 그냥 오래된 사람끼리 편안하게 또 만나게 되지. 물론 다 전화해서 다 불러내고 그런 예도 있지만 소규모 모임들은 구 조합원 위주로 만나는 것 같아요. 경계가 있는 것 같아요. 어느 집까지 연락을 하고 그 이상은 어렵고… ― 홍은미

만든 사람들, 중간 조합원, 신입 조합원 간에 보이지 않는 경계가 있어서 초창기에 만든 사람들이 형성한 공동체성이 중간 조합원에게 잘 전달되지 못하고, 또 중간 조합원은 신입 조합원에게 전달해 줄 공동체성이 희박할

때 전체 집단 차원에서 공동체성은 약해진다. 집단 내부에서는 참여 가족들의 교체 과정에서 공동체성이 잘 전달되고 발전해 나가지 못하는 것을 우려하여 집단 차원의 대책을 마련했다. 즉 신규 조합원의 조합 생활 적응과 신구 조합원 간의 친목 강화, 조합 업무를 분할하여 담당함으로써 조합 활동력 향상을 위해 도움이 제도를 도입하였다. 참여 가족들의 집 사이 거리, 신구 조합원의 조화 등을 기준으로 가족들을 모두 5조로 나누어, 각 조에서 신입 조합원에 대하여 한 달 안에 환영식을 갖고, 각 조의 신입 조합원은 두 달 안에 집들이를 하며, 각 조는 이사회 결의로 할당된 조합 업무를 하며, 도움이는 두 달 동안 신입 조합원의 조합 생활 적응을 도왔다.

  그러나 도움이 제도가 각 부모들의 연령 차, 아이들의 연령 차 등의 요인들을 더 세심하게 고려하지 않아 관계 형성이 어려워지기도 했고, 신입 조합원들은 어린 자녀를 둔 맞벌이 부부가 많아 평일에는 여유가 없으며, 주말에는 친정이나 시댁에 주로 가기 때문에 전업 주부가 도움이 역할을 할 때 맞벌이를 하는 신입 조합원을 만날 기회가 거의 없는 등의 문제도 있었다. 또한 자연스럽게 만나 친밀해지는 기회가 생기는 것이 아니라 강제적이고 비자발적인 의도된 상황에서 만나기 때문에 이에 대한 거부감이 많이 작용하여 결국은 도움이 제도 자체를 운영하기 어려웠다.

> 근데 도움이 제도라는 게 MT를 갔다던가, 아니면 뭐 무슨 큰 고민거리가 있어서 뭉쳤다든가 그런 게 있을 때 이렇게 탁 되는 거지, 누가 하나 전화해서 잘 있니, 뭐 했니… 이렇게 챙겨 준다고 해서 그 사람을 꼭 도와주는 건 아닌 것 같고, 도움이 제도가 실패한 거는 도움이 제도라는 것 때문에 실패한 게 아니라 다른 게 요인이 더 클 거라고 생각을 해요. 뭐, 일단 도움이하는 사람과 신입 조합원의 연령 차가 너무 난다거나, 도움이 하는 사람하고 신입 조합원의 아이가 너무 연령 차이가 난다

> 거나 그러면 그것도 어렵거든요. 소만이(아들) 노는 시간에 걔(신입 조합원의 아이)는 자는데 어떻게 놀겠어요, 그것도 어렵고. 또 신입 조합원들은 시간이 더 없어요. 맞벌이 부부 많고 또 뭐 주말마다 친정 시댁이니 이렇게 가고, 전화를 하면 주말에 없어요(웃음). 언제 고기 한번 구워 먹자고 전화했더니 신입 조합원은 하나도 없어요. 그쪽에서도 이렇게 뭉쳐져서 뭔가 또 하나의 핵구름을 만들 듯이 이렇게 할 수밖에 없는 게 아닌가… — 최숙자

조합 내 여러 회의와 실행 결과에서처럼, 강제적으로 사람과 사람이 만나서 관계를 형성하게 하는 것은 아주 어려운 일이다. 사람들 사이에 자연스럽게 관계 형성의 요인들이 발생해서 자발적으로 관계를 형성할 수 있는 여지가 있어야 한다. 지금은 집단 차원의 노력을 계속 하려고 하나, 조합에 들어온 시기에 따라 자연스럽게 친밀한 인간관계가 형성되는 것을 더욱 적극적으로 인정하고 받아들이며, 신입 조합원끼리 친밀한 관계를 형성하도록 지원하고 있다.

알고 싶어하기, 다가서기 위한 노력

참여 가족 구성원들과 관계 맺기 위해서는 스스로 노력하고 관심을 기울여야 한다. 자신이 사람들에게 먼저 다가가고 적극적으로 가족 간에 교류하려는 노력이 없이 상대가 먼저 베풀어 주기를 원한다면 그만큼 친밀해지기 어렵다. 아이만 맡겨 놓고 조합의 일에 적극적으로 참여하지도 않으면서 자신을 챙겨 주지 않는다고 불평한다면 대개 조합원의 동조를 얻지 못한다.

> 근데 어린이집 여기에서 사람들하고 친해지기 위해서는 신입 조합원 때는 막연히 누가 나한테 뭘 어딜 오라고 해주길, 베풀어 주길 많이 바라지요. 근데 제가 생활을

좀 해보니까, 굉장히 적극적인 게 필요하더라구요. 자기가 먼저 그 사람한테 다가가서 인사하고, 먼저 우리 집에 놀러 오라 하고. 그래서 참 그런 게 배우는 게 많아요.
— 권미숙

트러블이 있는 사람들이 동조를 못 얻는 거는 뭐냐면, 봐도 그만, 안 봐도 그만, 애만 맡기고 데리고 가는 식으로 해 놓고는 먼저 자기가 다가가는 거보다 왜 나를 챙겨 주지 않느냐는 식으로 얘기했을 때는, 아무리 공동체라지만 그런 모습은 아닌 것 같아요. 그러니까, 공동체를 택했으면 공동체에 대해 적극적인 게 있어야 된다고 생각을 해요. — 임소영

아이를 남에게 맡긴다든가 하는 식으로 남에게 도움을 구하지도 않고 남에게 도움을 주려고 하지도 않으면서 의무적으로 자기 역할만 하려는 조합원들은 사람들과 어울리기 힘들고 소외감을 느끼게 된다.
한편, 집단의 규모가 너무 커지는 것도 관계 맺기 위한 관심과 노력을 기울이기 어렵게 한다. 기존의 참여 가족들은 새로 들어오는 가족들과 좋은 관계를 형성하기 위해 의도적으로 먼저 관심을 보이고 노력하기도 하는데, 신입 조합원들이 한꺼번에 많이 들어오면서 집단의 규모가 커지자 신입 조합원들 모두에게 관심과 노력을 기울이기 어렵게 된다.

지금 규모가 좀 커졌어요. 내가 열심히 어울리는 편이지만 옛날에는 몇 번, 일주일에 몇 번만 시간 내면 대부분 사람들이 거의 다 어울렸다고 치면, 지금은 해도 해도 이게 되지가 않는 거예요. 게다가 지금 새로운 사람을 알려면 열 집을 알아야 되는 건데, 지금은 내가 힘들어서 관리고 뭐고 다 포기하고, 지금은 오히려 옛날에는 막 챙겨 줘야 된다… 어떻게 해야 된다 이런 게 많아 가지고 더 바쁘고 마음이 급했다면 지금은, 신입들도 자기들도 마음 맞는 사람들끼리 잘 다니더라 뭐 이렇게 되면 그것도 좋지. 내가 옛날 같으면, 만약에 신입 조합원 세 집이 어느 집에 모였다 그러면

> 기필코 거기에 가야 되는 거야. 애들 다 데리고 가 가지고 막 얘기도 하고 물론 사람들을 사귀면서 내게 도움이 되는 것도 많은데 사람을 사귀는 그런 거가 아니라, 어떻게 신입 조합원들도 알아보고 어떤 정도로 만족하고 있는가 이런 것도 알아보고 이런 식으로 계획을 하게 되는 거죠. ― 박현주

그래서 인간관계 형성이 중요한 공동체에서는 인원이 적절해야 한다. 집단의 규모가 커질수록 집단 차원에서 새로 들어오는 가족들에게 관심과 노력을 기울이기 어렵고, 구성원들도 모두와 개인적으로 교류하기 어렵다. 그러다 보면 형식적이고 공식적인 관계들이 많아져서 소속감을 갖기도 어렵고, 나름대로 친밀한 집단 층이 여러 갈래로 나누어지기 때문에 하나로 어우러지지 못한다.

> 사람이 더 많아지면 관계가 뭐라 그럴까, 흐려질 것 같아요. 그러니까 좀 긴밀해지지가 않을 것 같아요. 지금도 사람이 많거든요. 근데 처음에 ○○동에 있을 때 한 이십 몇 가구 됐을 때는, 굉장히 다 친했어요. 신입 조합원 하나 들어오면 환영회 일일이 다 해주고 그랬는데, 지금 요새 안 그러거든요. 많아지면서, 확실히 숫자가 많아지면 그렇게 될 수밖에 없나 봐요. 그러니까 우리 지역에서는 사람 더 안 받아야 되겠다, 이런 생각이에요. 이 규모에서 더 커지면 어떤 공동체적인 긴밀한 분위기, 요런 거는 안 될 것 같아요. 규모가 중요한 것 같아요. 뭐, 슈마허가 쓴 『작은 것이 아름답다』 이런 것처럼, 왜 그 작은 어떤… ○○도 도시가 작으니까, 굉장히 ○○지역 요 끝에 가 있으나, 저 끝에 가 있으나 여기는 우리 지역이라는 게 뚜렷하잖아요. 그런 것처럼 이게 너무 커지면 내가 속해 있다는 의식이 희박해지는 것 같아요. 그러니까 여기 어린이집도 마찬가진 거 같아요. 30가구쯤 되니까 확실히 그게 있더라구요. 뭐, 정말 아빠 얼굴 모르는 집도 있었고, 처음에는. 그런 게 있더라구요. 엄마가 뭐 하는지도 모르고 뭐… 요즘에 현정이 엄마가 PD라는 거 이제야 알았네. 청소 바꾸려고 직장에 전화했다가, PD님이라고 호칭을 하더라구요. 그래서 내가

아… PD님이시구나(웃음). 서로 직업도 모르고 이러면 공동체가 아니죠. 아빠 얼굴도 모르고 막 이러면. 인원이 많다 보면 개인적으로 교류하는 게 적고 그래서 그런 것 같아요. 다 모여도 끼리끼리 친한 사람들끼리 모이게 되니까. — 권미숙

기본적인 신뢰감

터전에서 다른 가족과 친밀해지기 위해 관심과 노력을 기울이는 것도 그런 관심과 노력이 받아들여질 것이라는 기본적인 심리적 친밀감이 있어야 한다. 거부될지도 모른다는 전체적인 분위기에서 심리적인 친밀감을 느끼지 못하면 친밀해지려는 관심과 노력을 기울이기조차 힘들게 된다.

내가 먼저 어떤 대상에게 관심과 노력을 기울이기 위해서는 선입견이라는 것도 무시할 수 없잖아요. 아무 데나 가서 푼수처럼 하는 게 아니고 그런 노력을 할 때, 내가 얼마나 받아들여질 수 있을까에 대한 확신도 조금 필요하겠죠. 내가 거부될 것이라고 생각하면 그런 노력을 하기가 주저되잖아요. 그거는 이제 전체 분위기에서 주어지는 것이겠죠. 전체 분위기가 그런 노력이 충분히 받아들여질 수 있을 정도로 부드럽게 느껴진다면 훨씬 쉬울 것 같아요. — 정영숙

가정적으로 안정되어 있고 남에게 피해를 주지 않으면서 아이 키우는 것 말고는 이웃의 필요를 느끼지 못하는 가족들과는 관계 맺기 어려움을 느낀다.

제가 느끼기에 아주 가정적으로 안정이 돼 있고, 소위 말하면 우리 사회에서 중산층으로서 딱 자리를 잡은 사람들, 그런 사람들에게서 느끼는 묘한 그… 뭐라 그래야

되지? 벽이라고 할까?(웃음) 그러니까 아주 그런 사람들을 대할 때는 좀 예의를 지켜야 되고, 깍듯해야 되고. 그러니까 서로, 서로의 가정을 많이 침범해서는 안 된다는 느낌. 그것도 편하잖아요. 어떻게 보면 지금 사회에서. 그러니까 나쁘다고 말하는 게 아니고, 그런 게 있는 거 같아요. 그 가정이 경제적으로도 해결이 되고, 여러 가지 사회적인 지위도 있고 이러면, 그 내부에서 어느 정도로 안정감을 갖게 되잖아요. 그러니까 애 키우기 위해서 필요한 거 외에 사람을 그리워한다든지, 필요로 한다든지 그런 게 많지 않으리라고 생각이 들거든요. 그러니까 자기 편하면 되고 꼭 자기 마음 상하면서 뭔가를 하고 싶어하지 않을 테니까… ― 정영숙

참여 가족들에 대해 심리적인 친밀감을 느끼지 못하는 것은 나와 내 가족의 모습을 남에게 개방하는 데 많은 걸림돌이 되고 있다. 나와 가족을 드러냈을 때 받아들여질 거라는 확신이 없는 상태에서는 친밀한 관계 맺기가 어려운 것이다. 이에 먼저 나의 것을 보여 주어도 그대로 수용해 줄 수 있는 편하고 믿음이 가는 가족과 친밀한 관계를 맺기 시작한다.

항상 친하게 되는 사람만, 내가 내 걸 보여서 창피하지 않겠다고 생각되는 사람한테 가게 되더라구요. 그러면, 그 집에 갔을 때도 여전히, 내가 막, 너저분한 모습을 보이는데 그 집이 깔끔하고 정돈된 느낌으로 나를 대한다면, 난 그 다음부터는 못할 거 같애. 나를 편하게 대하고. 그러니까 그런 거에서 시작인 거 같아요. ― 임소영

조합 속 또 다른 관계들

참여 가족들간에 조합에 참여하기 전부터 형성된 사회적 관계망은 조합원 간의 관계 형성에 매개 역할을 하기도 한다. 어떤 집단이든지 아는 사람이

하나 있으면 그 집단에 섞이기가 수월하지만, 전혀 아는 사람이 없이 스스로 관계를 터 나가야 하는 경우에는 특히 사교적인 사람이 아니라면 사람들과 친숙한 관계를 형성하는 데 많은 시간이 걸리기도 한다. 이곳에 참여하는 가족들은 이미 집단에 참여하고 있는 친구나, 친척의 소개로 공동육아를 알게 되어 들어오기도 하고, 또 막상 들어와서 같은 대학 출신의 선후배를 만나기도 한다. 학교 교사로 있는 나이 많은 우성이 엄마는 교사가 되고 나서 처음으로 졸업시킨 제자를 이곳에서 조합원으로 만나기도 하는 등, 이미 같은 조합원이 되기 전부터 맺고 있었던 사회 관계의 끈을 발견하게 된다.

그 외에도 친자매, 친남매들이 함께 들어오기도 하는데 이들은 이웃의 도움이 필요할 때 우선적으로 그들 간에 서로 해결해 나가는 모습도 보여서 다른 참여 가족들이나 터전에 덜 의존하기도 한다. 또 비슷한 직업을 가진 아빠들이 직업을 매개로 관계 맺기도 한다. 그래서 이곳에서 아무런 연고가 없는 가족들은 그만큼 초기에 적응하는 데 어려움이 있을 수 있다.

> 근데 또 이런 면도 있어요. 여기가 자매끼리 아니면, 남매끼리, 친구끼리 들어오는 경우가 있어요. 여긴 보통 소개로 많이 들어와요. 물론 뭐 광고 ○○○ 같은 잡지에 난 거 보고 여기 어린이집 소개된 거 보고 왔다는 엄마도 있지만, 대개 이제 아는 사람 소개로 들어오거든요. 그러니까 어떻게 보면 그런 관계가 다 있는 거예요. 대개 들어와서 친해지는 사람도 그 사람들이에요. 자기가 힘들면 이모도 같은 어린이집 보내니까 애도 이모한테 맡긴다든가 이런, 그렇게 되면 이 사람은 어린이집엔 덜 의존적이게 될 것 같아요. 어린이집 안에 아는 사람이 있으니까. 다른 조합원들하고 관계 맺는 거를 조금 덜 하게 되는 거 같아요. 그런 면이 좀 있어요. 나 같은 경우에는 그런 관계가 하나도 없거든요. 아 또 그런 것도 있다. 만약에 아빠가 사법 연수원에 다닌다, 그때 저 들어왔을 때, 세 명이나 있었어요. 연수원 다니는 아빠들이 그럼

> 또 직업이 같으니까, 또 이렇게 모이게 되는 거예요. 친해지게 되는 거예요. 의사다 아니면 교사… 이러면 또 그 사람들끼리 친하게, 교사들이 굉장히 많거든요. 교사들끼리 아는 사람도 있고. 이렇게 친하고, 저희 애 아빠는 학생이고, 그런 게 하나도 없었어요. 그러니까 저 같은 경우가 좀 특별하죠. 그러니까 어쩔 때는 좀 애를 맡길려고 해도, 좀 그런 게 마땅치가 않더라구요. 또 변죽이 좋은 스타일이어서 막 먼저 맡기고 이러질 못했거든요. ― 권미숙

이런 사회 관계는 낯선 집단에서 적응하는 데 친숙할 수 있는 조건을 만들어 주며, 쉽게 관계 맺을 수 있는 하나의 '안정적인 끈'이 되기도 한다. 그러나 이곳에서는 사람들 간의 사회관계가 참여 초기에 적응하는 데 어느 정도 도움을 주기는 하지만 가족 간 관계를 지속해 나가는 데 큰 영향을 주는 것은 아니다.

가족 간에 서로 친해지는 계기는 개별 가족의 장에서 집단의 장으로 옮겨 가며 조합원으로서 터전의 일을 맡는 것과 가족 간 모임에 참여하는 것이다. 이런 노력들이 이들 참여 가족에게 주는 의미는 어떤 것일까? 역할 수행, 그리고 친목 모임의 속성을 파악해 볼 필요가 있다.

터전 일을 하면서 정을 쌓는 사람들

부모들인 조합원들은 단순히 이곳에 아이를 맡겼다 찾아가는 것이 아니라 각자의 역할 의무를 지닌다. 이사회를 구성해서 조합을 운영하고, 아마 활동으로 교육에 직접 참여할 뿐 아니라 청소를 비롯한 각종 일에 (자발적이든 비자발적이든) 참여하게 된다. 그리고 조합원으로서 이런 역할을 하며 자의든 타의든 교류한다.

조합원들이 역할을 수행하면서 경험하는 긍정적인 속성은 무엇보다

나 자신과 내 가족에서 벗어나 집단을 바라보는 눈이 생긴다는 점. 이사장을 맡고 있는 최정환 씨는 "역할을 맡게 되면 보는 눈이 달라지죠"라고 표현하면서 전 조합원에 대해 우리 식구들이라는 생각을 하게 된다고 한다. 어떤 기획을 해야 할 때, 아이들과 어른들 우리 식구들 모두에게 좀 더 좋은 방향으로 결과를 만들어 나가기 위해서는 어떻게 해야 될까를 고민하고, 특히 신입 조합원이 들어왔을 때 신입 조합원이 낯선 기존 조합원들과 빨리 친해지고 낯설음이 없어질 수 있는 방법이 무엇인가를 고민한다. 그리고 또 조합의 양대 축이라고 할 수 있는 조합원과 교사의 관계도 고려하게 된다. 조합원과 교사의 다리 역할을 해 주는 원장이 있기는 하지만 조합원과 교사의 상반된 요구와, 교사들이 한 공동체로서 조합에서 소외되지 않고 당당히 자기 역할을 하면서 참여할 수 있게 하기 위한 고민들을 하는 것이다. 그뿐 아니라 조합의 장래 문제, 내부의 조합원 간, 조합원과 교사 간의 공동체성 문제뿐만 아니라 지역 사회에 터전이 어떻게 뿌리내려 가야 할지 함께 고민한다.

모든 조합원들은 돌아가면서 대개 1년씩 이사를 맡게 된다. 이사를 하면서 조합이 운영되기 위해서 어떤 어려움이 있으며, 이것을 운영해 나가는 것이 얼마나 어려운 일인가를 몸소 체험하는 것이다. 이런 체험을 통해 터전 사정에 밝아지고 이사 임기를 끝낸 후에도 터전의 고민을 내 고민으로 받아들일 정도로 애착을 갖게 된다.

> 특히 이사를 했던 사람들은 그런 걸(이사 역할) 하면서 어린이집 사정에 대해서 밝아지는 거죠. 그래서 딴 어린이집은 이사를 1년씩 하고 잘하는 사람 자꾸 시키고 이렇게 했는데, 우리는 못하나 잘하나 동그라미 세모 네모 해가지고 돌아가면서 주로 하는 걸로 하고, 겹치지 않게끔 하는 거 배려하고. 다음 차기에는 신진들을 또 넣어서, 최고참, 중간 부류… 또 이제는 적절히 배치도 할 줄 아니까. 이렇게 해서 끌어들이도록 그런 걸 하죠. 그러니까 이사를 거쳤던 사람들은 그걸 다 알지. 그러니까 이게

> 일 하나 만드는 것도, 얼마나 이게 열과 성을 다 하는 거고 얼마나 힘드는 거며…
> ― 박현주

아마를 하면서도 처음에는 의무감에 많이 부담스러워하지만, 차츰 교사의 업무를 이해하게 되고 교사 입장에서 생각도 해보게 되며, 남의 아이나 자기 아이도 더 가까이 객관적으로 바라보게 된다. 역할 수행을 통해 개인, 내 가족에서 벗어나 집단을 바라보는 전체적인 시각을 갖게 되는 것이다. 다르게 생각해 보면, 낯선 집단에 들어와 처음부터 자신이 해야 할 일이 있다는 것은 소외감, 이질감을 해소하는 데 많은 도움이 된다. 그래서 일부러 나에게 주어진 역할을 찾아 나서기도 한다. 주어진 역할을 해나가면서 소외감, 이질감 등이 점차 해소되기 때문이다. 특히 전업주부라면 다른 곳에 특별한 소속감이 없을 때, 공동육아처럼 조직적인 규모에 소속되어 구체적인 일정한 역할을 수행해 나가면서 자신이 집단에서 꼭 필요한 존재라는 인식, 집단 속에서 자신의 의미가 중요하게 자리 잡혀 있다는 인식을 하게 되어 집단 소속감을 가지게 된다.

> 내가 전업 주부이기 때문에 다른 곳에 소속감이 없단 말이에요. 소속감을 준다는 것이 커요. 저한테는 제 생활의 모임이 특별히 많지 않아요. 1-2개 정도 큰 모임이 있는데 그런 것과 달리 여기는 내가 구체적으로 어떤 일을 해야 되는 조직이라는 생각이 들기 때문에 제 생활에서는 굉장히 큰 거죠. 소모임은 있지만 여기는 좀 조직적이고 그런 면에서 제가 소속감을 느낄 수 있는 곳이죠. ― 박경미

낯선 집단에 처음 들어와서 겉돌다가 비로소 '내가 주인이다'는 인식을 하는 것은 역할을 맡으면서다. 즉 터전의 주인으로서 터전의 모든 것들이 소중하게 여겨지기 시작하고, 문제 제기를 하는 수동적인 모습에서 터전의 문제를 자기 문제로 고민하며, 함께 해결하려는 적극적인 모습으로 바뀐

다. 내가 주인이기 때문에 스스로 해결하려는 적극성을 가지면서 터전에서 자기 자리를 찾아간다. 주인 의식은 누가 찾아 주거나 저절로 찾아지는 것이 아니다. 스스로 터전에서 역할을 수행함으로써 주인된 당당함을 갖게 된다.

> 이사(운영이사) 하기 전에는 물건이 저기에 있든지 여기에 있든지 누가 기증했든지 그게 상관이 없더니 이사하고 나니까 솥뚜껑 열려 있고 막 이러니까 이거 돈이다 싶어 속상하더라구요. 그러니까 그게 눈이 넓어지는 거 같아요. 그런데 그렇게 느끼고 문제 제기만 하는 사람이 있는가 하면 가서 직접 솥뚜껑 닫고 이런 사람은 문제 제기도 안 해요. 안 하고 그냥 뭐라 그럴까 직접 하고 마당 쓸고 뭐 이런 것 같아요. 근데 그거는 진짜 바뀌는 것 같아요. 그 자리는 내가 찾아가는 거 같더라구요. 누가 너 주인이야 말해서 되는 게 아니더라구요. 아무리 애가 적응하고 그래도 내가 여기서 뭔가를 해 줬고 그래서 내가 떳떳하고 왜 이런 게 있잖아요. 그래서 난 이사를 참 잘 했다는 생각이 들어요. — 임소영

처음 들어오는 신입 조합원들도 정해진 몇 개월이 지나면 이사 역할을 할 기회가 생기는데, 그러면서 조합이 어떻게 운영되어 가는지도 알고 진짜 터전의 주인이 되어 가며, 자연스럽게 적응된다. 이사 역할을 해보지 않으면 조합의 운영을 잘 이해하지 못하기에, 주인으로서가 아니라 그냥 아이를 맡기는 사람으로 수동적으로 행동하게 된다.

> 이사 안 해보면 적응이 안 된다니까요. 그동안은 계속 주인이 아니다가 이사 한번 하면 주인 의식도 생기고 이게 어떻게 돌아가는 건지, 무엇이 필요한 건지를 아는데, 신입 조합원은 무엇이 필요한지조차 모르는 거예요. 모를 수밖에 없죠. — 최숙자

아마 활동이나 청소 등의 역할은 의무이기도 하지만 부모가 공동육아에

참여하는 기회이고, 결국 자기 권리다. 처음 온 가족들은 생각지도 않았던 터전에서 맡은 역할에 많은 시간과 노력을 투자해야 한다. 그래서 정말 편하게 아이를 맡기고 육아 해방감을 맛보고 싶었던 가족들이라면 부담을 느껴, 권리라기보다는 해야 한다는 부담스런 의무감에서 출발하여 역할을 맡게 되기도 한다. 그러나 이런 의무감에서 역할 수행을 시작했더라도 점차 집단에 조건 없이 헌신하는 마음이 된다. 공동체 전체를 생각하는 시각에서 모두가 어우러지게 하려고 희생을 마다하지 않는 조합원도 생긴다. 이렇게 집단의 공동체성 형성을 위해 일선에서 일하는 사람들은 다른 이들에게 모델이 되고 또 다른 이들의 헌신을 낳는다. 헌신을 통해 사람들과는 더 친밀한 정을 쌓고, 터전에 대한 애착도 갖게 되는 등, 헌신하는 것만큼 얻는 것이 있음을 알게 된다.

> 이사장이라는 게 자기 생업적인 관점에서 본다면 굉장히 힘든 일이에요. 그거 안 하려고 하잖아요, 힘드니까. 그럼에도 서로 그 정도를 양보할 수 있는, 힘들어도. 그거는 어떤 공동체적인 관점이라기보다는 내가 내 아이를 이 터전에 맡기고 있고, 그 전에 누군가가 헌신을 했었고, 나도 해야 할 부분이라는 일단 의무감에서 출발할 수 있지 않느냐. 그 정도의 의무감을 가지고 이 정도 헌신할 수 있는 집단이 난 많지 않다고 보거든요. ― 최정환

> 내가 이사(운영이사) 할 당시 이사장은 되게 희생을 많이 요구했어요. 참 끊임없이 희생을 요구했는데, 나는 그때 당시에는 그 사람이 너무 싫고 막 그랬는데, 사람이 진짜 따뜻한 거야. 너무너무 진짜. 난 놀랐어요. 근데 색깔이 많이 다른 거 같애. 그땐 희생하는 마음으로 몸으로 다 때웠어요. 정말. 먹는 거, 행사 일정부터 다. 그런 걸 공동체라고 생각하고, 그때 그랬어요. 근데 후회는 안 해요. 왜냐면 이걸로 인해서 정도 많이 쌓았고, 그리고 언제 이렇게 어린이집 일을 해보나 하는 생각이 들어요. 그리고 또 맛나니(영양 교사)나, 소나무(원장)나 솔방울도 그 일을 하면서

> 또 친하게 된 거고. 그러니까 얻는 게 그냥 얻는 건 아닌 거 같아요. 관계도 그렇고, 그냥 얻는 건 아닌 거 같고. 우리 애도 좀 더 예쁘게 바라봐 줄 수도 있는 거 같고…
> ― 임소영

한편, 조합원 역할 수행에서 오는 부정적 속성도 있다. 첫째, 맞벌이 부부보다는 전업 주부에게 역할이 치우치는 경향이어서 전업 주부라는 또 다른 여성의 희생이 뒷받침되어야 한다는 불만이 생기기도 한다. 터전에서는 낮에 해야 하는 일들이 많은데 맞벌이 부부는 이 일을 하지 못하기 때문에 주로 집에 있는 전업 주부의 차지가 되기 쉽다. 그 예로 교사들이 아마를 구하지 못해 월차를 내지 못하면 전업 주부에게 대신 부탁을 하기도 하며, 행사가 있을 때 시장 보기라든가, 나들이 차량 아마 같은 일들을 주로 전업 주부가 하게 된다.

바쁜 맞벌이 부부에 비해 전업 주부들이 터전에서 많은 일을 하면서도 그 일로 인한 혜택은 맞벌이 부부의 자녀, 전업 주부가 있는 가족의 자녀나 다 똑같이 돌아가기 때문에 어떻게 보면 불공평한 것처럼 보이지만, 전업 주부들이 기꺼이 희생과 헌신을 할 수 있다는 것은 바로 공동체성에서 나오는 것이기도 하다.

> 엄마들 중에 바쁜 엄마들도 있잖아요. 바쁜 엄마들은 이사도 한번 안 하고 활동에서 제외되잖아요. 반면 집에 있다는 이유로 혹사당하는 엄마들이 있고. 어떻게 보면 굉장히 불공평한 거거든요. 터전에 일을 더 많이 하는 엄마의 아이가 특별한 혜택이 있는 것도 아니고. 모두 똑같이 아이를 보내는데 단지 집에 있다는 이유만으로 차 태워 줘야 되고, 아마가 비면 대신하기도 하고, 그 밖에 많은 일들… 조합원 각자가 보육료 내는 것은 평등하지만, 그 노력이나 자기 희생이나 이런 거는 평등하지 않다고 봐요. 터전에 쏟아 붓는 그런 게. 그런데도 그게 모두에게 받아들여지는 거죠. 아직은 완전하지는 않지만 그런 게 공동체성이라고 말할 수 있는 게 아닐까 싶어요.

> 전체 이익을 우선 놓고 보지 않으면 할 수 없잖아요. 내 이익만 생각한다면, 내 할 일만 딱딱 하면 되는 거지. 근데 아직은 이제 그 못하는 엄마도 미안해 하는 마음을 지울 수가 없고, 하는 엄마도 정말 불평이 없을까 싶고. 어려운 문제인 것 같아요, 진짜. 서로 간에 정말 지금 사회에서 이 정도 허도 장한 거지. 우리 터전만큼만 해도 장한 거지… ― 정영숙

그런데 특히 전업 주부이면서 이사 역할을 하는 경우, 터전의 일이 주로 그들에게 집중되기에 이사 역할을 끝내고 나면 더는 관여하고 싶지도 않을 만큼 지치기도 한다.

> 조합원으로 들어와서 처음에는 긴장을 많이 하죠. 왜냐하면 부모도 같이 적응해야 하니까. 여기에 의무가 굉장히 많잖아요. 모임도 많고. 그래서 홍보이사 했었고, 그 다음에 교육 소위니 뭐니, 모임이 제가 끼는 일이 많이 있었어요. 그러니까 전업 주부한테 일이 많이 오는 경향이 좀 있죠. 시간이 있는 사람한테, 그런 거 때문에 힘들어했고, 성격적으로도 좀 거절을 딱 못하고, 분명히 못할 건 못한다 해야 하는데 일(홍보이사 역할)을 맡았다가 나중에 혼자 힘드니까, 그냥 아이구 힘들어라, 내가 왜 이 일을 맡았지… 막 이런 생각도 들기도 하고. 힘들어서 그런 자질구레한 일들로 회의감 같은 것도 들고. 이 비싼 돈 주고 다른 어린이집보다 돈 16만 원 더 주고 보냈는데, 이렇게 부모가 힘들어야 되냐… ― 권미숙

> 근데 요즘은 사람이 워낙 많으니까 하는 사람만 하게 되고 안 하는 사람은 진짜 받아먹기만 하고 그러니까 그걸(조합을) 계속 이끌어 나가고 함께 어우러져 가고 하려면 하는 사람만 하면 너무 지쳐요, 정말. ― 윤소영

전업 주부들의 희생과 헌신이 공동체성에서 나오는 것이기는 하지만, 자신들에게 일이 몰리는 것에 대한 고단함과 힘거움은 자명하다. 그래

서 전업 주부들은 사회적으로 육아 문제가 해결이 안 되는 상태에서 터전에서의 일들이 자신들에게로 치우치는 것은 결국 맞벌이 부부의 육아 고통을 전업 주부에게 대신 지게 함으로써 또 다른 여성의 희생을 불러일으키는 것이라는 생각도 한다. 또한 자신은 시간을 내려고 하지 않으면서 다른 사람에게 많은 것을 바라고 부담 지우려는 사람들을 볼 때 실망감을 느끼고, 공동체에서 전업 주부와 같은 일부 사람들에게 많은 일들이 계속 집중된다면 함께한다는 공동체의 의미가 퇴색할 수 있다는 우려도 하고 있다.

> 조합에서 실망한 점은 나는 음, 글쎄 뭐 행동으로 보여 주지 않으면서, 시간을 굳이 내지 않으면서 여러 가지를 바라고 다른 사람에게 부담하려고 하는 모습들이 보일 때 그런 거가 제일 좀… 공동체가 굴러가려면 몇 %의 사람들이 많은 시간을 들이고 행동으로 옮겨 주면 꽤 평균적으로 공동체가 굴러가죠. 근데 몇몇에게 너무 집중되면 공동체 자체의 의미가 퇴색이 될 수 있을 것 같은데 지금은 그런 상황 같진 않아요. 그럴 정도로 서로 남에게 일을 시키거나 그렇지는 않은데 작은 일들이 좀 있었던 것 같아요. 그런 것들이 치명적으로 공동체를 와해시키는 것은 아니고 몇몇 사람들이 힘들고 마는 정도… ― 박경미

또한 책임감에서 느껴지는 막중한 부담도 있다. 터전에서 역할을 수행하는 것은 일단 책임감에서 출발하기 때문에 너무 고통스럽고 힘겨울 수 있다. 특히 이사장이나 이사를 맡으면 더 그렇다. 조합원들은 주어진 역할을 즐기면서 무거운 책임감의 부담을 스스로 벗어간다.

> 출발은 책임감에서 할 수는 있는 거잖아요. 근데 이 조합, 이 공동체 생활에서 책임감 갖고 일을 맡게 되면 너무 힘들어요. 고통스럽고. 즐거워야 할 텐데. 책임감에서 분명히 출발을 했지만 즐기려고 애를 써요. 처음에는 그래도 내가 잘해야 우리 조합

이 잘 될 텐데, 뭐 그래야 여러 가지가 좋아질 텐데, 하는 생각이 많았죠. 조합원들이 잘 따라 준다고 해야 되나, 협조도 잘 되고 하는 거 볼 때 솔직히 즐겁죠. 근데 준비가 좀 미흡했을 때는 역시 반응이 나와요. 역시 리더가 중요하다는 생각을 많이 하는 게 준비가 아주 철저하게 됐을 때는 조합원의 반응이 좋은 쪽으로 나와요. 어쩔 땐 좀 귀찮아요. 힘들고 귀찮아서 대충 하면 역시 그쯤의 결과가 나와요. 그런 걸 보면서 아 이게 역시… 그런 생각을 했는데 지금은 조합원의 생활을 즐기려 애쓰죠. ― 최정환

크고 작은 모임들에서

1년 중에 정기적으로 치르는 공식적 모임은 정기총회, 임시총회, 이사회, 방모임, 각종 소위 모임, 조합원 교육, 개원잔치, 조합원 야유회, 졸업식, 대청소 등이 있는데, 전체 가족들이 참여하도록 어느 정도 강제성을 띠고 있다. 이중에서 대청소 같은 일은 부부가 모두 빠지면 벌금을 물린다. 비공식적 모임은 풍물 배우기, 저녁 마실가기, 주말이나 휴가 함께 보내기, 아빠들의 축구 모임 등이 있고, 우연히 갖게 되는 아빠들의 술자리, 엄마들의 점심 식사, 엄마들의 미술관 순례 모임 등도 있다. 이런 비공식적 모임은 완전 자율이며, 정기적으로 정해져 있지 않다.

공식 모임의 속성을 좀 구체적으로 살펴보면 우선 어떤 목적을 위해서 만난다는 것. 그래서 개인의 신변적인 이야기보다는 터전 아이들의 교육적인 부분, 조합 운영상의 문제들, 조합원 간의 공동체성 형성 문제 등 공적인 이야기나 큰 주제를 많이 나누게 된다.

공식 모임, 거의 뭐 회의나 그런 거니까. 이렇다 하게 우리 생활을 개방하고 그러진 않지요. 그냥 뭐랄까 자신의 생각 아니면 교육관 이런 거에 대한 얘기가 더 많은

방모임을 하는 조합원들. 방모임은 조합 운영과 교육에 대한 기본적인 논의, 조합원끼리의 친목 도모와 이해, 조합원과 교사 간의 인식이 공유되는 장이다.

것 같아요. 일단 그 아이들 방모임이나 이런 거에 대해서 이미 선생님 대 부모 이런 식으로 얘길 하게 되잖아요. 그리고 다른 공식 모임도 그런 거 같아요. 총회도 뭐 운영상의 문제이긴 하지만 그런 교육적인 부분에서는 그렇게 두 부분(선생님과 부모)이 얘길 하니까 엄마들이 많은 요구를 해요. 뭐, 언어 교육이나 공동체성 이런 것도 좀 많은 부분을 차지하죠. 서로 자기가 출자금 낸 부분만큼은 찾고 싶고, 그런데 운영 부분이 안 돼서 뭐, 감자를 할 때라든가 그럴 때라든가 아니면 보육료를 깎아 주는 문제 같은 거나 두 자녀일 때, 세 자녀일 때 지금은 깎아 주는데 그 전에는 그런 거 없었거든요. 그래서 그런 거에 대한 인식을 같이한다는 거는 그런 데서(공식 모임) 많이 이야기했던 것 같아요. — 최숙자

공식 모임에서 조합원들은 이기적이지 않은 순수한 목적에서 조합의

운영을 위해 함께 밤을 새면서 고민하며, 그 가운데에서도 즐거움과 재미를 맛본다.

> 아빠한테도 엄마들처럼 이렇게 그냥 일 관계 아니고서, 형제가 아니고서 이런 친분 관계가 생긴다는 거는, 순수하게 생긴다는 거는 상당한 것 같고, 그리고 우리 회의할 때, 창호 아빠가 한번 그런 말씀을 하셨더라구. 그때 새벽 3시까지 고민하고, 밤새고 막 이럴 때, 돈을 바라지 않고 순수한 목적으로 이렇게 일을 한다는 거는 너무 즐겁고 재밌다고, 그때 그 말을 했어요. ― 임소영

공식 모임이라 해서 언제나 딱딱한 것만은 아니다. 공식 모임에도 일과 인간관계가 어우러져 사람들끼리 친밀한 관계 형성에도 공식 모임이 도움을 주기도 한다. 즉 공식적으로 만난 뒤에는 거의 어김없이 뒤풀이가 이어지기에 밤을 새면서 함께 어울리는 즐거운 만남의 장이 형성되는 것이다.

> 기본 프로그램 끝나면 사실은 그때 역사가 많이 이루어졌거든. 밤을 새면 껌껌해지고 술 좀 돌아갈 때 역사가 이루어지고 새로운 사람들에 대해서 호기심도 많고 얘기하다가 저런 면이(있었다니)… 그런 게 막 생기는 거고. ― 박현주

> 공식 모임도 굉장히 친밀해지는 데 중요한 역할을 하지요. 공통된 화제와 관심거리가 생기는 거고, 그런 거 같이 준비하면서 친해지는 것 같아요. 그러니까 제가 홍보이사로 있을 때 설명회 준비를 했었는데 혼자서 준비하니까 너무 힘들었어요. 일이 컸죠. 그때. 내가 몇 명 잘할 것 같은 엄마들 찍어서 도와달라고 하니까 선뜻 도와주더라구요. 정말 선뜻. 그게 내 일이 아니라 조합 일이니까 정말 선뜻 나선 것 같아요. 그런 모습들을 보면서 내가 참 사람들에 대한 신뢰를 갖게 되고 좋은 감정을 많이 가진 것 같아요. 적어도 어린이집에 생각이 있는 부모라면 조합 일이라면 발 벗고 나서서

> 아주 잘 도와줬어요. 끝까지 책임감 있게 그런 모습 보면서 아 정말 좋다, 신뢰감이 들고 뭐 어차피 조합에 대한 신뢰 내지는 조합에 대한 믿음 같은 거는 사람들에 대한 그런 신뢰라든가 친밀감에서부터 시작하는 거잖아요. 조합에 대한 애정 같은 것도. — 권미숙

또한 공식 모임은 전체 가족이 다 모이기 때문에 '우리'라는 집단을 확인할 수 있는 시간이 되며, 함께 자신의 이야기를 개방하여 이야기를 나눔으로써 우리라는 의식과 사회적 소속감을 갖게 된다.

> 그때 조합원 교육할 때, 네 얘기 내 얘기가 아니라 우리 얘기라는 게 딱 되는 거야. 왜, 자기 얘기 다 있잖아요. 자기가 "어떻게 해서 왔어요" 부터, 어… 어쩜 이렇게 이런 우여곡절 속에서도 여기 왔구나 생각되는데, 그거 했을 때가 좀 감동적이었죠. 전체를 확인할 수 있는 그런 거구요. — 박현주

한편, 비공식 모임들은 그 속성이 우선 자율적이다. 얼마든지 자기 나름이다. 주로 공식 모임에서 안면을 익힌 조합원들은 대개 소규모로 비공식 모임을 가져 '관계 다지기'를 한다. 자기 스스로 얼마만큼 사람들과의 관계에서 자기를 발견해 나가면서 친해지려고 하는가가 진정한 이웃을 얼마나 만드느냐에 관련된다.

> 어쩔 땐 (조합원들이) 다 마음에 안들 때도 있어요. 진짜로 다 안 맞는 것 같은 거야. 너무 외로운 것 같기도 한데. 또 딱 해보면, 어… 이런 면에서 이 사람이 너무 좋아. 참 좋고. 이 사람이 이런 얘기하면 참 좋고, 이 사람은 이래서 좋고. 그러니까 자기 복지지. 자기가 얼마만큼 사람들 관계에서, 자기를 발견해 나가면서 유지하고 싶은가. 그러니까 어떤 사람은 안 친해져도 그만, 친해져도 그만 이럴 수도 있지만 어떤 사람 보면 참 친해지고 싶고 정말 좋아하고 이럴 수도 있잖아요. 그러니까 그런

> 걸 많이 만들면 정말 이웃이 많아지는 거구. 그런 필요성을 못 느끼거나 절실하지 않으면 뭐 그냥 그렇게 하는 거고. 그야말로 의무적으로 그냥 참여해서 욕 안 먹을 정도로 하면 되는 거고… — 박현주

이런 모임들은 공식 모임보다 친밀한 인간관계를 형성하는 데 중요한 계기가 되며, 이를 통해 정서적 소속감을 얻는다. 그래서 비공식 모임에서는 공적인 이야기보다 사적인 이야기를 더 많이 하게 되고, 사적인 모임을 통해 더욱더 친밀해지고 터전에 자리매김하게 된다.

> 우리는 마실을 많이 가잖아요. 정말 그런 게, 뒷마실(퇴원 후의 저녁 마실)이 더 이렇게 (조합원 간에) 돈독하게 만드는 것 같아요. 말 그대로 애들은 오랜 시간을 함께 있지만, 부모들은 결국 오전이나 오후에나 만난다구. 근데 그때 그냥 딱 애들 데리고 방모임만 딱 참석하고 하면 다른 데보다는 그래도 좀 서로를 알진 모르겠지만, 이렇게 이끌어 갈 수 있는 고민을 함께해 갈 수 있는 그런 것까지는 부족했을 것 같아요. 근데 여기는 사적인 모임들이 많다 보니까 그게 더 중요하게 (터전에서) 자리매김을 하게 한다는 생각이 들어요. — 임소영

비공식적인 만남의 횟수가 빈번할수록 정말 '내 식구'란 이야기가 나올 수 있을 정도로 가까워진다. 터전에서 퇴원 시간대의 아이들은 서로 헤어지기 싫어서 퇴원 후 저녁 시간에 누구네 집에 누구누구가 놀러가 자고 자기들끼리 약속을 한다. 아이들이 저녁 시간에 함께 어울리다 보면 부모들도 함께하게 되고, 봄이나 여름에는 휴일에 집 밖에 바람 쐬러 나왔다가 우연히 다른 가족들을 만나 야외에서 함께 시간을 보내기도 한다.

또한 아빠들끼리 술자리 모임에서 아이와 엄마들도 부르게 되어 온 가족들이 함께하기도 한다. 아이들끼리, 엄마들끼리, 아빠들끼리 친하면

가족들이 전부 모여 함께 모임을 갖는 예도 많다. 즉 아이들끼리 서로 친하면 부모들끼리도 사적으로 자주 만나게 되고, 또 가족들끼리 서로 친해져 비공식적으로 자주 만나게 된다.

> 길거리에서 만날 때 반갑고, 부부들 간 모임으로 마실가기도 하는데 보통 요새는 동네 사람들끼리 마실 다니는 것 거의 없죠. 동네 사람들끼리 마실 다니는 게 어디 있어요. 그렇지만 여기서는 우리 조합원들끼리는 있죠. 완전히 오픈된 것도 아니에요. 조금 가까운 곳, 먼 곳이 있죠. 아이들끼리, 엄마들끼리 친한 경우도 있고, 아빠들끼리 친한 경우도 있고, 그것이 계기가 돼서 가족이 저녁도 먹고 "우리 만두국 맛있게 끓였으니 먹으러 오세요" 전화도 하고 부부들, 가족들이 모이는 여러 가지 경우가 있지요. 여름엔 청사 앞에 가서 고기도 먹고 심심하니깐 여기저기 연락해서 만나죠. 아이들도 다 같이 모여요. 아이들 두고 어딜 가요. 집 좁으니까 두세 집이 온 적도 있고 서너 집이 올 수도 있고, 전에 이사 가기 전에는 열 가족 정도 와서 헤집고, 밖에서 아빠들 만날 땐 세 가구 또, 열 가구도 만날 수 있고, 몇 가구가 정기적으로 만나는 것이 아니라 산발적이죠. — 최정환

우연한 것이든, 의도적인 것이든 가족들 간에 비공식적 만남이 빈번할수록 남의 아이가 내 아이처럼 예뻐 보이고, 다른 가족이 내 가족처럼 느껴질 정도로 친밀한 관계를 형성하게 된다. 그래서 이곳의 기존 조합원들은 신입 조합원들에게 "만나라, 만나라, 남의 아이가 내 아이처럼 예뻐 보이고, 다른 가족이 내 가족처럼 느껴질 때까지 만나고 또 만나라"고 조언한다고 한다.

> 제가 새로 들어왔을 때는 조합원 교육이 참 많았어요. 그때 제 기억에 남는 게, "만나라, 남의 아이가 예뻐지도록 만나라." 근데 정말 만날수록 얘기도 많아지고, 정말 (다른 가족도) 내 식구란 얘기가 나올 수 있는 게 만남을 통해서 그런 것 같아요.

> 그러니까 공식적으로 그런 만남이 아니라 이렇게, 아쉬우면서 만나고 심심해서 만나고, 뭐 가다가 만나고 이런 것들이… 가다가 만났어도 그 사람하고는 헤어지고 싶지 않아서 꼭 집에 어디 들어가게 되고 뭐 이런 것들. 그러니까 그게 그 의미더라구요. 그러니까 "만나라, 만나라"가 지금은 몇몇에 한해서 자주 만나게 되는데 자꾸 만나다 보면 그게 되는 것 같아요. 아빠들도 마찬가진 거 같아요. 자꾸 만나다 보면…
> ― 임소영

아빠들 모임으로는 주로 일요일 아침 축구 모임, 술자리 모임이 있고, 전업 주부인 엄마들 간에는 함께 점심을 먹는다든가, 미술관 순례 등 취미 생활을 같이하는 모임이 있으며, 풍물 배우기처럼 부부가 자유롭게 참여할 수 있는 엄마 아빠 모임도 있다.

아빠들 모임은 남성들에게 조합과 육아에 대한 많은 관심을 자연스럽게 불러일으키는 장이 된다. 공동육아에 처음 참여할 때 아빠들은 대개 엄마들보다 조합 일에 관심이 덜 하고, 방모임이나 행사에도 주로 엄마가 가는 경향이 있다. 아빠들이 터전에 관심을 갖기 시작하는 것은 대개 일요일 아침 축구 모임을 통해서다. 축구 모임에 참여하기 시작하면서 사람들을 사귀게 되고, 공동 관심사인 공동육아 이야기를 나누기 시작하며, 축구 모임에 나오는 사람들과 함께 터전에 와서 일도 하고 텃밭도 가꾸면서 조합 일 자체에도 관심을 갖고, 참여해야 하는 부분을 인지하는 것이다.

> 처음엔 조합원들과 관계가 거의 없었어요. 물론 친구가 있었지만 친구가 억지로 술자리에 몇 번 데리고 갔었는데 별로 재미없었고, 대개 엄마(부인) 보내고 방모임이니 뭐 행사에 몇 개월간 거의 참여를 안 했었죠. 여기가 어딘지도 몰랐어요. 한동안은 위치도 어딘지도 모르고 억지로 신입생 환영회 한다고 해서 한번 오고 그 다음에 안 가고 그러다가 저 같은 경우는 축구 모임을 한다고 하길래 재미로 운동할 겸해서

> 아빠들을 사귀기 시작했죠. 엄마들보다는 아빠들을 사귀고 이해를 하고, 그러면서 축구 끝나고 여기 와서 일도 하고 텃밭도 가꾸고 그러면서 하나하나 조금씩 해보면서 관심을 갖게 되고, 아 이게 여러 가지 의미가 있구나, 내가 참여하려고 해야 하는 부분이겠구나 하는 생각이 들었죠. — 최정환

> 아빠들 모임에서도 보면 결국엔 아이 얘기로 끝이 난다고 할 만큼 아빠들이 아이들에 관심을 갖는데, 뭐 아빠들이 다른 회사 여타 모임에서 우리 애 얘기를 한다는 게 어렵잖아요. 어, 우리 애는 어때, 너희 애는 어떠니 이러고 얘기할 수 있는 사이들이 친구 사이 아니고는 어려운데, 그런 모임 같은 곳에서는 아이들 얘기, 주로 자기가 보고 있는 아이들이나 관찰해 본 아이들 얘기를 서슴없이 하고 한다는 게 아빠 모임으로서의 장점인 거 같아요. 그래서 아빠 모임을 열심히 하게 하죠.
> — 박경미

아빠들의 모임에 나가면서 터전에 대한 관심이 생기고 그 관심은 터전에 대한 애착으로 발전하기도 한다.

> 아빠들 간의 축구 모임을 통해서, 서로 축구를 하는 거지만 거기서 또 터전에 대해 얘기하고 오면, 또 하나의 관심을 끌어내는 거고, 그러니까 여기에 대해서 애착이 생기는 거지 다들. 진짜 애착이 생기는 거 같아요. 그러니까 주은이 아빠는 주은이 변하는 거 보고 진짜, 컴퓨터도 막 갖다 주고, 피아노도 갖다 주고, 차도 갖다 줄까 했다고 이런 얘기가 나올 정도면. 그 짧은 경력에 신입 조합원이. 그러니까 나는 어디 가서 이런 게 있나 싶어요. 애 교육 때문에 모였지만, 우리 어른들한테 더 얻는 부분이 많다는 생각이 들더라구요. — 임소영

엄마들은 아빠들 간의 술자리 모임이라든가, 만남이 다소 밤 늦게까지 이어지더라도 가족끼리 다 잘 아는 사람들이라 믿음이 가고, 아빠들끼리

만나 터전이나 자녀 이야기를 할 것이라는 기본적인 신뢰가 있다.

> 우리 신랑이 딴 데 가서 술 먹었다 그러면 걱정이 조금 되는데, 어느 날 일찍 들어왔더니 또 어린이집 아빠들이 불러 가지고 나갔다 하면 하나도 걱정이 안 되는 거야. 가까운 데서 만나서 먹기도 하는 거고, 또 그 아빠들 모여서 빤하거든. 어린이집 얘기할 거거든(웃음)… ― 박현주

한편, 아빠들 스스로 모임을 하면서 비판을 하기도 한다. 아빠들 간에 먼저 친해져서 조합 일에 참여하고, 많은 양육의 기회를 갖자는 것인데, 터전에서 아이들 교육에 대한 아빠들의 관심과 참여 부분들이 엄마들의 관심과 참여와 잘 부합되지 못하고, 아직까지는 후원에 그치고 있다는 자성의 목소리도 나온다.

> 그런데 제가 문제로 보는 건, 터전 아이들에 대한 엄마의 교육이 아빠의 교육과 결합해야 하는데 그 정도까지는 안 되는 것 같아요. 아빠 모임이란 교육의 질을 갖고 이야기한다기보단 그저 어린이집 얘기 정도거든요. 행정적인 그런 것들… 양육 자체도 대화 내용은 오히려 엄마들보다 깊을 수도 있는데, 실제 양육으로 잘 이어지지는 않지요. 오히려… 현실에서는 엄마의 말 한마디가 더 영향이 큰… 음, 그 얘기는 아직까지도 아빠들은 훌륭한 후원자 정도지, 양육과 교육의 절반을 책임진다고 할 수는 없다는 겁니다. 생업 때문이지만. ― 최정환

엄마들 간의 모임은 대개 전업 주부 간에 이루어지는 경향이 있다. 여기서 경제 생활이나 부부 관계 이야기처럼 더 내밀한 사적인 이야기가 오고 가며, 아이 양육과 교육에 대한 이야기들이 풍부하게 논의된다. 이런 모임이 상대 가족을 더 잘 알게 되는 계기가 되어 다른 가족의 아이들이나 남편들을 대할 때 더 자연스럽게 다가가게 된다. 또한 흥미가 비슷한

소아과 의사인 조합원 아빠가 조합원들에게 '어린이 건강'에 대해 강의하고 있다.

엄마들끼리 모여서 함께 미술관 순례를 한다든가 하면서 여가를 즐기기도 하는데, 이때 자신이 갖고 있는 전공 지식을 함께 나누며 건전한 여가 문화를 만들어 간다.

…엄마들끼리 미술관 순례를 하자고 했죠. 평창동 쪽에 미술관 여러 군데 있는데, 인사동에서 출발을 해 가지고 투어식으로 미술관을 순례하는 버스가 있더라구요. 그 버스를 타서 미술관 한 바퀴 돌고 또 그 버스 안 가는 미술관도 갔었는데, 그때 한 7명 정도가 같이 다녔어요. 어 그중에 기철 엄마가 미대를 나왔어요. 미술을 볼 줄 알아요. 또 명윤 엄마는 강의 같은 걸 들으러 다니고 해서 그쪽 방면에 조예가 깊다고 해야 할까, 그런 사람이었는데, 그래서 그 엄마들에게 설명을 들어 가면서 어렵지 않게 그림 보는 법, 미술관 소개도 받고, 그렇게 같이 다니니까 저는 미술엔 거의 문외한이었는데 참 좋은 경험이었죠. — 문영미

엄마 아빠 간의 모임으로는 풍물 배우기 모임이 있다. 학교 교사로 있는 예원이 아빠가 풍물 모임을 이끌어 가고 있는데, 풍물에 관심이 있는 사람이라면 엄마이건 아빠이건 누구나 다 참여할 수 있고, 부부가 함께 참여하기도 한다. 이 모임을 통해 엄마끼리, 아빠끼리가 아니라 다른 가족의 엄마와 아빠들 간에도 서로의 새로운 모습을 보기도 하면서 서로 친해질 수 있다.

> 우리 조합 자체 내에서 영향 있는 사람한테 무료로 같이 배울 수 있고 아이들도 옆에서 따라 하고 또 우리 가락에 대해서 별 거부감 없이 자연스럽게 익숙해질 수 있고, 그리고 끝나면 또 뭐 조합원 집에 가서 저녁 같이 먹고 나누고. 그런 부분이 좋았죠. 저번에는 창호 아빠가 오셨는데 우리가 늘 보던 창호 아빠의 모습과는 달리 그때는 장구가 모자라서 꽹과리를 쳤는데 음악적 감수성이 많이 모자라더라구요(웃음). 그래가지고 애를 먹던데 이제 보통 나이가 먹으면 못하는 거는 안 하잖아요. 창호 아빠도 저렇게 잘 못하는 것도 있었구나 하면서, 어려워하고 멋쩍어하는 모습을 보면서 재밌기도 하고 좀 더 친근감이 들기도 하고… ― 문영미

윤선이네처럼 부부가 함께 풍물을 배우는 가족도 있지만 엄마가 오든지 아빠가 오든지 둘 중에 한 사람이 아이를 데리고 와서 같이 배우는 예가 많다. 아이들은 아이들끼리 놀기도 하고 아니면 옆에서 그 가락을 듣고 따라 하기도 하고 하는데 부부가 같이 어울리지 않으면서도 엄마끼리, 아빠끼리 따로 모이는 것이 아니고 자연스럽게 남의 남편, 남의 부인들하고 대학 시절 동아리에서 활동했던 것처럼 어울리면서 활동을 할 수 있다는 것을 참 독특한 경험으로 여기고 있다.

한편, 참여 인원 수에 따라서는 소집단 모임과 대집단 모임으로 나누어 볼 수 있다. 이사회, 방모임, 교육 소위 모임, 신입 조합원 교육, 저녁 마실가기, 아빠들의 모임, 엄마들의 모임, 풍물 배우기 모임과 같이 열

명 내외의 사람들이 모이는 소집단 모임이 있고, 정기총회, 임시총회, 전체 조합원 교육, 개원잔치, 조합원 야유회, 졸업식, 전체가 다 함께 하는 대청소와 같이 전체 조합원이 모이게 되는 대집단 모임이 있다.

  소집단 모임은 공식적 모임보다 비공식적 모임에서 주로 이루어지는 경향이 있다. 친밀한 인간관계 형성은 대개 비공식적인 소집단 모임에서 이루어지고 이런 소집단 모임의 활성화는 전체 집단의 공동체성을 형성해 내는 데 매우 중요한 연결 고리다. 조합원들은 대개 비공식적인 소집단별로 친밀한 그룹을 형성하고 있으며, 그것을 기반으로 터전에서 정서적 소속감, 자신과 가족에 대한 정체성 확립을 도모하기도 한다.

  대집단 모임은 공식 모임일 때가 많아서 어떤 목적을 위해 만나고, 일과 인간관계가 모임에 함께 존재하고, 전체 가족이 다 모이기 때문에 '우리'라는 집단을 확인할 수 있다는 공식 모임의 속성을 많이 띤다.

가족과 가족이 만나니

공동육아 협동조합은 가족 단위로 참여하기 때문에 이 모임들은 독특한 속성을 지니고 있다. 이곳에서 가족 간의 모임은 어느 개별 가족 구성원이 가족 밖에서 따로 모임을 갖고 교류하는 부분적 교류가 아니라 모든 가족 구성원을 아우르는 전면적 교류다. 그냥 동네에서 사귄 이웃과는 가족 단위로 만나기가 쉽지 않다. 엄마와 엄마 간에만, 아빠와 아빠 간에만 서로 이야기 나누는 부분적 교류가 많아서 가족 단위의 만남을 갖기에는 한계가 있다.

> 그냥 동네에서 사귄 사람은 가족 단위로 만날 수가 없잖아요. 그 집에 아빠가 딱 오셨다, 이러면 난 바로 일어나서 나와야 되는 거예요. 그 집 엄마도 우리 집에

> 오면 그렇고. 근데 어린이집은 그렇지 않잖아요. 가족 단위로 만날 수 있고, 그게 참 좋은 거 같아요. 그리고 가까이 있으니까 일단 동네 사람이면서 또 같은 어린이집이어서 뭐 그게 참 좋은 거 같더라구요. — 권미숙

가족 단위의 전면적 교류는 선 대 선의 만남이 아니라 바로 면 대 면의 만남이다. 서로 상대 가족의 구성원에 대해 잘 아는 사이가 되므로 엄마들은 다른 가족의 아빠들과도 어색하지 않게 잘 지내게 되고, 아빠들도 마찬가지로 다른 가족의 엄마들과 편한 관계를 갖게 된다.

> 우리 남편은 쉽사리 뭐 이렇게 사람을 잘 사귀고 이러지를 않는데 지금은 잘 만나고 어우러지는 거 좋아하고. 그리고 그냥 처음에는 "안녕하세요" 그랬는데, 요 근래부터는 "우진이 엄마 안녕하세요?" 이렇게 사람 호칭 부르는 거 보고, 그리고 솔방울한테도, 솔방울, 솔방울, 이렇게 하는 거 보니까. 좀, 내가 놀랬어요. 그러니까 딴 사람은 못 느꼈지만, 말이 호칭에서 자연스러운 게 나오더라구요. 그러니까 쉽게 친해지는 거 같아요. 나도 "우진이 아빠" 하고 부르고 그러죠. "누구 아빠" 이렇게 부르는 게 되게 힘드는 데, 그런 어떤 호칭 부분이 참… 그러다 보니까 친해지고…
> — 임소영

터전은 단순히 아이들 교육을 하기 위한 장소가 아니라 한 공동체로서, 개별적인 가족들을 하나로 엮어 주는 가족 단위 참여의 장이기 때문에 한 가족의 구성원 중 누구 하나라도 따로 떨어져서는 이 집단에 제대로 융화되기 어렵다. 소만이네는 소만이 아빠가 공동육아를 거부해서 주로 소만이 엄마 혼자 가족 간 모임에 참석하기 때문에 가족 단위의 전면적 교류를 하는 데는 한계가 있었다. 그러나 소만이네처럼 부부가 공동육아에 뜻을 같이 하지 않아도 가족 중 일부가 공동육아에 몸담고 있다면 가족 단위 모임에서 참여 가족의 일원으로 받아 주고 인정해 주어 결국

어느 새 몸을 담지 않았던 사람도 관계의 그물망에 포함된다.

> 소만이 아빠는 대안을 찾아도 학교 안에서 대안을 찾아야 하고 뭐 그런 식의 생각을 갖고 있는 것 같아요. 그래도 솔방울(소만이 엄마)의 가족이니까 솔방울이 관계하는 사람들이 갔을 때 기꺼이 함께해 주는 거죠. 컴퓨터 쳐 달라거나 뭐, 글 쓰고 나서 편집 좀 해달라고 하면 기꺼이 해주셔요. 그런 부분들… 그 한 사람이 몸담고 있지만 그 가족도 함께 어우러진다는 거죠. 전혀 관심 없고 '나는 별로다' 하는 사람도 가족이기 때문에 그걸 받아주고 같이 이렇게 해주는 거죠. ― 임소영

한편, 이러한 가족 간의 전면적 교류는 그 범위가 큰 만큼 가족 간에 생길 수 있는 갈등을 극복해 나가는 데 어려운 점도 있다.

한 가족 안에서 어떤 구성원이 다른 가족의 한 구성원과 친밀해진다면 다른 가족 구성원에게도 파급 효과가 있어서 가족 간에 교류할 수 있는 기회가 빈번해지고 쉽게 화합하며 친밀해질 수 있다. 그러나 반대의 경우 한 가족 안에서 한 식구가 다른 가족의 한 사람과 관계가 좋지 않다면 교류 자체가 힘들어지고 심지어는 단절되기도 한다. 가족 단위의 전면적 교류이다 보니 한 가족의 가족 구성원 모두가 다른 가족의 구성원들과 모두 편한 관계를 유지하고 있어야 가족 단위의 전면적인 친밀한 교류를 이룰 수 있는데, 그것은 그만큼 어렵다. 그러나 가족 단위의 친밀한 전면적 교류는 바로 공동육아 협동조합에 참여하는 가족들을 연결해 주는 끈끈한 아교 역할을 해준다.

이 끈끈한 교류에서 가족들은 다양한 가족의 모습을 인정하게 된다. 단순하게 한 개인의 가정이 아니라 그 속에 존재하는 복합적인 가족 관계를 이해할 수 있고, 가족 모습이 입체적으로 제시되며, 다양한 가족들을 경험하기 때문에 폭넓고 다양한 가족의 모습을 이해할 수 있다.

다른 조합원 집을 방문하여 사는 모습을 직접 보며, 생활에 대한

이야기를 나누다 보면 그 집의 분위기와 이미지를 많이 알게 된다. 왕래가 별로 없던 가족들이라면 자신의 집을 내보여 준다는 것에 처음에는 긴장하기도 하지만, 서로 왕래하면서 남의 가정을 들여다보고 자신의 가정을 개방하면서 또 하나의 가족을 새로운 관계망 안에 자리 잡게 한다. 교류하지 않는 가족들 간에는 '들여다보기'와 '개방하기' 과정이 없으며, 그만큼 그 가족의 이미지가 다가오지 않으나 '들여다보기'와 '개방하기'의 과정을 경험한 가족들은 상대 가족의 분위기와 이미지를 알게 되면서 개별 가족의 경계를 이루던 막이 거둬진다.

> 어디에서 만나는 것보다 그 집에서 만나면 그 집 분위기를 많이 알잖아요. 듣는 것보다 한번 보는 게 쬐끔 감이 잡히니까. 일단 생활 스타일, 먹는 취향 뭐 이런 거, 뭐랄까 집에서 풍기는 예술적인 분위기라든가 그런 게 있으면 아 좀 더 그런 쪽에 일가견이 있나 보다, 그래서 뭐 음악이나 미술 쪽으로 물어 본다든가 우리 집 같은 경우는 그냥 생활 모습이니까 가사 노동이나 이런 거에 대해서 물어본다든지 그런 쪽으로 얘기를 나누는 것 같아요. 우리 집은 어떤 식으로 청소를 하고, 무슨 반찬을 해 먹고… 이런 식으로요… — 최숙자

> 이렇게 좀, 집이 안 치워져 있고 이러면 솔방울이나 그런 사람들은 상관이 없는데 그렇지 않은 사람에게는 좀 긴장이 되는 거죠. 기철이 엄마도 마찬가지고. 근데 기철이를 우리 집에 맡기다 보니까 들여다본다는, 그게 참 큰 힘인 거 같아요. 들여다보는 거. 흩어져 있는 거 들여다보는 거. 그러니까 기철 덕도 "아휴 안 치웠는데" 이래도 우리 집의 흩어져 있는 모습을 보고 그러니까 기철이 엄마랑 막이 탁 거둬지는 게 보이더라구요. 인제 기철이네가 하나의 또, 시작이 된 거죠. 그러니까는 그게 한 명이 또 자리매김이 되더라구요. 일단은 서로에 대해서 이미지가 자리 잡게 되고… — 임소영

가족 간의 막이 거두어지면서 상대 가족에 대한 나름의 '가족상'을 갖게 되며, 그 가족의 분위기와 이미지를 있는 그대로 받아들이고 인정하게 된다. 또한 다른 가족을 들여다보고 내 가족을 내보이면서 다른 가족의 모습에 비추어 내 가족의 모습을 객관적으로 재인식하게 되기도 한다.

또한 가족 단위 문화가 형성되기도 한다. 공동육아 협동조합은 가족 간의 공동체적인 문화를 형성하고 있기에 부부가 함께한다는 것, 더 나아가 가족이 함께한다는 것에서 많은 충족감을 경험한다. 공동육아에 참여하기 전에는 부부가 함께 모임을 갖는 기회가 적었고, 동네에서 아는 사람을 만나도 부부 중 한쪽만 아는 경우가 많았는데, 공동육아를 통해 엄마 따로 아빠 따로 자기 친구를 만나 취미나 여가를 보내기보다는 부부, 나아가 가족이 함께하는 기회가 자연스럽게 많아지면서 부부 단위, 가족 단위의 문화가 형성된다.

> 어린이집에 독특한 문화라는 게 있다는 것 중에 하나가, 부모들끼리 교제, 가족 단위의 교제가 된다는 게 좋은 점인 것 같아요. 그러니까, 여기 동네에서나 엄마들끼리 사귀면, 엄마들끼리 친구지 뭐 아빠까지 친구는 못 되잖아요. 근데 여기 어린이집에 들어오면 자연스럽게 부부 단위의 만남이 가능한 거예요. 이를테면 호원이네 집에서 한번 저녁 식사에 초대해 주셨어요. 그러면 엄마 아빠가 같이 이렇게 대접을 해주시는 거예요. 그러면 기철이 아빠하고 나하고 같이 가서 밥 먹고, 그냥 자연스럽게 되는 거예요. 그게 참 좋은 거라는 걸 느껴요. 점점. 근데 왜, 결혼하면요, 가족들끼리 가족의 문화 같은 게 생기잖아요. 뭐, 결혼하기 전에야 홀몸이니까 자유롭게 다니지만, 애 생기고 이러면 어딜 가더라도 사실은 아빠하고 가족끼리 움직이게 되잖아요. 최소한 기철이하고 나, 이렇게 움직여야 되잖아요. 근데 이를테면 혼자만 아는 사람을 만난다고 생각해 보세요. 혼자만 아는 엄마를 만난다고 생각하면, 그런 것보단 만약에 일요일 날 같이 있는데 우리끼리 있기는 심심하고 다른 사람을 만나야 되겠다 했을 때는 가족끼리 만나는 게 훨씬 좋잖아요. 예를 들어 뭐, 바둑 두러 형원이

> 아빠가 오시면, 형원이랑 엄마도 오는 거죠. 그러면 아빠는 바둑 두고 엄마들은 같이 식사 준비하고 밥 먹고, 아이들은 아이들끼리 놀고 이런 게 되니까, 주말에도 부담 없이 만날 수 있고… ― 권미숙

아이가 어려서, 또 이웃이 없어서 가족 단위로 함께 여가 시간을 보내는 것이 힘들던 가족들이 공동육아에 참여하고 나서 개별 핵가족 안에서 부부간에 또는 전체 가족 간에 함께하는 시간이 늘고, 가족 단위의 문화를 형성하게 된다.

가족 단위의 모임은 우리 식구들끼리 함께할 수 있는 기회를 많이 만들어 주기 때문에 식구끼리의 친밀감도 커지고, 가족을 새삼 느낄 수 있다. 다른 가족과 함께 모임을 갖는다거나 공동 여행이라도 갔다 오면 가족 간뿐만 아니라 식구끼리도 더욱더 친밀해지고, 가족임을 다시 한번 확인하는 것이다.

가족 밖의 더 큰 세상으로 나갔을 때 비로소 내 가족의 모습이 들여다 보이고, 가족 단위의 이웃 모임은 자연스럽게 내 가족이 바로 '가족'이 었음을 새삼스레 확인해 주며, 식구끼리의 친밀감을 더 강하게 느끼게 해 준다.

또한 상대 가족에 대해서도 잘 알게 해주기 때문에 부부간에 공유할 수 있는 화젯거리가 끊임없이 늘어난다. 부부간에, 또 가족 간에 화젯거리가 많이 생겨서 온 가족이 함께 참여하는 질적인 대화의 시간도 생겨난다. 다른 조합원 가족과 함께하는 시간이 많아지고 친밀해질수록 개별 가족 단위 내의 가족 구성원들 간에도 함께 공유하는 시간도 늘어나 관계가 더욱 돈독해질 수 있다.

> 저는 정말, 친구 알게 되면 그 친구하고 저하고만 이렇게 얘기가 오고 가고 만나고… 가족 단위로 안 하고 그러잖아요. 근데 여기서는 저랑 명윤 엄마랑 만나기도 하고,

아니면 다른 엄마하고 만나기도 하고. 또 경운 아빠(남편)가 이사니까, 다른 아빠랑 엄마랑 만나기도 하고. 경운 아빠랑 저녁 때 얘기할 때, 오늘 산딸기가 …이러더라 얘기하면, 경운 아빠도 만나고 온 얘기를 "어, 이랬어…" 이러면서… 그러니까 그 화젯거리가 끊임없이 되는 거예요. 그래서 그게 좀 다른 것 같아요. 저만의 친구가 아니라 같이 친구니까 끊임없이 이런 화제가 나오고. 어떤 얘기를 공유할 수 있는 것도 그렇고… — 홍은미

집단의 장으로 옮아 가는 내 가족

집단의 장에서 개별 가족들은 조합원의 역할을 부부 중에 누가 더 주도적으로 담당할 것이며, 또 터전에서 맡은 역할을 수행하기 위해 집안일은 부부가 어떻게 조정해 나갈 것인지를 합의해 나간다. 부부 사이 적응 과정에서 갈등이 따를 수도 있으나, 합의점을 찾아 타협해 나갈 수도 있다. 또한 가족들끼리 자주 만나며 다른 가족과 육아 외의 생활을 교류하면서 함께하는데서 오는 어려움 등을 경험하기도 한다.

　터전에서의 역할 수행은 각 가족 안에서 아내 주도적으로 하거나, 남편 주도적으로 하거나, 또는 부부가 공동으로 하기도 한다. 역할 수행을 통해 집단에 적응하는 과정이 개별 가족 안에서 내재적인 긴장을 일으켜 가족원 특히 부부간에 '투쟁적 상호 작용'을 일으키기도 하고, 또는 부부간의 역할을 재조정하고 타협을 하는 '공동적 상호 작용'을 일으키기도 한다.

터전에 적극적인 아내
박경미, 임소영, 최숙자, 권미숙, 박현주 씨 가족은 터전에서 남편보다 아내가 더 주도적으로 역할을 맡은 예다. 이런 경우 남편도 아내의 적극적

인 역할로 인해 터전의 식구로서 주인 의식을 갖게 되며, 남편이 가사와 육아에 신경을 더 많이 쓰게 되는 계기가 되어 부부간에 '공동적 상호 작용'이 일어날 수 있다. 반대로 아내가 터전과 집안일의 이중 역할에서 오는 힘겨움을 경험하고, 남편은 바쁜 아내에 대한 불만과 스트레스를 경험하면서 '투쟁적 상호 작용'이 일어날 수 있다.

아내가 터전에서 적극적으로 역할을 수행하는 것은 남편에게도 터전에 대한 관심을 불러일으키고, 소속감을 갖게 하며, 터전에서 주인 의식을 자연스럽게 갖게 한다. 부부간의 '공동적 상호 작용'이 일어나는 예다.

> 일단, 내가 만날 늦게 들어오고 이런 걸 받아 준다는 게, 난 그것도 하나의 도움이라는 생각이 들어요. 그러니까 운영이사 때 정말 밤새고, 끌딱 새고 들어오고 그런 경우 많았는데. 그리고 잦은 모임. 이럴 때 정말, 시간 있으면 애 봐주죠. 그거에 대해서 왜 이렇게 늦게 다니냐 뭐 이러지 않았거든요. 정말 마음을 비웠더라구. 그러니까 내가 운영이사 끝나고 나니까 아빠가, 어휴 일 년이 십 년 같았다구 그러더라구. 힘들었나 보더라구요. 근데 아빠도 적응할 때가 그때였어요. 그러니까 뭔가 내가 역할을 할 때 남편도 주인 의식이 생기는 거 같아요. ― 임소영

이때, 남편은 가사나 육아 등 집안일에 관심을 더 많이 갖게 될 수 있다. 아내가 터전의 일을 맡아 바빠지면, 자연스럽게 남편들은 가사와 육아에 신경을 쓰게 되고 많은 관심을 갖기 시작한다. 부부 중 한쪽이 더 깊게 터전 일에 관여해 있다면 한쪽은 뒤로 물러나서 터전 일에 신경 쓰느라 소홀해질 수 있는 가정 일을 챙겨야 하기 때문이다. 남편이 가사나 육아에 참여하지 않는 상황에서 터전에서 어떤 역할을 수행한다는 것은 참 어려운 일이다.

공동육아에 처음부터 반대 의사를 보였던 소만이 아빠도 원장과 교사 등 많은 역할을 맡았던 소만이 엄마 뒤에서 자의든 타의든 많은

도움을 주지 않을 수 없었다. 소만이 아빠는 대학 시절부터 운동권이었고, 나름대로 공동체상이 있는데, 공동육아는 출발부터 한계가 많다는 생각 때문에 공동육아에 거의 발을 들여놓지 않았다. 그러나 터전 일에 적극적인 관심을 가지고 터전의 고민을 자신의 일처럼 고민하는 소만이 엄마 뒤에서 많은 도움을 주었다.

> (공동육아 교사로 근무했을 때) 터전 일로 힘들었지만 소만이 아빠가 많이 도와줬어요. 안 한다고는 하지만 우선 가사를 거의 절반 이상 해줬고. 왜냐면 소만이 아빤 6시 이전에 오고 난 7시 반에 퇴근을 하니까 가면 8시 넘거든요. 그리고 회의하고 12시 넘게 들어가는 날도 많고. 그럴 땐 아이를 본다거나 밥하고 빨래는 안 했지만 청소하고 이런 거는 다 해줬고. 내가 컴퓨터 일을 잘 못하기 때문에 그런 부분은 많이 해줬고, 어린이집 회지 만드는 것도 몇 번 해줬고. 소만이 아빠는 자기가 얼굴을 디밀고 하는 건 안 했지만 이렇게 뒤에서는 많이 해주고 그랬어요. 내 고민도 많이 덜어 줄려고 그랬고… ― 최숙자

그래서 터전에서 여성의 적극적인 참여는 남성이 가사나 육아 등에 적극적인 관심을 갖게 하는 계기가 되기도 한다.

한편, 남편이 집안일에 관심을 가져 주지 않을 때 아내가 집과 터전에서 이중 역할을 해야 하므로 몹시 힘겨워한다. 이럴 때 부부 사이에 '투쟁적 상호 작용'이 일어난다. 부인이 집과 터전에서 거의 모든 일을 혼자 해내는 예도 있는데, 마치 가정과 직장이라는 장에서 여성이 맡는 이중 역할과 마찬가지로 여기서 오는 스트레스가 있다. 조합원이 된 지 얼마 안 되어 이사직을 맡게 된 권미숙 씨는 남편이 대학원생이라 논문 준비에 바빠서 적극적인 도움을 주지 못하는 상황에서 거의 모든 일을 혼자 해냈고, 아주 힘이 들었다고 한다.

기철이가 두 돌 반 정도 됐을 때, 들어간 지 얼마 안 돼서 이사직을 맡게 됐는데 기철이가 어린 편이었죠. 기철이가 제일 어린 방이었는데 이사회는 (저녁) 8시에 시작해서 11시 12시까지 하고, 심할 때는 (새벽) 1시까지 하는데 아이가 하루 종일 터전에서 있게 되는 거예요. 그러니까 애가 막 10시가 넘어가면 너무 칭얼대고 힘들었어요. 애가 어려서 이사회 하는데 등에 엉겨 붙고, 집에 가고 싶다고 찡찡대고, 근데 그럴 때는 아빠가 좀 도와줬으면 했는데 또 아빠가 학생이라서 생활 패턴이 늦게 나가고 늦게 들어와요. 물론 회사 다니는 아빠들도 요즘엔 늦게 오시지만, 특히 늦게 오니까 아빠한테 도움을 청할 수도 없고, 매번 내가 애를 달고 가서 이사회를 해야 되고, 모임을 참석해야 되고 하니까 그런 게 굉장히 힘들었어요. 그래서 애 아빠를 좀 원망하기도 하고, 거의 어린이집 일을 제가 했거든요. 그러니까 원래 같이 해야 되는데 여기가 좋은 게 육아에 아빠가 참여할 수 있다는 건데. 저희 집 같은 경우에는 아빠가 그때는 한창 논문을 끝낼 것처럼 긴장을 하고 거기에 신경을 많이 써 가지고 도와주질 못했어요. 그래서 그 사정을 아니까 나도 사실 막 요구할 수도 없었고, 나 혼자 감당을 하려고 하다 보니까 많이 지치고 힘들고 그런 면이 좀 있었죠. 왜냐면 청소하는 문제만 해도 여기가 굉장히 공간이 넓거든요. 그래서 한 사람이 1, 2층 나눠서 한다고 해도 꼬박 1시간이 걸려요. 그런 문제 가지고 처음에는 당신 청소라도 한번 해봤냐, 내가 기철이 아빠를 공격할 때 쓰는 말이 그거였어요…

— 권미숙

가사 일이나 육아에 대한 남편의 참여 없이 혼자서 터전 일을 하는 것이 무척 힘들었던 권미숙 씨의 경우는 터전과 집에서 역할을 조정하는 부분이 끊임없이 부부간의 갈등 문제로 남아 있었다고 한다.

박현주 씨도 변호사로 매우 바쁜 생활을 하고 있는 남편이 터전과 집안일에 거의 신경을 쓰지 못하여 혼자서 터전 일을 다 해내곤 했다. 한때 남편이 고시 공부가 끝나고 연수원에 들어가기 전에는 터전에서 6개월간 이사장 역할을 하기도 하였으나, 현재는 변호사로 일하면서 너무 바쁜 생활 탓에 거의 터전이나 집안일에 신경을 쓰지 못한다. 그러나 박현주 씨는 '투쟁적 상호 작용'이 일어날 수 있는 상황에서 남편의 바쁜 상황을 인정하고 나름대로 터전 생활을 자기 일처럼 즐겁게 몰입하면서 오히려 남편에 대한 불만이나 스트레스를 해소하고 있어서 집과 터전에서 맡은 이중 역할 부담에 대한 문제 제기나 갈등은 거의 없었다고 하는 독특한 사례였다.

> 터전에서 맡은 역할은 제가 다 하죠. 지금은 그런지 꽤 됐어요. 우리 신랑이 한때는 시간이 많아서 이사장 일 하면서 어린이집 일을 많이 한 적이 있었는데, 연수원 들어가기 전에 그랬다는 거고, 시험 발표 나고 연수원 들어가기 전에 이사장을 딱 6개월 동안 했거든요. 그 전에 시험 중에 있다거나 연수원 들어간 그 이후에는 시간 거의 못 내고. 지금은 아빠들 모임이 가끔 있어서 그런 걸 기다려요. 꼭 좀 일찍 들어왔다 싶으면 전화가 딱 오는 거야. 그래서 아빠들 모였다구 해서 거기 나가고. 그런 정도예요. 터전에서 가는 엠티도 못 가고, 총회 때도 없었고, 올해 들어서는 제가 다 했죠. 제가 문제 제기를 안 하니까 갈등 같은 건 없는 것 같아요. 내가 다 하니까. 아마 제가 몸이 좀 안 좋았다거나 그랬으면 더 그런 게 좀 있었겠죠. 그리고 또 어린이집 일을 하는 걸 내가 너무 좋아하니까. 좀 특이한 케이스잖아요. 내가 생각해도 좀 그런 게 있는 데(웃음), 아마, 그걸(터전 일을) 내가 즐겁게 생각하고 좋아하니까. 청소를 해도 집안 청소는 잘 안 하면서, 터전에서 한 달에 두 번 있는 청소는 좀 깔끔하게 해보고 싶고, 걸레질 잘하고 이런 게 있잖아요. 그리고 내 자신이 가정 속에 머물러 있고, 그런 식으로 안 되는 사람이니까. 밖으로 열려지고 이런 식의 사람이니까. 근데 가끔 이런 얘긴 하죠. 우리 집이 지금 문제가 없어서 안 터지는 건 아니다(웃음). 우리 신랑한테 분명, 기형적이긴 한데. 정상은 아닌데. 신랑은 지금 밖에 너무 많은 시간을 보내고 있고. 직업도 변호사라 또 워낙 그런 직업인 거구. 그러니까 할 수 없죠 뭐… ― 박현주

터전 일이 바빠서 가족들에게 신경을 잘 쓰지 못하는 부인을 볼 때 남편은 불만을 가질 수도 있다. 부인이 집안일을 돌보던서 터전에서 이사를 맡고 있거나, 아마, 방모임, 청소 등을 전적으로 하면서 남편과 아이에게 신경 쓸 시간이 줄고, 가족 내에서 의사 결정 시 터전 일을 우선시하다 보면 남편의 불만이 생기게 된다. 또한 간혹 집에서도 터전 일로 바쁘기 때문에 아이와 함께하는 시간을 내기 어려운 상황에서 남편이 집에 있을 때 아이와 함께 놀아 줄 것을 요구하게 되는데, 그러다 보니 남편으로부터 터전 일에 투자하는 시간을 아이와 함께하는 시간으로 혼동하는 것이 아니냐는 불평을 받기도 한다.

> 예전에 내가 명윤이와 아침부터 저녁까지 있었다면, 지금은 어린이집을 보내잖아요. 지금은 저녁 시간이 내가 명윤이랑 보내는 시간인데, 요 시간에도 자꾸 명윤이 아빠한테 명윤이를 보라고 하고 나는 뭐 (터전)소식지 만들 땐 거의 가서 붙들려 있었고. 그러면서 자꾸 명윤이 아빠보고 책 읽어 줘, 명윤이 아빠 놀아 줘… 이러면서 시간을 내가 자꾸 회피를 하는 것 같다고, 그러면서 내가 어린이집에다 쏟는 시간을 명윤이와 보내는 시간으로 착각하는 게 아니냐고 그러더라구요. 분명히 어린이집 때문에 내가 시간을 굉장히 많이 투자하는 걸 아니까, 명윤이 아빠도. 그거하고 명윤이하고 보내는 시간을 왜 혼동하냐, 그런 얘기를 하더라구요. 그게 아마 우리 가족이 여기 어린이집에 적응하면서 특히 내가 이사를 맡으면서 그게 불만이고 스트레스일 거예요. ─ 박경미

터전에 적극적인 남편

남편이 주도적으로 터전 역할을 맡아 활동하면 아내는 한걸음 뒤로 물러나서 전적으로 가사를 맡는 것이 대부분이다. 터전에서 이사장 역할을 맡으면서 부부간에 심한 '투쟁적 상호 작용'이 일어나 갈등을 경험했고, 갈등을 극복하기 위해 타협하고 이해하는 힘겨운 과정을 겪기도 한다.

다들 자기 생업이 있기 때문에 선뜻 이사장을 하겠다고 나서기가 쉽지 않고, 추천을 받아 떠밀려서 이사장을 하게 되는 예가 많다. 최정환 씨는 터전에서 1998년도에 있었던 교사와 조합원 간의 갈등 문제를 놓고 공동체적인 관점에서 문제를 제기한 적이 있는데, 그때 조합원들이 자신을 이사장감으로 주목했다 한다.

총회 때 자신이 이사장이 된다는 생각은 하지도 못했는데, 추천인 명단에 포함되었다. 최정환 씨는 직장을 나와 사업을 시작하는 시기여서 경제적으로도 어려웠고, 그 밖에 가족 안에 말 못할 사정들이 있어 솔직히 할 수 없는 상황이라고 이야기했다. 하지만 이사장을 뽑는 과정에서 최정환 씨는 개인들이 처한 상황만을 놓고 보면 할 수 있는 사람은 아무도 없지만, 누군가는 해야 되는 거 아닌가 하면서 속으로 갈등을 하다가 단호하게 거부 의사를 밝히지는 못했다. 결국 1차 투표 때 어떤 조합원과 동수가 나왔고, 2차 투표를 거쳐서 이사장이 되었다. 거의 떠밀려서 이사장이 된 최정환 씨는 어려운 상황이지만 기쁜 마음으로 이사장 역할을 받아들이기로 했다.

> 지금 내가 이사장 하고 있지만 상황이 그렇게 좋지는 않아요. 그러니까 철환 엄마가 내 성격을 알아요. 내가 이사장을 하면 저 인간이 적당히 안 할 거다. 근데 그 적당히 안 한다는 것이 지금 굉장히 중요한 시기에 그렇게 되면 에너지가 분산되는 거 아니냐 …(중략)… 올해 하필 힘들 때 하느냐. 경제적으로도 힘들었죠. 그렇게 돼 가지고 철환 엄마 같은 경우는 집안이나 그런 걸 무시하고 독단적으로 결정했다, 거기서부터 불신이 좀 있었어요. — 최정환

이사장이 되고 초기에는 아내가 적응하는 데 많은 어려움을 겪었다고 한다. 철환 엄마가 어쩔 수 없이 집안일을 도맡아하면서 원하든 원하지 않든 터전 역할에서는 조금씩 멀어지게 된 것이다. 또 방모임에 참석

좀 하라는 남편의 요구에 "내가 언제 나가기 싫어서 안 나가느냐. 이사장이 방모임에 와 있는데 아이 둘 데리고 어떻게 나까지 나가 있느냐" 하면서 방모임에도 잘 나가지 못하게 되어 불만스럽기도 했다. 남편은 사업하느라 거의 밤새고 들어와서도 잠깐 시간이 나면 터전 일에 매달리고 더군다나 저녁에 모처럼 일찍 들어온 날은 조합원 아빠들하고 술 먹고 늦게 들어오면서 철환 엄마와 자꾸 부딪히고 갈등이 생긴 것이다.

그러다 보니 터전 활동에 적극적인 아내의 지지가 없는 상태에서 부부 싸움을 자주 하게 된다. 그러면서 "야 이거 뭐 이사장 하려다가 내가 집안에 평지풍파 일으킬 일 있나, 내가 뭐 이사장 하는 게 다 잘되자고 하는 거지" 하는 생각까지도 한다.

처음에 최정환 씨는 아내가 같은 386세대이고 터전에서 맡은 역할이 어떤 의미가 있는지 잘 아는 사람이라 아내의 불만을 이해하기 어려웠지만, 차츰 아내의 입장에서 이해해 보고 집안일에 많은 관심을 기울이지 못하는 자신에 대한 반성도 해보면서 아내와 타협점을 찾아 나갔다고 한다.

> 맨날 싸웠어요. 맨날 싸우고 뭐 보통 부부 싸움이랑 비슷한데 일부는 서로가 포기하고 올해 일 년은 포기하고. 철환 엄마도 내가 얼마나 지랄 같은 사람인지 알거든. 그니까 한다, 때려 죽여도 (이사장) 한다, 뭐 이러니까 일부는 철환 엄마가 포기한 게 있고. 나도 일부 포기한 게 있죠. 모임이나 이런 걸 자제하고 가정에 충실하려고. 초기에는 그런 거 생각 안 하고 일만 생각하다가 싸우다 서로 못 견디는 거야. 힘들어 가지고 서로 일부를 포기하면서 적정 선에서 타협을 보면서 올해 일단은 8월이니까 얼마 안 남았다 하면서 그때까지만 간다. 내가 이제 보통 할 일이 터전 구해 주는 거 뭐 몇 가지. 사실 일의 3분의 1은 끝났어요, 제 일이. 그래서 서로 조금만 더 참자, 이렇게 가는 거죠. 내년 되면 물려주고 평조합원이 되는 거니까 그때는 이제 편안하게 즐길 수가 있죠, 여기 생활을. 서로 술 먹으면서 얘기도 많이 하고, 서로 오해 부분이 굉장히 많았던 게 있었거든요. 그래서 오해를 많이 푸는 작업을 했죠.

원래 불신이 생기면 오해가 생기고, 오해는 오해를 낳거든요. 그게 갈등이 한참 심할 때는 서로 얘기를 잘 안 하니까 오해가 오해를 낳고 그런 경우가 많았죠. 그거 다 얘기하고 다 풀고 오해 부분은 서로 해명할 거 있으면 다 해명하고, 이해할 거 있으면 이해하고 그렇게 했어요… ― 최정환

맞벌이 최정환 씨는 직장일과 더불어 집안일을 도맡아 하는 아내에게 미안한 마음에 두 주일에 한 번 일요일이면 저녁 8시부터 이사회가 있을 때 미리 아이들을 일찍 씻기고, 이사회에 가도 아내가 힘들지 않게 특별히 신경을 쓰게 되었다 한다.

이사장이라는 책임감 때문에 오히려 가정 일을 잘 돌보지 못하지만, 지금 고생이 나중에 우리 아이들에게 혜택으로 돌아가리라는 생각으로 위안을 삼기도 한다.

터전에서 함께 활동하는 부부

부부가 모두 터전 일에 몰입하여 역할을 해 내기는 매우 어렵고 드물다. 드물게 부부가 모두 터전 일에 많이 관여하는 예도 있다. 문영미 씨 남편은 운영이사로 활동하고, 문영미 씨는 공공 근로 지원 신청을 하여 1개월 반 보육도움이로 있으면서 반나절 동안 터전에서 아이들을 돌보았다. 또한 부부가 모두 터전에서 많은 시간을 보내며 퇴원 후 청소를 함께 하고, 방모임도 윤선이 방은 이사장을 포함해서 아빠들이 두세 분 참석하기 때문에 남편이 참석하고, 둘째인 윤영이네 방은 주로 엄마들만 오기 때문에 문영미 씨가 참석한다.

 부부가 둘 다 조합 일에 깊게 관여하고 있는 상황에서는, 간혹 터전의 의사 결정을 놓고 부부간에 갈등하기도 한다. 터전의 사안을 처리하는 방식이 서로 다르면 며칠 동안 말도 하지 않는 등 브부 싸움으로 이어지는 것이다. 나들이 갔다 돌아오는 길에 횡단보도를 건너다가 교통사고가 나서 아이들이 약간 다친 사건이 있었는데 윤선이네 부부는 이 사건을 해결하는 방식에서 이견을 갖게 되었다. 윤선 엄마(문영미)는 그 일을 어떻게든지 잘 마무리하고 수습하는 방향으로 이끌어 가려 했고, 윤선 아빠는 문제점을 더 확실히 드러내고 잘잘못을 따져 책임을 추궁하는 식으로 해결하려고 했다. 이런 일이 생기면, 늘 부부간에 의견 차이를 확인하게 된다고 한다. 터전에서 벌어지는 상황에 대한 의견 차이는 분명히 부부간의 갈등의 원인이 되기도 하지만, 이제는 점차 생각의 차이를 인정하고 받아들이는 성숙한 모습으로 변해 가고 있다고 한다.

함께 지내는 데는 어려움도 있다

가족들끼리 자연스럽게 만나는 것이 처음부터 쉬운 일만은 아니다.

이웃과 교류가 거의 없던 개별 가족들이 이웃과 함께해야 하는 집단의 장으로 옮겨 가는 초기에는 낯선 문화를 접하면서 충격, 놀람, 신선함, 신기함 등을 느끼기도 하고, 여러 가족과 함께하기 때문에 피곤하고 신경 쓰일 뿐 아니라 번잡스럽게 느껴지기도 한다. 그러나 점차 이러한 어려움을 극복하면서 가족 간의 모임에 자연스럽게 익숙해진다. 처음에 참여 가족들은 이곳에서 다른 가족 엄마, 아빠들끼리 자연스레 만나고, 서로 잘 모르는 가족 간에도 같이 밤을 새며 모임을 하고, 대학 때 엠티 온 것처럼 신나게 먹고 마시고 노는 모습을 보고 충격을 받았다고 한다. 그러면서도 한편으로는 낯선 문화의 구경꾼이 아니라 직접 자신이 그 일원이 되기를 바라게 된다.

> 처음에 조금 생소한 것들은, 엄마 아빠들의 만남이 너무 자연스러웠다 그럴까요? 그러니까 엄마들끼리 만나서 이웃집에서 얘기를 한다거나 뭐 그런 건 있어도, 엄마랑 남의 집 아빠하고 얘기를 한다든가 하는 기회는 정말 저한텐 거의 좀 드물었고… 그러니까 낯선 사람을 처음 만나는 건 워낙 쑥스러워하니까. 사람을 금방 못 사귀니까. 그런 게 큰 충격이었던 것 같아요. 처음엔 제가 심지어는 그런 말도 했는데, 만나면 서로 자기네들이 무슨 뭐, 대학생 때 엠티 온 것처럼 저렇게 신나서, 먹고 마시고 떠들고 저런다구… 처음에는 그게 되게 부러우면서도, 나는 언제 저런 분위기에서 구경꾼이 아니라 일원이 되어 그런 걸 느껴 볼까… 처음엔 그랬던 것 같아요…
> ― 홍은미

또한 방모임 같은 가족 간의 모임을 통하여 조합원 간에, 교사와 조합원 간에 공동육아에서 아이의 생활을 서로 자유롭게 나눌 수 있는 통로가 있다는 점에서, 또 총회에서 부모들이 목소리를 높이며 서로 토론하는 모습에서 새롭고 신선함을 느낀다.

처음에 갔는데, 그때 총회를 하고 있었거든요. 근데 부모들이 너무너무 자기 주장이 강한 거예요. 그러니까, 와, 세상에! 이러면서 봤어요. 무슨 안건 하나 놓고 얘기를 하는데, 보통 엄마들이 막 얘기하는 모습이 인상적이었어요. 산딸기도 보였고, 규만이 엄마도 있었고 여러 엄마들이 있었는데, 무슨 안건을 놓고 막 주장을 하는데, 그러니까 어린이집 일에 저렇게 부모들이 목소리를 높여서 언쟁을 하고 토론을 하고 한다는 그런 문화가 충격이기도 하고, 신선하기도 했죠. 조 회의도 굉장히 길게 하더라구요. 그 다음에 저 들어왔을 때 조합원 환영회 해주고, 술 마시고, 그 다음에 또 같이 치우고 가고 이러는 게 인상적이었어요. 그러니까 독특한 거죠. 굉장히 그 문화가, 내가 겪었던 거에선 없는 문화니까. …(중략)… 방모임도 처음에는 신선했죠. 교사하고 대화를 나눌 수 있는 장이 있다는 점에서. 부모들하고 이렇게 만나 가지고 저녁 시간에 교사가 자기 시간을 내서 이렇게 한다는 것이, 그것도 저는 굉장히 좋았어요. 대화를 할 수 있다는 거. 그래서 여러 가지 일, 아이들에 대해서 얘기할 수 있다는 거. 방모임 문화도 저는 참 신선하고 처음에 좋았고, 노둣돌 가지고 이런 저런 얘기할 수 있는 게 너무 좋았어요. 그러니까 선생님들하고 격의 없이 대화할 수 있다는 게 너무 좋았고… ― 권미숙

처음에 어린이집 갔을 때 만나는 사람마다 다들 먼저 인사하는 게 신기했어요. "안녕하세요, 누구 엄마예요" 이러면서. 제가 누군지도 모르견서 인사하고. 저는 그 이전에 선입견 같은 게 있었어요. ○○에 오면 생활수준 높다고 들었으니까. 학력도 좀 높고. 그러면 아무래도(웃음) 같이 편하게 지내긴 좀 어려운 분위기가 아닐까 그런 생각이 들었어요. 그런데 그게 아니라 너무 편하게 대해 주셨고, 그리고 벌써 경운이를 다 알고 있고. 그게 참 신기하면서도 고마웠고… ― 홍은미

이와 같이 처음 참여했을 때 느끼는 신선함과 신기함, 충격적인 감정들은 집단 안에서 가족간의 교류를 행하는 데 매력으로 작용한다.

그러나 이웃과 단절되거나 제한된 교류를 해왔던 과거의 경험에서,

열려 있고 전면적인 친밀한 가족 간의 교류로 이행하는 과정은 그리 순탄하지만은 않다.

  가족 간의 관계 형성을 통해 집단의 장에서 소속감과 정체성을 확립해 가는 과정에는 이웃과 함께하는 어려움이 내재해 있다. 앞서 말했듯, 전에 이웃과 교류 경험이 없던 가족들은 적응 초기에 여러 가족과 함께하는 데서 오는 피곤함과 신경 쓰임, 번잡스러움을 경험한다. 또 잘 어울려 지내다가도 내 가족끼리 조용히 지내고 싶은 생각이 들기도 한다. 여러 가족 앞에서 나와 내 가족의 이야기를 하는 것이 익숙하지 않아 매우 어색해 하기도 하며, 내 가족의 모습을 있는 그대로 보이기 두려워 이웃에게 개방하려 하지 않는 가족도 있다.

> 솔직히 여기는 회의 같은 걸 많이 하잖아요. 근데 회의를 하다 보면 자기 의견도 얘기해야 되고 자기 생활을 얘기할 수밖에 없잖아요. 저는 성격상 제가 어떻게 이런 데를 들어왔나 싶은데 그러니까 남의 얘길 듣고, 이런 건 그냥 괜찮은데 제 얘기하는 거는 대개 좀 서툴거든요. 제 얘기를 하고 나면 뭔가 막 좀 부끄러운, 뭔가 발가벗긴 듯한 그런 생각이 들 때도 있고. 근데 지금은 뭐(웃음). 제 표현이 부족해서 스트레스 받는 거 빼고. 그러니까 익숙하지가 않은 거예요. 그런 게 좀 적응이 안 되기도 해서 방모임 같은 것 할 때, 저희 애들 얘기를 할 때 하나도 생각이 안 나고, 나 어른 맞어… 하고 뭐 그랬었는데… 그런 점에서는 지금도 그 성격을 다 갖고 있긴 한데 조금 인제 익숙해졌다고 할까요. 그리고 수다 떨 때도 솔직히 그래요. 남의 얘기는 미주알 고주알 다 들으면서 제 집안 얘기하기는 잘 안 되더라구요. 좀 이렇게 친한 사람 빼고는 사람도 이렇게 친한 사람 한두 사람 사귀는 성격이거든요. 안 그런 사람도 있잖아요. 막 여러 사람이랑 다 얘기 잘하고. 참 부러운데 저는 그렇게 못할 것 같거든요. 그래서 아, 내 성격이 이랬구나, 원래 알고 있긴 했는데 어떤 때는 그런 성격이 너무 싫어서 방모임 하고 나면 막, 나도 얘기를 좀 했어야 되는데 바보 같이 듣고만 있었네(웃음), 난 바보야, 얘기도 못 하고. 그리고 집에 가서 남편한

테, 엄마들 왜 이렇게 말 잘하냐 뭐 그럴 때도 있고, 그래요. — 홍은미

또한 잘 모르는 사람들과 어울리기 어려워하는 조합원들은 처음에 기존 조합원들이 가족 간의 모임에 자꾸 나오라고 하고 챙겨 주는 것 자체가 부담스러웠다고 한다.

> 뭐 이렇게 나오라는 데가 많은지, 여기 ○○공원 분스에 모여 있다, 밤에 나와라 연락 오고. 되게 귀찮게 하는 거예요. 나오라구, 여기저기서. 근데 그게 원래 신입 조합원 챙겨 주는 거였어요. 저는 그것도 모르고⋯ 전 또 모르는 사람들하고 어울리는 걸 안 좋아해요. 굉장히 적응하는 데 오래 걸리는 스타일이거든요. 그런 게 너무 부담스러운 거예요. 그래서 막 기철이 아빠보고 나가라고 그랬다가 할 수 없어서 같이 나가고. 처음엔 좀 부담스러워했어요, 제가 그런 걸⋯ — 권미숙

처음에는 이웃과 함께 하는 것이 어색하고 부담스러웠던 가족들이 조합원 이웃들과 자주 만나고 교류하면서 차츰 가족 간 도임에 자연스럽게 적응하고 익숙해진다.

역할 관계에서 정 관계로

조합원들은 집단에 처음 참여할 때 주로 맡은 역할을 중심으로 사회적 소속감을 가지면서 관계를 맺게 되는데, 어떤 조합원과는 역할 관계를 계속 맺게 되기도 하고, 어떤 조합원과는 역할 관계에서 정(情) 관계로 전환하여 끈끈한 유대를 형성해 가기도 한다. 점차 조합원들과 친밀한 관계를 형성해 나가면서 정서적 소속감을 갖게 된다.

정 관계란 조합원들이 소수의 사람들과 긴밀하고 친근한 관계를

맺으며 깊은 가족적 체험을 하면서 가족의 심리적 경계가 확대되는 경험을 기반으로 성립되는 인간관계다. 이들 관계에서는 친밀한 관계에서 경험하는 애착, 사랑, 친밀감, 믿음, 편안함 등의 가족적 감정이 매우 중요한 요소가 되는데, 개인 차원에서 형성된 정 관계는 가족 차원의 정 관계, 더 나아가 집단에 대한 애착으로 확대된다.

역할 관계

역할 관계로 교류할 때 사회적 소속감을 느낄 수는 있으나 친밀한 관계에서 생기는 정서적 소속감은 갖기 어렵다. 이곳에서 공적인 역할을 수행하면서 공적인 일 관계에 치중하여 인간관계를 맺었을 뿐, 사적인 관계로 나아가지 못하거나 또 조합에서 상처를 받아 조합이라는 집단 전체뿐 아니라 조합원들에게까지도 소속감과 친밀감 대신 심한 소외감과 섭섭함을 느낀 예들에서 역할 관계의 모습을 살펴볼 수 있었다.

권미숙 씨는 참여 초기에 홍보이사 역할을 하면서 주로 일 관계로 사람들을 만나게 되었는데 성격 탓도 있지만 친밀한 교류를 하지 못하여 일이 끝난 후에는 외로움을 느꼈다.

터전에서 일정한 역할을 수행하면서 조합원들과 역할 관계만 맺으면 터전에 대한 사회적인 소속감은 생기지만 조합원 간의 정서적인 소속감까지 갖지는 못한다. 조합에서 역할을 수행하며 오가는 관계만으로는 친밀해지는 데 한계가 있다.

> 이사(홍보이사) 하면 주로 일로 접촉을 하는 거죠. 제가 홍보이사였거든요. 그러면 어린이 소식지를 한 달에 한 번씩 내는데, 전화해서 원고 좀 써달라고, 이런 내용이면 좋겠다, 아니면 좀 쓰실 거 있으면 써 달라, 자유롭게 언제까지 내라, 안 내면 또 전화하고 또 저는 좀 사무적이에요. 사람들 대하는 게. 막 그 사람하고 친해서 "아휴, 좀 해" 이런 스타일이 아니라, 굉장히 예의 바르게(웃음) "해 주십시오," 안 하면

막 또 전화해서 "왜 안 하세요" 막 이러면서(웃음) 언제까지 내주세요, 좀 사람들하고 많이 사무적으로 대한 것 같아요. 그걸 제가 일 년 ㅈ 내 보니까 느끼겠더라구요. …(중략)… 그래서 아, 내가 너무 사람들을 일 위주로 대한 게 아닌가 자신에 대해서 그런 반성이 오더라구요. 그리고 사람들을 만나면 일할 때는 할 얘기가 많은데, 뒤풀이 땐 할 얘기가 없어요. 개인적으론 얘기를 안 하는 ㅈ예요, 그 사람하고는. 제가 좀 그런 성향이었던 것 같아요. 제가 좀 특별히, 아, 나중에 막 외롭다, 이런 생각이 들더라구요. ― 권미숙

또한 조합원들과 정서적 소속감이나 끈끈한 친밀감을 형성하지 못하고 역할 관계만 계속해서 맺게 되는 예도 있다. 기간제 교사였던 '말괄량이'의 양육 방식에 부모들이 문제 제기함으로써 말괄량이는 사표를 냈고, 그 후 정영숙 씨의 아이가 또 다른 교사에게 "자꾸 그러면 우리 엄마한테 말해서 못 나오게 할거야" 하고 말한 일이 있었다. 그런데 이 이야기가 곧 이사회에 공개적으로 회자되어 정영숙 씨는 결정적인 상처를 입었다. 이후 그녀는 자신의 행동이나 말이 액면 그대로 안 받아들여질 수도 있겠구나 하는 생각을 했다. 특히 자신이 옳다고 생각되는 것을 이야기할 때는 아주 단호하게 이야기를 하는 편인데 거기서 사람들은 보수적인 인상을 갖게 되면서 자기를 더는 이해하려 하지 않는다고 느꼈다. 친한 친구 사이라면, 자신이 아무리 그렇게 말해도 나를 알기에 문제가 안 될 텐데 여기서는 이해 받지 못한다는 분위기를 느끼면서 조합에 대한 불편한 감정이 들었다.

이 사건으로 힘들고 서러워지면서 다른 사람을 괜히 원망하기도 했다. 이에 더 큰 상처를 받고 부담을 받으니 빠지는 게 낫다는 생각에 일부러 공식 모임도 한두 번 빠지고, 중간에 아기가 울면 그냥 업고 나오기도 했다.

그러는 과정에서 총회 같은 공식 모임이 사회적인 소속감을 주기는

하지만 조합원 사이에 친밀한 관계를 형성하는 데는 부족하다는 것, 또 친해지기 위해 비공식 모임을 자주 하지 않으면 아이의 친구 관계를 통한 비공식적 접촉 말고는 자발적으로 조합원들과 교류하기 어려워진다는 것을 느꼈다.

이런 상황에서도 아이가 공동육아 방식으로 자라는 것이 좋다는 기본적인 믿음이 있어서 조합을 탈퇴할 생각은 하지 못했다. 정영숙 씨에게 이곳은 공동체가 아니라 단순히 말 그대로 공동육아일 뿐이었고, 조합원들에게 쉽게 무언가를 부탁하여 도움을 얻는다는 것도 편치 않았다.

말괄량이 사건이 계기였지만 점차로 사적인 교류가 없던 정영숙 씨는 공식 모임도 등한시하게 되면서 공동육아는 원래 갖고 있던 사회적 소외감에 울타리가 되어 주는 게 아니라 이곳 역시 내가 극복해야 할 또 다른 사회일 뿐이라는 생각이 들어 심한 소외감을 느꼈다. 조합이라는 사회에 대한 소속감이나 조합원 간에 서로 오가며 자연스럽게 생기는 친근감이 없는 것은 아니지만 정서적 소속감이나 끈끈한 친밀감까지는 경험하지 못한 것이다. 아이를 키우는 것 외에 정영숙 씨가 어디엔가 기대고 함께하고 싶은 그런 부분은 터전의 역할을 해내고 공동육아 이념을 공유하는 것만으로 채워지는 것이 아니라 가족들 사이에 오가는 끈끈한 친밀감으로 채워질 수 있는 것이었다. 그러나 이런 사적인 친밀감을 형성하기 어려웠던 정영숙 씨에게, 공동육아 집단은 자신이 또 극복해 내야 하는 사회였던 것이다.

> 공동육아가 사회적으로 내 울타리가 된다든지 하지는 않을 것 같아요. 일단 가족이라면 실수도 감싸 줄 수 있고 좀 편해야 되잖아요 지적도 할 수 있고… 그렇지 못하고. 내 친구는 따로 있는 것 같아요. 내 친구들은 공동육아 일을 알지만 공동육아 조합원들은 내 친구 일을 모르죠. 왜 식구라면 알잖아요 걔 친구가 누군지도 알고. 그런데 그렇지 못해요. 오래 있었던 조합원들 보면 서로 간에 친구도 되어 주고, 시간 날

때마다 같이 있고 항상 그런데, 저는 그러지 못하는 거 같아요. ─ 정영숙

그런데, 말괄량이 사건 이후 터전에서 더욱더 적응하기 어려워하던 정영숙 씨는 대학 선배인 철환 아빠가 조합원으로 들어오면서 안정적인 관계의 끈을 얻고 심리적으로 많이 의지할 수 있게 된다. 철환 아빠가 이사장이 되면서부터 정영숙 씨는 총회나 야유회 같은 공식적인 모임에 잘 참석하게 되었다. 아는 선배가 하나 있다는 것만으로도 많은 위로가 되었던 것이다. 또 철환 아빠를 통해 조합원이면서 친여동생인 민현 엄마와도 관계를 트고 관계의 폭을 점차 넓혀 나가게 되었다. 그래서 이제는 터전이 어느 정도 편안해졌고, 다른 조합원들과도 단순한 역할 관계에서 벗어나기 위해 스스로 노력하고 있다고.

철환 아빠가 대학교 다닐 때 제 선배였어요. 그때 그 겨울에 들어온 거예요. 제가 막 공동육아에 일 년 다니면서 이렇게 친한 사람이 없나 이런 생각이 들던 때였죠. 그 옛날에 만났던 대학 선배 보니까 아주 친하게 느껴지죠. 같이 학교에 있은 건 일 년밖에 안됐지만, 그러니까 맘이 좀 나아지더라구요. 기댈 데가 있으니까, 어디 말할 데가 있으니까. 그리고 이제 최근에 이사장이 되시니까 조금 더 마음이 여유로워지더라구요(웃음). 아, 그러니까 저는 일단 공동육아가 공동체가 되려면 상호 간에 오고가는 끈이 아주 안정적인 끈이 튼튼해야 한다고 보거든요. 옛날에는 웬만하면 공식 모임들에 많이 빠졌어요. 야유회도 빠지고. 중월이도 굉장히 별나서 이번에 가서도 뭐 밤새 잠 안 자고. 또, 그거를 아무도 도와줄 수가 없나보더라구요. 그래서 내 꼴이 너무 비참할 때도 있고 그래가지고 아예 그런 데 안 갔어요. 총회도 잠깐 있다가 애 울면 업고 나오고. 이제 그 선배가(철환 아빠가) 이사장 되고 나서는(웃음) 총회도 꼬박꼬박 참석하고 야유회도 가고, 야유회는 이번에 간 것이 처음 간 거거든요. 그냥 아는 사람 있다는 그 자체가 위안이 되더구요. 그 전에 그렇게 없었나 싶더라니까요. 이제 철환 아빠 말고도 친동생인 민현 엄마가 또 있잖아요. 그러니까

민현 엄마가 이제 저한테 친한 것처럼 말을 해요. 좀 친하기도 하지만, 선배 동생이니까, 또 오빠 후배니까 뭐 그렇게 막 하니까… 얼마 전에도 놀러 왔었거든요. 좀 편해요. 활발하고 말도 이렇게 뒤로 하지 않고 그 엄마의 성격이 좀 다른 고상한 엄마들하고 달라서(웃음), 말하기도 더 편하더라구요. 그것을 계기로 지금은 좀 버티고 있는 거고… ― 정영숙

조합원들과 역할 관계만 맺는다면 다른 사람들과 친밀한 관계망을 형성하지 못하고 개별적으로 떨어져 있게 된다. 역할 관계가 정 관계로 발전해 나가지 못하면 집단 소속감이나 공동체성이라는 정체성이 형성되는 데에도 부정적이다. 역할 관계만을 원하는 조합원이 많아진다면 공동체성 역시 견고하지 못하게 되므로 구성원들이 친밀한 교류를 할 수 있게 돕는 것은 중요하다.

정 관계

개인적으로 조합원들과 정 관계를 맺고 가족적 체험을 하다 보면, 자신의 가족들도 그러한 체험을 하게 되고, 가족들 사이의 경계가 확장되어 더 큰 집단적 가족 체험들이 생겨난다.

가족적 체험이란 한 가족에서 느낄 수 있는 가족적 감정, 즉 편안함이라든지 외롭지 않음, 신뢰감 등을 경험하는 것. 이곳의 참여 가족들은 서로에게 익숙하고 편안한 관계를 맺는다. 가족들 안에 서열이 있어서 좀 편한 사람, 어려운 사람이 있는 것이 아니라, 평등한 관계에서 엄마들도 다른 집의 아빠들이 편안하고 아빠들도 다른 집의 엄마들이 편안하며 아이들도 다른 집의 부모들을 자기 부모처럼 편안하게 생각한다.

가족들이 모이면 아무래도 서열이 있죠. 어려운 사람 있고 뭐 편한 사람 있고. 근데 여기는 나이가 좀 많은 아빠들이라도 다 똑같이 친구 같고 일 같은 거 뭐 설거지

> 를 분담해서 한다든지 뭐 이런 것들… 내가 좀 많이 했다 싶으면 누구 뭐 아무개 아빠한테 와서 좀 해달라고 부탁을 할 수 있고 편한 거 같아요. 그리고 애들도 남의 부모를 따라다녀도 두려움이나 그런 거 없이 자기 부모 따라다니는 것처럼 똑같이 편하게 느끼는 거 같아요. ― 문영미

> 어린이집의 엄마들 하면 참 편하지. 아빠들도 편하고. 그리고 제가 일요일 같은 날 쉬어도, 아 뭐 어디 갔나, 오늘은 안 모이나, 왜 그런 거 있잖아요(웃음). 아, 전 요즘 세상에 이렇게 어디 가서 못할 거 같아요. ― 엄소영

그리고 일상생활을 다른 가족과 함께하지 않으면 마치 식구 중에 누군가가 없는 것처럼 무언가 채워지지 않은 허전함을 느낀다. 조합원 가족들은 서로 큰 의미로 자리 잡아 함께할 수 없다면 도시 생활이 무척 적적하고 외로울 것이라고 한다. 함께할 수 있다는 것은 도시 생활의 소외감을 견딜 수 있는 힘이 된다.

> 또 내 가족이라는 개념이 좀 희박해지고 딱 네 명이 우리 식구라는 생각보다는 가족의 범위를 좀 넓게 본다고 그럴까요? 지금 오히려 우리 식구끼리 어딜 가거나 저녁을 먹으러 가면 맛도 없고 재미도 없고 따분하더라구요. ○○공원에 나가더라도 뺑뺑 돌아다니면서 친구 찾아요. 누구 나온 애 없나. 그래서 아무도 안 나왔다 그러면 오래 놀지도 못하고 오고. 그게 또 지역이 ○○이라서 가능한 것 같아요. 좁잖아요. 나가면 다 만나게 돼 있고… ― 문영미

또한 이들은 한 가족처럼 서로에 대한 신뢰감이 있다. 나의 부족한 점을 흉으로 보지 않고 객관적으로 이야기해 줄 수 있는 사람들이란 믿음, 앞으로도 내 아이의 고민을 함께해 주고 내 아이에게도 부모 역할을 해줄 거라는 믿음, 내가 하는 어떤 이야기도 나쁘게 전파하지

않으리라는 믿음 등을 강하게 공유하는 것이다.

> 일단 친하게 지내고 접촉이 많고요. 개인적으로 신뢰하고 있고 내가 어떤 얘기를 해도 뭐 그렇게 오해를 만들거나 뭐 다르게 전파하지 않을 거라는 믿음이 있는 거죠.
> — 최숙자

> 솔방울 같은 경우는 신랑한테 참 얘기를 많이 하더라구요. 그리고 아이들에 대한 나의 어려운 점은 소만이 아빠(솔방울 남편)한테 얘기를 들어서 나한테 많이 전달을 해줘요. 근데 난 그게 싫지가 않더라구요. 소만이 아빠가 상당히 객관적으로 얘기해주고, 뭐랄까 나의 그, 애한테 대하는 태도가 상당히 수준 이하인 것도 들켰는데도 불구하고 나쁘지 않더라구요. 그러니까 되게 편안하더라구요. 소만이 아빠라는 사람에 대한 믿음이 있는 거죠. 남의 흉을 가지고 얘기하는 것이 아니라 정말 상당히 객관적일 수 있는 사람이고. 그런 거에 대한 믿음이 있는 거죠. …(중략)… 이렇게 자꾸 오다가 보면 마음을 열고, 그러다 보면 아이에 대한 얘기뿐만 아니라 고민을 같이한다는 게 난 너무너무 좋아요. 난 정말 만난 사람들이 쭉 아이에 대한 고민을 같이 해줄 수 있으리라는 믿음이 있어요. …(중략)… 그러니까 거기서 네 아이, 내 아이 할 거 없이 받아들이고 예쁘다 보면 걔가 어떤 그릇된 행동을 한다거나 할 때에는 관여를 하는 거죠. 그런 게 관심이잖아요. 그냥 길 가다가 아이들을 볼 때, 지나가게 되죠. 시간적인 여유도 안 되고, 또 내 말이 먹히지도 않고. 또 그 엄마가 봤을 때 당신이 뭔데 하고 얘기를 할 수 있는데, 여기서는 다른 엄마가 야단을 쳐도 이유가 있을 거라는 믿음이 있거든요… — 임소영

이처럼 집단 내 가족들에게 편안한 감정을 느끼고 함께할 때 외롭지 않으며, 강한 신뢰감을 경험하는 구성원들은 나와 내 가족을 공동체 안에서 인식하면서, 나와 내 가족의 시각에서 벗어나 집단적인 시각을 가지려고 의식적으로 노력하기도 한다. 그래서 공동체와 같은 색깔을

개인적으로 조합원들과 정 관계를 맺고 가족적 체험을 하다 보면, 자신의 가족들도 그러한 체험을 하게 되고, 가족들 사이의 경계가 확장되어 큰 집단적 가족 체험이 생겨난다. 사진은 개원 3주년 기념 잔치.

지향하기 위해 자신의 생각을 확인한다. 그렇게 차츰 나와 내 가족의 입장에서 바라보기보다는 전체 조합 차원에서 생각하고 판단하게 된다.

한 예로 권미숙 씨는 신입 조합원이었을 때 터전을 구하느라 조합이 빚을 많이 진 상태였고, 이것을 갚기 위해 조합원의 출자금에서 한 달에 얼마씩 감자를 하고 나중에 졸업할 때 감자한 부분만큼 빼고 출자금을 돌려준다고 하자 억울하다는 생각에 납득을 할 수 없었다고 한다. 또한 조합원들은 터전을 처음 만들 때의 고생을 잘 공감하지 못했다. 그러나 자신이 직접 이사 역할을 해보면서 조합의 운영에 대해 알게 되고, 역할 관계에서 벗어나 친밀한 관계를 형성하면서 조합에 애정을 갖게 되었다. 또한 전체적인 조합 차원에서 이해할 수 있게 되면서 이만큼 터전을 있게 해준 기존 조합원의 노고에 공감하며, 나와 내 가족의 이해에서 벗어나 조합 차원에서 바라보게 된다.

  그 외에도 아이들 교육 문제, 부모에게 주어지는 참여의 의무와 권리, 터전에서의 안전사고, 아이들 식사 문제, 나들이 시 안전사고의 위험성, 아이들 간의 폭력성, 교사와 부모 간의 대등한 교육적 대화 등등에 대해 처음에는 나와 내 가족 중심으로 받아들이며 불만을 갖기도 하다가, 차츰 어떻게 하는 것이 집단 차원에서 도움이 될 것인지 생각할 줄 아는 시각을 갖게 된다.

  집단적 시각을 가지면서 한마음으로 동화해 나가려 조합원들이 의식적, 무의식적으로 노력하는 모습들은 바로 정 관계로 생긴 가족들 간의 유대와 친밀감이 집단 전체에 대한 애정으로 승화하면서 생겨난 결과다.

  또한 집단적 시각에서 한걸음 더 나아가 집단에 대한 동일시 감정을 강하게 느낄 수도 있다. 즉 내 가족과 집단을, 내 가족원과 집단 사람들을, 내 집안일과 조합 일을 동일시하게 되는 것이다.

  나(내 가족)과 집단(조합)을 동일시하기 때문에 집단(조합)과 ○○의 관계는 나(내 가족)과 ○○의 관계와 같다. 즉 터전이 지역 사회 안에 있으면서 다른 기관이나 집단과 관계를 맺고 있다면 터전에 속해 있는 나와 내 가족도 함께 관계를 맺고 있다고 생각한다.

> 터전이 지역 사회와 관계 맺을 때 저도 터전에 속했으면 같이 맺는 거라고 생각을 해요. 일단 어린이집이니까 시청과 관계를 갖고 있고 또 다른 놀이방과 관계가 있고. 그리고 또 아빠들이 축구 모임을 하면 다른 축구팀과 관계가 있고 그런 식으로, 공동육아 조금 신문 지상을 통해서 조금 알려져 있기는 해요. 그래서 사람들이 아, 그 공동육아 축구… 이렇게 얘기하면 그렇게 인지되는구나 하고 조금 뿌듯한 마음이 들기도 해요. ― 최숙자

또 우리 식구와 집단 사람들을 동일시할 때 터전 아이들은 모두 내

아이들이며, 그러므로 나는 이 모든 아이들의 부모라는 생각도 할 수 있다. 터전 밖에서 집단 사람들을 만나면 한집 식구나 마찬가지이므로 아이들은 터전에서처럼 이들을 대한다. 터전 안이든, 밖이든 '한 가족'인 것은 매한가지니까.

> 처음에는 난 그냥 이 아이들의 엄마라고 생각을 하면 내 아이가 반말하고 뭐 그렇게 하는 거 그렇게 껄끄럽지 않잖아요. 난 오히려 지금 거기(터전) 가면 친숙하고 아이들이 날 반겨 주는 모습이 상당히 좋고 그래요. 그래서 뭐 오히려 혼자 떨어져 있는 애 없나 이런 애 찾아보고 예뻐해 줘요. …(중략)… 교사인 매미 선생님을 밖에서 만났을 때 매미 선생님은 그냥 매미 아니겠어요. 많이 달라질 필요는 없는 것 같아요. 한 식구니깐 그렇지만 우리 식구 외의 어른들한테, 만약에 동네 어른을 만나면 "안녕하세요" 해야 되잖아요. 그런데 이제 우리 식구 할머니, 할아버지 뭐, 고모 이모 이런 분한테는 "응"이라고 할 수 있다는 거죠. "안녕"이라고 할 수도 있는 거고… — 최숙자

내 집 일과 터전 일을 동일시하고 있어서, 터전 일도 집안일처럼 생각되고, 내가 집안일 하다가 늦는다고 시댁이나 친정 집에서 짜증내지 않는 것처럼 터전 일을 하다가 늦어도 내 가족이 짜증내는 일은 없다.

> 어린이집 일은 우리 집 일이랑 마찬가진 거죠. 만약에 뭐 집안일 하다가 늦는다고 시댁에 있다고 뭐 짜증내거나 이러지 않잖아요. 그런 사람도 있겠지만(웃음). 맨날 핸드폰에 (남편이) 7시 정도에 "너 어디냐?" 전화 이렇게 하면 "어, 나 어린이집인데," "어, 누구네 집인데" 하고 한번도 집에 있는 일이 거의 없는 거야(웃음). 그러면은 "너 뭐하는 사람이야?" 그런 식으로 까탈스럽게 안 굴어요. 소문나면 매장당하겠지 뭐(웃음)… — 박현주

정 관계에서 생겨나는 집단적 시각은 집단에 동일시할 수 있게 하며 나와 내 가족에서 벗어나 공동체 가족이 되어 가는 것이다. 그러한 과정에서 조합원들은 집단의 힘을 인식하면서 나와 내 가족이 진정한 집단의 구성원이 되었다는 것을 알게 된다.

개별 가정 안에서 인식하고 있는 집단의 힘이란 무엇보다 이 집단이 육아의 고통과 슬픔을 이겨내고 버틸 수 있게 해준다는 것이다. 육아 스트레스를 집단이 함께 해 주기 때문에 견딜 수 있고, 육아의 어려움을 극복할 힘을 얻는다.

> 사회는 육아에 대해서 전혀 책임을 안 지고. 내가 책임을 지기엔 너무 벅차고 넘치고 자살할 것 같고 그랬을 때, 거기서 오는 슬픔을 어디서 푸느냐고 했을 때, 아마 제가 이걸(공동육아) 안 하면서 애들 셋을 키운다면 글쎄요… 생활하기 어려워지지 않았을까요? 이것이(공동육아) 특별히 조절 그리고 완충 작용을 하면서 (육아에서 오는 고통을) 견디게 해주는 것 같아요. ― 김용범

> 심리적으로도 여기서 의지하는 뭐 이런 부분이 커요. 또 즐거운 부분도 많고, 육아로 받는 스트레스도 좀 가벼워지는 것 같구요. ― 최숙자

게다가 또 한 가지 좋은 점은, 공동육아 방식의 교육을 개별 가정 안에서 행할 수 있는 힘이 생긴다는 것. 공동육아에서 글자나 숫자 같은 인지 교육을 하지 않는다든가, 평등한 관계를 지향하기 위해 반말을 사용한다든가, 환경 친화 교육을 하는 것 등의 교육 방침을 따르고 동의하는 데에는 부모들 각자의 힘으로는 어렵다.

다른 가족과 함께 자녀 교육에 대해 고민하면서 공동육아 이념에 바탕을 둔 교육 방침을 지켜 나갈 때 혼자만이 갖고 있던 피상적인 생각들이 소신 있는 생각으로 바뀌어 교육에 있어서 자기 주관을 확고하게 세워

나갈 수 있다. 이들이 낱낱이 있는 것이 아니라 함께할 때 외부 사회를 거스를 수 있는 집단의 힘이 생기며, 개별 가정 안에서도 흔들리지 않고 의구심 없이 터전의 교육 방침을 그대로 행할 수 있게 된다.

어린이집이 지향하는 바가 제가 보기에는 자본주의 사회에서 지향하는 거하고 좀 다른 거 같아요. 그래서 여기 와서 알게 된, 이를테면 생태주의적인 생각이라든가 그런 게 사실 어린이집 교육 이념에 깔려 있잖아요. 나 같은 경우에는 현재 아이 교육 문제에 대해서 내가 좀 이렇게 거스를 수 있는 그런 힘이 생긴 거 같아요. 그게 나 혼자였으면 내가 정말 이렇게 애 키워도 될까, 내가 이렇게 살아도 될까… 의구심이 많이 들어서 막 주위를 두리번거리고 그러다 말았겠죠. 그러다가 남들 하는 대로 키워야지 저는 그렇게 시국을 거스르는 성격은 못 되는 것 같아요. 남들 하는 대로 시늉을 했을 거 같아요. 속으로는 마땅치 않아 하고 이랬을 거 같은데, 지금은 만족하는 게 나하고 같은 생각을 가진 부모들이 있으니까 그래 이렇게 이런 아이들이 커서 나간다면 우리 사회가 좀 민주적인 사회가 되지 않을까… 저만 해도 부모나 선생님한테 대할 때도 수직적인 관계에서 대하고, 사회 나가서 집주인이라고 그러면 제가 "아 그러세요, 저러세요" 태도가 달라지는 거예요. 이런 몸에 배인 수직적인 태도랄까 그게 알게 모르게 어렸을 때 교육에서 온 것이 아닐까 이런 생각이 들거든요. ─ 권미숙

서로 같이, 우리 애들은 이런 식으로 키워야 되겠다. 이런 얘기 많이 하잖아요. 아이들의 버릇없는 행동을 보면, 아 이렇게 키우면 안 되겠다. 정말 아 때려서라도 좀(웃음) 고칠 건 고쳐야겠다. 그런 얘기 할 때도 있고, 예를 들어서 문자 교육 같은 거, 조합원 아닌 다른 사람들은 다 하는데 여기는 이제 제7- ○○에 살고 있는 사람들은 최소한 여기 사람들밖에 없으니까. 여기서 문자 교육 안 하는 것에 대해서도 사람들이랑 계속 얘기를 나누니까 여기 들여보내기 전에 혼자 안 해야지 이렇게 생각했을 때랑 또 같이 얘기 나누면서 그것의 장단점이라든가 이런 얘기할 때 저의 소신이

확실해지고 그런 걸 느껴요. 원래 혼자서 생각할 때도 소신이 확실해야 되는데…
혼자 생각할 때는 좀 피상적일 수가 있겠더라구요. ― 홍은미

양육하는 데 아버지의 역할도 개별 가정의 노력보다는, 공동체적인 생각과 태도로 자리 잡아갈 수 있다. 아빠 활동, 아빠들의 모임 등을 통해 아버지들도 자녀 양육에 관심을 갖게 되고, 아버지 역할에 대한 직접, 간접 경험을 하게 되면서 가정 안에서 아버지 역할을 찾아 간다.

가정에서 아빠들이 자신의 역할을 제 한 몸을 갖고 강조하는 것이 아니라 분위기 자체로 강조할 수 있는 것이죠. ― 김용범

한편, 지역 사회 안에서도 집단의 힘을 가질 수 있다. 전 조합원들도 하루에 몇 시간 정도는 조합에 들르게 되고, 총회나 조합원 교육, 야유회 등의 공식 행사를 하더라도 99%가 참석하여 조그만 지역 사회에서 어른들만 60명 정도가 모여서 함께하기 때문에, 여러 시민 단체 중에서 이곳의 조합만큼 결속도가 강한 데가 없다고 자부한다. 개별 시민 단체의 이러한 결속력은 지역 사회에 대한 관심을 더 촉구하고, 지역 사회에서 일어나는 일들에 집단 차원에서 개입할 수 있는 입지를 갖게 된다.

이 지역이 딱 닫혀 있다기보다는 모여 있는 구조잖아요. 그래서 다른 지역의 사람들 보다 제가 여기 사니깐 ○○(지역 이름)에 대한 관심이 더 높아지더라구요. 여기를 통해서 ○○에 대한 이야기를 많이 듣지요. ○○에서 무슨 행사 한다더라 그러면 같이 다 갈 수도 있는 거고. 사람들이 여기저기서 들어오고 나가는 구조가 아니기 때문에 모여 있고 사는 사람들이 계속 사는 거고. 그런 ○○지역의 특수성이 있는 거 같아요. 그중에서도 이 어린이집은 이 안에서 사람들을 겪고 나가고 하기 때문에 더 관련이 된다고 생각하고, 예전에 ○○시장 뽑을 때 저희가 ○○시장 후보들에게

> 저희가 문건을 만들어 거기에 대한 답을 하시게 했어요. 그러면서 우리가 지역 사회에서 그 정도 영향력은 있구나, 물론 그 사람들은 그때 유세 중이었기 때문에 여기에 와서 유세 차원에서 하는 거였지만… ― 박경미

터전을 졸업해서도 공동육아 이념을 계속 실천해 보겠다는 생각을 하고 있는데, 과연 이곳을 떠나 사회의 다른 유치원이나 학교, 다른 생각을 하고 있는 부모들 틈에서 이런 교육 방침을 계속 유지해 나갈 수 있을까 하는 의구심이 있다. 그래서 이사를 가지 않는 한, 터전이 속해 있는 지역 사회에서 함께 모여서 자신들의 교육 방침을 지역 사회로 확산하자는 이야기를 하게 된다.

활기찬 어린이집에서는 방과후 준비 모임이 결성되었고, 준비 모임의 성공적인 결실로 2000년 2월에 활기찬 학교가 만들어졌다. 이 외에도 터전을 졸업한 아이들을 모두 같은 초등학교에 보내 집단의 힘으로 초등학교 하나부터 변화시키자는 목소리를 내기도 하며, 미래에는 대안학교를 만들자는 이야기도 나온다.

> 앞으로도 이사를 가지 않는 한 같이 키워 보겠다는 생각을 하는데 또 어떻게 생각해 보면 그게 강한 부분이기도 하지만 약한 부분이기도 해요. 사회의 다른 유치원이나 다른 생각을 가진 부모들 틈에서 우리가 잘 버틸 수 있을까? 잘 견뎌낼 수 있을까? 혼자 떨어져서 꿋꿋하게 지금의 생각을 가지고 주장을 할 수 있을까? 그런 게 자신이 없어서 이렇게 방과후 모임을 만들려고 하는 건지도 몰라요. 애들을 그냥 내버려 두면 학원으로 가거나 오락실로 가거나 자연과는 멀어지고 텔레비전이나 오디오와 가까워지고. 그거보다는 우리가 모여서 하는 게 낫겠다는 거죠. 처음에 우리가 시작했던 게 아이들 교육에 관한 건데 교육이 아이들 일곱 살 됐다고 끝나는 게 아니잖아요. 우리가 애들을 기르며 지금까지 버텨온 힘이라고 할까? 아이들한테 가르친 거를 계속 유지를 시키려면 그거를 초등학교 때에도 계속 유지해 나가야 되고 계속 남아

있어야 한다고 생각하거든요. 그래서 우리는 어떤 ○○에 있는 한 학교를 변화시키기 위해서 다 같은 학교로 몰려 가자. 그런 이야기를 할 때도 있어요. 다 운영위원회도 하고 교장도 만나고 학교를 변화시키자. 그런 얘기들을 해요. — 문영미

가족 간의 공동체는 지역 사회에서 집단적 힘을 발휘할 수 있는 토대가 되며, 새로운 삶의 질을 위한 힘을 갖는다. 가족 간의 공동체가 그 지역 사회 안에서 자연스러워지면 여러 가지 시민 운동이나 사회 운동도 자연스럽게 태동할 수 있는 계기가 될 것이다.

공동육아 협동조합처럼 많은 가족들이 모여 가족 간의 공동체성을 형성하기 위해서는 전체 집단 안에서 정 관계로 엮여진 소규모 하위 집단이 활성화되어야 하며, 이들 하위 집단을 연결해 주는, 즉 매개 역할을 할 수 있는 핵심적인 사람들이 필요하다.

공동육아에 참여하게 되면서 가족 간의 관계 형성의 결과 맺게 되는 조합원 개인 간의 정 관계는 가족 간의 정 관계, 더 나아가 집단에 대한 애착으로 확대된다. 각 개인은 어떤 사람과는 역할 관계를, 어떤 사람과는 정 관계를 맺을 수 있는데, 집단 안에는 정 관계로 엮인 여러 하위 집단들이 있으며, 이 하위 집단들이 전체 집단에 애착을 형성하면서 하나로 어우러진 끈끈한 공동체성을 갖게 한다. 그러나 정 관계로 어우러진 하위 집단들이 아니라 낱낱이 떨어져 있는 역할 관계 조합원들이 많아진다면 그만큼 공동체성은 약하다고 볼 수 있다. 반대로 정 관계로 엮인 각각의 하위 집단 속에 포함되어 있는 가족들의 수가 많아서, 하위 집단의 수가 적을수록 공동체성은 더욱더 확고해진다. 터전에서 보이지 않는 정신적 지주 역할을 하는 심지 굳은 사람들은 집단 안에 존재하고 있는 정 관계의 하위 집단들을 연결해 주는 매개 역할을 하고 있다. 이 심지 굳은 사람들은 터전에서 '핵심적인' 사람들이라고 할 수 있는데, 현재 이사회이거나 처음에 터전을 만든 사람이

아닐지라도 중간 조합원, 신입 조합원 중에서도 핵심적인 사람들이 나올 수 있으며, 이들이 터전의 중심에서 흔들리지만 않으면 어떠한 분열의 조짐이 있더라도 터전의 공동체성은 쉽게 흔들리지 않는다(류경희·김순옥, 2001a).

갈등 속에 크는 공동체성

참여 가족들이 공동체성을 형성해 가는 과정에서 갈등이 없을 수는 없다. 처음 참여할 때 공동육아 협동조합을 선택하면서 갖고 있던 기대들, 모든 육아 문제가 해결될 것이라는 희망, 이곳에서는 나의 가족의 조건을 수용해 주리라는 바람 등이 어긋날 때마다 적응하고 조정하며 갈등을 겪는다. 또한 조합원 간의 관계에서, 교사들과 조합원들 간의 관계에서 갈등을 겪으면서 개인적인 적응 위기, 공동체성의 위기를 겪기도 한다. 이것은 나아가 공동체로서의 조합에 대한 회의로까지 확대되기도 한다. 그러나 개별 가족, 또 조합 차원의 위기 상황은 그 위기를 극복해 내고 함께 해결해 나가는 과정에서 그들 간의 결속된 힘을 표출하고, 공동체성을 새롭게 재정립해 나가는 계기를 맞는다.

공동육아에 대한 환상을 깨고

모든 육아 고민이 해결되리라는 기대로 공동육아에 참여하는 가족들도 있다. 그러나 이곳에서도 안전사고라든지 아이들 간의 다툼 문제에 부딪치고 아이가 달라질 거라는 기대가 어긋날 때 환상은 깨진다.

이곳에서도 아이들 안전사고는 어김없이 일어난다. 넓은 흙 마당이 있는 터전은 공동육아의 상징 같지만 연구 당시 활기찬 어린이집은 흙 마당이 너무 작아 아이들이 충분히 뛰놀 수 없어 나들이를 더 자주 했다. 그러다 보니 나들이에서 아이들이 자유롭게 행동하여 교사나 아마 활동하는 조합원의 시야에서 없어져 버린다든가 길을 잃는 사건도 생기고, 교통사고까지 발생했다.

1999년 1월에서 9월 동안 터전에서는 크고 작은 안전사고가 있었다. 3월 23일에는 나들이에서 돌아오는 길에 일곱 살인 주남이, 소만이, 철환이가 배트맨을 잡으러 간다면서 다른 데로 달아나 저녁때가 돼서야 터전으로 돌아온 사건이 있었다. 아이들의 장난기가 발동한 것이다. 홍은미 씨는 이 일을 겪으면서 나름대로 문제가 많다는 생각을 했다.

그 후에도 터전에서 사고는 종종 일어났다. 5월 17일 나들이에서 네 살인 성원이를 잃어버린 것이다. 파출소에 신고를 하고 두 시간 넘게 찾았으나 도무지 찾을 길이 없어 체념하고 있는데, 일행과 떨어져 혼자 지하철 안으로 들어가 전철이 오는 것을 보고 앉아 있는 성원이를 역무원들이 발견하여 보호자가 나타나지 않자 경찰서로 넘겼고, 마침 어린이집에서 경찰서에 신고한 상태라 연락이 닿아 찾을 수 있었다. 이 일이 있은 후 성원이는 주소와 전화번호가 적힌 팔찌를 하게 되었고, 터전에서도 부모들이 또다시 무슨 대책을 세워야 한다는 소리가 높아졌다.

또 그 후 7월 6일에 원정이가 혼자 터전 밖을 나갔다가 입술 안쪽이 찢어지고 타박상을 입는 사고가 생겼다. 소아과와 정형외과에서 치료를 받았는데 다행히 큰 상처는 없었지만, 당시 6월 30일에 '화성 씨랜드 수련원' 어린이 화재 참사가 있는 데다 원정이 사고가 생겨나서, 아이들의 안전 문제로 부모들이 더 한층 민감해졌고, 도깨비방, 깡충방 등 방모임에서 이번 들살이를 가지 말자는 의견이 나오기도 했다. 원정이 일로 원장은 사과문까지 작성하게 되었다. 원정이는 입술 안쪽을 봉합하는 치료를 받았고, 원정 아빠가 원정이를 데리고 와서 매미(교사)에게 약 봉투를 내밀며 몇 가지 이야기를 하는데, 자신의 아이가 다쳤음에도 흥분하지 않고 침착하게 행동했다.

계속 이어지는 사고와 사건 속에서 부모들은 흙 마당에서 놀고, 매일 나들이를 가는 공동육아 방식에 환상만을 가질 수는 없게 되었다.

그리고 안전사고 말고도 터전 안에서 아이들이 서로 얼굴을 할퀴고 다치는 일이 종종 생기는가 하면, 아이들이 어른들에게 버릇없는 말투를 쓰기도 하는데, 공동육아 아이들이라면 그러지 않을 거라고 기대했던 조합원들은 무척 실망하고 속상하기도 했다.

> 친구들의 나쁜, 아이답지 않은 말투, 행동을 그대로 따라할 때 정말 속상하죠. 한동안 도깨비방 아이들 사이에 엄마, 아빠 이름 부르는 게 유행이 된 적이 있었어요. 어린이집 전화 앞에 붙어 있는 주소록을 보고 읽은 거죠. 예를 들어 제가 가면 "야, 홍은미" 하는 식이었죠. 이럴 때 참 난감했어요. 화부터 내자니 어른스럽지 못한 것 같고, 타이르자니 속 터지는 거죠. 누가 먼저 시작했는지도 알 수가 없어요. 누구랄 것도 없이 서로서로 재밌다고 생각했으니까 그런 장난을 하게 된 거겠죠. 어른 이름을 함부로 부르는 게 어떤 기분인지 설명해 줘도 애들은 그게 이해가 안 가는 거예요. 도깨비방 주남이의 경우는 어른들에게 "자네" 하고 부르는 걸 어디서 들었는지, 연극이나 영화? 아니면 가족들이 부르는 걸 들은 건지, 경운이, 경만이가 아니 특히 경만이가 그걸 많이 따라 했어요. 예를 들어 저에게 "자네야, 밥은 먹었나?" 이렇게 얘기하죠. 꼭 그것뿐 아니라 주남이의 경우는 아이들의 관심을 끌고 싶은 강한 욕구가 있는 것 같았어요. 그래서 어른들한테 좀 특이한 말투 같은 걸 써서 친구들이 웃으면서 재미있어 하면 그걸로 만족을 느끼는… 어쨌든 주남이의 다소 아이답지 못한 말투 때문에 한동안 고민 좀 했죠. 특히 한 살 어린 경만이는 도깨비 형아들의 영향은 절대적이라서 듣는 그대로 따라 하니까… 아마 소곤소곤방 동생들은 더 따라

하지나 않을까 걱정이 되더라구요. 제가 알아듣게 타이르려 시도하면 그게 제대로 되지가 않아서, 예를 들어 "주남아, 어른들한테 그렇게 말하는 거 아니야" 하면 그 말을 되받아서 똑같이 따라 하거나, 아니면 "안 되긴 뭐가 안 되냐" 하는 식으로 말하니까 타이르기조차 어려웠어요. 하지만 제 아이든 다른 아이든, 해서 안 되는 것을 했다면 누구라도 똑같이 그러지 말라고 얘기해 주는 편이 좋다고 생각해요. 그래서 그렇게 하려고 노력하는 중이에요. — 홍은ㅁ

한편, 대부분의 부모들은 육아 때문에 공동육아를 선택했고, 욕심으로는 뭔가 여기에서 자란 아이는 학교에서 좀 다르지 않을까, 더 창의적이지 않을까, 리더십에 강하지 않을까, 자기 표현력이 강해서 아이들을 지도해 나갈 수 있지 않을까 하는 기대 속에서 참여하는데 이런 면이 채워지지 않을 때 역시 실망하게 된다. 몇 가지 실망으로 어떤 조합원들은 공동육아 어린이집이라면 아이들이 공동체적이어야 하는데 전혀 그렇지 않다면서 성급하게 탈퇴하는 가족도 있다.

그러한 경우는 대개 이곳에 들어오기 전에 특별히 기존 보육 시설에서 부정적인 경험을 하지 않았고, 초기 조합원으로서 조합을 만드는 과정에 참여하지 않았으며 그냥 조합이 만들어진 상태에서 그래도 다른 데보다 공동육아가 더 나을 것이라는 높은 기대치를 두고서 선택한 가족들이다. 또 직접 참여하면서 만들어 가기보다 무언가 완벽히 만들어진 시스템이나 제도 안에 들어와서 혜택을 누려야겠다는 생각에서 들어온 가족들도 실망하기 쉽다.

여기는 또 프로그램이 있는 게 아니라 애들끼리 어울려 노니까 애들끼리 친하지 않으면 처음에 와서 적응하기가 좀 쉽지가 않아요, 힘들어요. 몇 달 동안. 근데 그 시기를 엄마가 이겨내지 못했던 것도 있고, 또 그 엄마는 다른 유치원에서 문제가 없었는데 여기 와서 왜 이러냐. 그리고 공동육아에 대한 기대치가 너무 높았던 거예요. 그러니까 완전히, 애들을 위한 이상적인 낙원인 것처럼 생각해서 왔는데, 여기도 뭐 애들끼리 어떤 그런 텃세라든가 싸움… 아이들은 이기적이잖아요, 자기 중심적이고. 근데 어떻게 공동육아에서 자랐다는 애들이 이러냐, 자기 아들한테 이렇게 하는… 좀 못되게 구는 아이들을 보면서 그런 실망을 했나봐요. 근데 그건 어떻게 보면 잘못된 생각이죠. 어차피 아이들이 자라나서 열매 맺는 결과로서 공동체적이고 자연 친화적인 인간을 바라는 것이지, 지금 현재 아이들의 모습에서 그걸 바란다는 건 무리잖아요. 근데 이 엄마는 그런 식으로 자꾸 생각을 하시더라구요. 공동육아 처음부터 만드는 데 참여해 준비해서 그 힘들고 사람들하고 이렇게 마음 모으고 함께 일하기가 사실 쉬운 게 아니잖아요. 그 엄마는 그런 걸 안 겪어 보고 들어오니까, 뭔가 이렇게 완전히 만들어진 그런 좋은 데 들어와서 내가 그 혜택을 누리겠다 하고 들어왔는데 할 일은 많고, 자기에게 부가되는, 뭐 적응해야 되는 이런 것들은 많고 자기 기대에는 못 미치고 한 거죠. 근데 저는 그 생각도 좀 잘못된 것 같아요…
— 권미숙

조합 가입과 탈퇴가 자유롭다고는 하지만 공동육아의 모습에 쉽게 실망하고, 내 아이가 여기에서 얻는 것이 없다고 생각하여 탈퇴라는 극단적인 방법을 취하는 가족들의 모습을 보고 다른 가족들은 공동체에 대해 회의를 느끼기도 한다. 이곳을 공동체로 생각하여 기꺼이 동참하며 헌신적으로 일하고자 했던 사람들은 나나 우리 가족만 공동체라고 생각한다고 해서 공동체가 되는 것은 아니라는 생각을 하게 된다. 공동육아에 대한 계속적인 교육이 없다면 앞으로도 쉽게 탈퇴하는 가족들이 생겨날 거라는 우려가 생기는 것이다.

초기 기대가 어긋나더라도 탈퇴하지 않고 이것을 극복해 내는 가족들은 집단에서 경험한 실망스런 일들을 만회해 줄 다른 일이 생기면서 다시 '내가 여기 오길 잘했지' 하는 생각으로 지낼 수 있다. 공동육아를 하는 것이 항상 좋은 것 같으면서도 며칠은 순 문제점만 보여서 완전한 곳이 아니구나 생각하다가도, 또 이곳만 한 데도 없다는 생각이 들면 그 실망이 무마되는 것이다. 이곳에서 정신적 지주처럼 구심점 역할을 하는 사람들은, 너무 결과에만 집착하지 말고 생활하는 과정에서 얻는 것으로 만족하라고 조언해 준다. 공동육아를 하면서 아이들에게 좋은 친구와 좋은 추억이 생기고, 아이들에게 밝은 표정이 있고, 튼튼한 아이로 변하는 것만으로도 만족하도록 기대 수준을 조정해 나간다.

> 그러니까 주로 애들이 기억을 할 때 학원을 기억하는 게 아니라 어린이집에서 나무 타고 놀았다던가 이거를 어떻게든 만들어 줘서 기억하게 하는 게 중요하다는 생각이 드는 거죠. 그러니까 계속 책상머리에 앉아서 그런 거보다. — 임소영

> 개인적으로는 맞벌인데, 풀타임으로 안심하고 맡길 수 있는 데가 여기밖에 없는 거예요, 일단. 애들 유치원 보내 봐야 오후에 오는데 그 다음에 어떡할 거냐 이거예요. 그래서 보내는 거예요. 근데 뭐 나름대로 그렇게 좋은 이념을 갖고 교육을 한다 그러고, 내 생각이랑 같은 거고. 애들한테 좋은 친구들 만들어 주면 좋겠고. 여기 애들은 이렇게 뜨내기들이 아니잖아. 어른들끼리도 결합된 관계인 거니까 장기적으로 좋은 친구가 될 수 있는 가능성이 있단 말이지. 그러니까 좋은 친구들 만들어 주면 좋을 거 같고. 그리고 여기서 하는 많은 프로그램들, 그것들이 애한테 좋은 추억이 되면 된 거 아닌가… — 최정환

물론 이곳에서 직접 생활을 해봐야 알 수 있다. 처음에 올 때 기대했던 것은 직접 생활하면서 느끼는 것과는 많이 다를 수 있어서 환상이 깨지기도 하지만, 반면에 어떤 가능성이나 공동체의 힘도 경험한다.

한 신입 조합원은 처음에 많은 환상을 품고 들어왔는데 생활하다 보니까 이게 말도 안 되는 집단인 것 같고, "세상에 어떻게 이러면서도 공동육아 한다고 폼 잡고 다니지?" 하는 생각이 들 정도가 되면서 환상이 딱 깨지는

순간, 동시에 "여기는 절대 안 망할 집단이다" 하는 생각도 들었다고 한다. 바깥에서 볼 때는 숱한 이미지와 환상이 생기겠지만, 직접 들어와 보면 그렇지 않은 부분이 너무 많아 환상은 곧 깨진다. 그렇지만 생활하다 보면 여기가 굉장히 어설프고, 중구난방이기도 하고 불합리한 점이 많음에도 또 다른 힘과 가능성이 있겠다는 판단이 들기 때문이다.

이곳에서 갈등을 잘 극복해 낸 조합원들은 공동육아를 선택하여 한번도 의심하거나 갈등하지 않고 이것이 곧 길이요, 진리인 것처럼 생각하는 것이 오히려 더 위험하다고 보고 있다. 처음의 기대가 환상이었다 해서 절망할 필요는 없다. 자부심을 가질 수 있는 것은 현재 우리가 선택할 수 있는, 실질적으로 행하고 있는 가장 바람직한 대안이 바로 공동육아라는 생각 때문이다.

빈자리를 채워 주었으면

남편과 사별한 정영숙 씨는 처음에 아이와 엄마 둘만이 있는 것은 좋지 않다고 생각했다. 여기에 오면 사회적으로 아빠의 역할, 빈자리를 채울 수 있고, 아이가 사회적으로 커 나갈 수 있으며, 또 자신의 이야기를 들어줄 친구도 사귈 수 있으리라는 기대를 하면서 공동육아를 선택하게 된다. 즉 한부모 가족이라는 자신의 가족 조건을 수용해 줄 수 있으리라는 기대가 무엇보다도 컸다.

단순히 육아 공동체로만 생각하는 사람은 육아 외에 가족 간의 친밀한 교류와 같이 다른 것이 덤으로 얻어지면 조그만 것에서도 더 만족하고 기뻐할 수 있지만, 정영숙 씨처럼 다른 기대가 더 클 때, 아이 잘 키우는 건 기본이고 자신이 기대했던 것이 충족되지 않으면 실망감을 느끼게 된다.

무엇보다 정영숙 씨가 기대했던 것은 아빠가 없는 중원이에게 공동체 아빠가 보충되는 것이었고, 이곳에서 가능하리라 생각했다. 적어도 이곳은 열린 공동체이기 때문에 다른 집 아빠들이 중원이를 보면 한 번 더 안아 준다든지, 남자 어른과의 접촉을 빈번하게 할 수 있다든지, 다른 집에 놀러가더라도 아빠들이 함께 놀아 준다든지 하는 것을 기대했으나 그렇지 못한 현실에 실망한다.

또한 한부모 가족이라는 자신의 가족 환경을 공동체에서 배려해 줄 수 있다는 기대도 있었다. 그러나 이혼하고 혼자 영만이를 키우는 영만 엄마가 가구당 일 년에 세 번 해야 하는 아마 활동을 생업에 바빠서 한번도 못하여 연말에 한꺼번에 9만 원의 벌금을 냈다는 이야기를 듣고, 정말 공동체라면 아마나 청소에서 집단 차원의 배려가 있어야 할 텐데 그렇지 못한 데에 무척 섭섭함을 느낀 적도 있다.

나의 힘듦이나 어려움을 여기에 오는 가족들이 함께 나눌 수 있고, 나의 어떤 불안을 조금 더 없애 주는 바람막이가 되어 주어서, 내가 두려워하지 않고 꿋꿋이 살 수 있으리라는 기대를 한다. 내가 100이라는 힘을 혼자서 내야 할 때 조합 식구들이 있기 때문에 내가 한 80만 내도 된다면 많은 위안이 될 텐데, 여기서 그런 기대가 채워지지 못할 때면 내가 내 일을 가지고 내 삶에 자신 있지 않으면 여기도 위축되고 소외될 수밖에 없구나 하는 생각을 하게 된다.

한부모 가족의 조건을 수용해 줄 수 있으리라는 기대가 어긋나 생겨난 소외감과 섭섭함을 극복하기 위해 정영숙 씨는 기대 수준을 조정하게 된다. 중원이에게 부재한 부성을 채우리라는 기대를 접고, 한부모 가족이라 해도 다른 곳에서처럼 아이가 상처받지 않고 어느 정도 심리적, 정서적으로 보호된다는 데서 만족을 하기로 한다. 가끔 이곳에서 소외감을 느낄 때는 그래도 나한테 제일 부족하고 필요한 것을 얻고 있다는 것으로 위안을 삼는다. 즉, 이곳이 한부모 가족에 대한 편견이 없다는 것 자체만도 큰 것이라고.

> 내가 갖고 있던 기대들이 큰 욕심이 아니었나 생각해요. 다른 사람도 너무 바쁘고… 요즘 세상에 자기 자식 한번 안아 줄 시간도 없는데, 그건 내 투정일 수도 있겠다, 그리고 이제 어느 정도 심리적으로나 사회적으로 보호는 된다고 생각하거든요. 그건 다른 이유가 아니고 그걸로 인해서 아이가 상처받지 않을 수 있다는 거. 그건 아주 큰 거 같아요. 큰 장점이니까. 그걸 인제 더 많이 생각하죠.(중략) 인제 뭐 그런 불만이 일어날 때 좀 소외감도 느끼고, 내가 정말 사람들하고 친한가, 이게 공동첸가… 뭐 이런 걸 느낄 때 나한테 제일 부족하고 제일 필요한 걸 얻고 있다는 걸로 위안을 삼죠. 그냥 다른 곳에서는 그렇지 못할 것이다, 아이와 내가 더 상처받는… 사회가 그러니까. 그러면서 안주하고 있는데… (정영숙)

또한 정영숙 씨는 육아 문제라는 최우선 순위의 해결에 만족하기로 한다. 아이만 잘 크면 이곳에서 느끼는 섭섭함과 소외감은 다 덮어둘 수 있고, 육아에 관심을 두면서 부수적으로 얻는 행복 정도로 만족하고 있다. 그렇지만 자신과 같은 조합원이 많아진다면 조합의 공동체성에 심각한 우려가 생기리라는 염려도 든다.

> 애만 잘 크면 내가 느끼는 소외감이나 뭐 이런 거는 그냥 덮어둘 수 있는 거죠. 근데 조합 전체로 생각했을 때, 그게 많아지면 안 된다는 거죠. 많아지면 허약해지잖아요. 조합원이 그 조합에 수용되고 자기가 이제 정착하고 뭐 이런 과정은 아이가 잘 크고 있는 통로 외에 별도의 어떤 통로가 필요한데 이 통로가 막힌다 하더라도 애 키우는 데 불만이 없으면 그냥 덮어 둘 수 있다는 거죠. 근데 단지 그런 조합원이 많지 않기를 바라는 거죠. 그렇게 덮어두고. 그러면 저는, 그런 조합원이 대충대충 의사 결정하고 그냥, 총회 참석만 하고 시간도 맨날 늦고, 그리고 이사회에서 위임하는 거 좋아하고 그러리라고 보거든요. 근데 그런 조합원들이 많아진다는 거는 공동체

성을 갈수록 잃어 간다는 거잖아요. 한계가 있지만 우리가 지금 가지고 있는 그것(공동체성)마저 점점 약해진다면, 나중에 공동육아 정신에까지도 영향을 미칠 것 같거든요… (정영숙)

그러면서 정영숙 씨는 한부모 가족의 조건까지 챙겨 줄 수 있는 공동체 모습을 띠기는 아직 조합의 역량이 안 된다는 현실과 조합의 한계를 인정하면서, 자신 스스로 노력해야 한다는 결론을 이끌어 낸다.

기대를 많이 했는데, 아직은 그 기대를 채우기 위해서는… 그러니까 그 기대라는 거는 따지고 보면 내가 뭔가를 받겠다는 자세잖아요. 여기에서 나의 어떤 그런 걸 이렇게 좀 많이 보충해 줄 것이라는… 받겠단 자센데 생활하다 보니까 아직은 그 정도의 어떤 내부적인 역량이나 이런 게 안 된다는 생각이 많이 들거든요. 그런 걸 채우기 위해서도 내가 좀 많이 이렇게 움직여야 된다는 생각이 들더라구요. …(중략)… 생각해 보면 아빠가 없다는 조건을 극복하고 아주 다른 사람처럼 친밀해지기는 어렵지 않나, 한계가 있다고 생각해요. 다른 사람도 그런 여유가 없거든요? 다른 사람도 힘들고. 그게 계속 말한 사회적인 조건인데, 그런 게 있는 거 같아요. 내가 취직이 되고 좀 더 여유가 생기면 필요하면 내가 좀 더 적극적으로 해 봐야 되는데 지금 나 자신이 좀 많이 위축되어 있는 상태거든요. 그것까지 챙겨 줄 수 있는 공동체는 힘들다는 거죠, 서로가. 그냥 가만 놔두는 것도 이 사회에서 굉장히 큰 위안을 얻는 거고. 들어 보니까 뭐, 다른 데는, 예를 들어 대전에 친구가 한 몇 년 살았는데 대덕 단지 이러면 뭐, 니네 아빠는 뭐 박사… 박사 아니면 거기 애들은 끼워 주지도 않는다고 그러더라구요. 그런 게 없는 게, 이 사회에서 얼마나 큰가… 그런 게 제일 큰 위안이고 그렇죠. 그 외에 더 바란다는 건 나 혼자 섭섭한 거지. 그렇게 요구하기는 좀 힘들다고 생각해요. 그러니까 어떤 편모 가족이라는 편견이 없다는 것, 그 자체만으로도 큰 거라고 생각해요. — 정영숙 한편, 얼마 후 조합에서는 몇몇 가족들을 중심으로 중원이네 같은 한부모 가족이라든가, 호철이네처럼 아빠가 유학 중이라 엄마 혼자 아이를 돌보는 분거 가족의 경우 의무적으로 수행해야 하는 역할에서 가족 상황을 고려해 줘야 한다는 여론이 생기면서 7월 24일 총회에서 안건 토의를 하게 되었다. 그 결과 아마 역할에는 가족의 특수한 사정이 있을 때 감면할 수 있다는 것으로 결정되었고, 구체적인 아마 제도의 방침들은 이사회에서 결정하여 하반기부터 시행하게끔 달라졌다.

친해질 만큼만 갈등한다

참여 가족들은 가끔 공동육아는 아이들한테는 천국이고 어른들한테는 지옥이라 말한다. 집단에서 공동체성을 운운하게 될 정도로 큰 문제가 생겼을 때는 항상 어른들 사이 문제인 때가 많다. 어른들의 관계에서 오는 갈등이 있어도 이곳이 아이들에겐 천국이라는 확신이 있기 때문에 어른들끼리 싸우고 섭섭해도 탈퇴하지 못하는 것이고, 또 그렇기에 우리 안에서 갈등을 줄여 보고 바람직한 해결 방법을 찾게 된다. 아이들 때문에 목돈과 시간을 들이면서 공동육아를 하는 건데 결국은 어른 문제 때문에 갈등을 겪고 극단적으로는 집단에서 탈퇴하는 것이 무척 아이러니하다. 성숙하지 않은 초창기에는 어른 중심적 사고와 아이 중심적 사고에서 혼동이 오면서 아이들 문제를 놓고 어른 중심적 시각에서 갈등을 겪게 되는데, 터전이 조금 자리 잡히면서는 조금씩 아이들 입장에서 사고하기 시작한다.

 공동육아에서 결정적으로 중요한 요소는 보육과 교육이다. 기본적으로 아이들에게 좋은 교육 환경을 제공하고 좋은 교사들을 초빙해서 좋은 교육을 하는 것에서 시작된다. 어른들 간의 공동체는 어떻게 보면 그 다음 일이다. 터전이 경제적, 공간적으로 안정되어야 하는 것은 기본이고 교육에 관계되는 부분들, 즉 교사 배치나 프로그램 설계가 가장 일차적으로 필요하기 때문이다. 지역 공동체, 교육 공동체를 지향하는 것은 그 다음 일로서, 그 단계까지 나아간다면 바람직한 것이다. 여기서는 기본적으로 부모가 참여하는 교육이라는 철학적인 근거가 있기 때문에 어떤 형태로든 관계를 맺어 나갈 수밖에 없는데, 그 관계 맺음에는 필연적으로 갈등이 동반되고 이런 부분에서 힘들다, 지겹다 할 수도 있다.

공동육아에 함께하는 가족들은 공동체 생활에 적응해 가면서 우리가 모여서 뭔가를 같이하려고 할 때 생기는 어려움은 필연적임을 깨닫는다. 공동체 생활 가운데 분쟁이나 갈등은 없을 수 없다. 서로 토의하고 합의해 가거나, 자신의 의견을 양보해야 하는 상황을 아는 것처럼 문제를 해결해 나가는 방법에 대해 끊임없이 훈련할 수 있다. 개인의 특성들이 서로에게 상처를 주기도 하지만, 상대방과 나의 다듬어지지 않은 모습을 인정하면서 이웃들과 함께 생활하면서 차츰 다듬어지는 모습을 보게 된다.

아이들 싸움이 어른 싸움이 되지 않는 이유

조합원 개인과 개인이 겪는 갈등은 주로 아이들 간의 다툼이나 따돌림 같은 문제를 둘러싼 갈등, 터전의 공적인 인간관계에서 생기는 조합원 간 갈등, 터전의 사적인 인간관계에서 생기는 조합원 간 갈등 같은 것이다.

박현주 씨는 딸 인영이와 딸의 친구인 원주가 서로 많이 할퀴고 싸우는 과정에서 불편하고 속상했다. 결국 원주네는 조합을 탈퇴했다. 박현주 씨도 나름대로 상처를 입었다.

> 저 같은 경우는, 인영이가 원주를 많이 할퀴었어요. 죽겠는 거야 그러면은. 이거는 어디 가서 좀 맞고나 오거나 할큄을 당하고 오면 내 맘이 좀 편하겠는데, 내 애가

그러고 있으니까. 그것 때문에 많이 힘들었죠. 그것 때문에 힘들었는데, 내가 워낙 (터전에서) 열심히 일을 하니까 (원주 엄마가) 나한테 그걸 말을 못한 거 같아요. 처음에는. 그러니까 옛날에 석주라는 아이가 들어 온 지 이틀 만에 원주를 할퀴어 놨는데, 난리 뽀갰더라구요. 그 집에다 전화해 가지고, 원주 엄마가 난리를 뽀갰더라구. 근데 그 전에 그런 일이 많았거든. 인영이랑 원주랑도. 근데 나한테는 그렇겐 못한 거야. 나한테 못하고 거기다가 다 화풀이하나, 싶을 정도로(웃음) 대단하게 했더라구. 신입 조합원한테 구 조합원이 그렇게 한 거야. 그냥 애 할퀴었다구… 근데 원주 엄마는 나한텐 말 못했던 것 같으. 내가 알아서 전화하고 뭐 미안하다고 그러면 알아들으니까. 뭐 멱살 잡고 싸울 거야 어쩔 거야. 아니잖아요. 근데 아마 그래도 가끔씩 그런 일이 있었나 봐요. 원주네가 그 전부터 늘 마음에 그걸 못 참아 하시더라구. 제일 못 참아 하는 게 원주 엄마는, 애들이 할퀴거나 상처 나는 거라구. 막 석주한테 할퀴었을 땐, 성형외과 다니고 그랬거든요. 그때 심하게 깊게 좀 패여 갖구. 아이 문제로 터지는 거야 이제. 저 같은 경우 그랬어요. 그게 아주 마음에 상처로 남아 있죠 사실은. 그러고 나서 그 일로 이제 원주 엄마는 나갔죠. ─ 박현주

인영이가 원주를 할퀸 사건을 놓고 인영이가 원주에게 '폭력'적인 행동을 한 것인지 아니면 그 연령 아이들에게 비일비재하게 있는 일인지 진단해야 할 필요가 있다는 조합원들의 목소리가 높았다. 아이들의 다툼을 교사들이 지켜보지 않는다, 책임지지 않는다는 말까지 무성해지면서 공동체 전체 분위기까지 혼란스러워졌다.

결국은 방모임에서 이런 종류의 다툼에 대해 정리해 보려 하였으나, 그때는 이미 서로 마음이 다 상한 상태였다. 폭력에 대해서 어떤 사람은 여전히 불안하다고 하고, 어떤 사람은 그럴 수 있지 않냐고 하는 등 의견이 분분했다.

이런 문제에서는 단순히 가해자와 피해자 간의 문제가 아니라 피해자와 집단 전체에 대한 문제로 확대되기도 한다. 인영이네와 원주네처럼

할퀸 가해자와 할큄을 당한 피해자 부모들 간의 갈등도 있지만, 집단 차원에서 아이들의 공격성에 대한 근본적인 대책을 마련하지 못할 때 최선의 방어 행동으로 탈퇴를 결정하게 된다.

> 실제로 여기 공동체라고 얘기했지만 애를 딴 데로 보냈다거나, 싸우고 나갔다거나 하는 사람들은 급속도로 이탈하는 경우도 있지요. 생전 못 보는 거야. 물론 인간적으로 가까운 사람들은 계속 보기도 하는데, 전체적인 관계 속에서는 쉽지 않다구. 그거는 근본적인 육아 공동체라는, 육아라는 공동의 이해를 중심으로 모였던 조합이라는 틀 바깥으로 딱 나갔을 때에는 굉장히 어려운 그런 존재가 될 수밖에 없는 거죠. 그런 실례들은 굉장히 많아요. 아닌 예도 있지만. 이사 갔다거나 이민 갔다거나 한 다음에도 지속적인 애정을 갖고 있는 경우도 있다 이거죠. — 최정환

박현주 씨는 그때의 일을 정말 내 자식, 남의 자식 구분 없이 다 함께 고민하고 걱정하면서 좀 더 건강하게 해결하지 못한 것을 아쉬워한다.

그러나 아이들 간의 이런 문제는 조합원 개인들의 문제로 생각하기 때문에 이사회에서 문제가 생길 때마다 일일이 관여하여 공동 대책을 강구하기가 어렵다. 함께 키우는 부모들이 정말 함께 키우기로 한 것이고, 일정한 공간에서 아이들이 생활하다 보면 충분히 그럴 수 있다고 마음 넓게 생각하고 성숙한 의식을 키워 갈 때 근본적인 해결 방법을 찾을 수 있다.

어디서나 마찬가지지만, 아이들 간의 싸움에 '내 아이' 의식이 들어가면 원만한 해결을 보기 어렵다. 더군다나 "때리는 건 몰라도 어디 가서 맞고 오는 건 못 참는다"는 조합원들은 갈등이 더 심해질 것이다. 그 후 터전에서는 아이들 간의 할퀴는 문제 등으로 조합원 간에 서로 마음을 다치고 탈퇴하는 예는 없었다.

아이들끼리 싸우고 할퀴는 일은 아직도 흔하지만, 성숙한 다른 방법으로

풀어 가는 모습이 보인다.

> 저도 속상한 일은 많았죠. 지금도 여기 흉터가 크게 있잖아요. 여기. 이게 어떤 애가 할퀸 거거든요. 그날은 보니까 애가 할퀴었는데도 눈이 퉁퉁 부어서 시퍼렇게 멍이 들어서 막 이 정도로 돼 있더라구요. 보니까 살이 이 만큼이 푹 패여 가지구, 얼굴에 이렇게 칼자국 난 사람처럼(웃음) 이렇게 나 있으니까 얼마나 속상해요. 그래서 사실은 걔가 두 달 동안 밉더라구요. 정말 밉더라구. 다른 엄마들은 막 그 집 엄마한테 전화해서 뭐, 막 그러기도 했다 그러더라구요. 심지어 어떤 애는 보내지 않기로 하기도 하고. 근데 저는 정말 속으로만 걔가 안 미워질 때까지 좀 참았거든요(웃음). 그래 인제 미안하다 해도 너무 속상한 거야. 정말. 지금도 보면 한번씩 속상하긴 해요. 저거 커서 성형수술 시켜 줘야 되는 거 아닌가 싶어서. 한두 달 지나니까… '어휴 할 수 없지 뭐. 남자 앤데 뭐 나중에 시커매지면 괜찮겠지' 이렇게 넘겨지더라구요. 그런 것에 대해서 부모들이 좀 참고 인내하고 그런 것도 좀 다른 데하고 다른 게 아닐까 싶어요. 다른 데는 고소하구 좀 크게 다치면은 뭐 난리가 난다 그러드라구요(웃음). — 정영숙

아이들 사이에서는 따돌리는 문제도 발생하는데, 이럴 때는 조합원들이 함께 고민하면서 해결하려고 노력하곤 한다. 예원이의 경우, 아이들에게 따돌림을 당하여 적응하기 힘들어했는데 예원 엄마가 터전에서 아이들을 지켜본 결과 명철이가 주도해서 예원이를 많이 따돌리는 것을 알고 명철 엄마인 임소영 씨에게 의논하게 된다. 양쪽 부모들은 이 문제를 함께 해결하기 위해 고민하고 노력했다.

> 명철이(아들)가 예원이를 많이 따돌린다는 거야. 근데 그걸, 예원이 엄마가 문제시했고 고민하다가 말해야 될 거리라고 생각해서 나한테 말을 했더라구요. 그러면서 예원이가 좀 잘 적응을 못하나 봐. 이렇게… 그러는데 명철이가 매번, 예원이를 놀이에

참여 못하게 하고 탁탁 말을 가로막고 이렇게. 그래서 예원이가 어린이집 가기 싫은 걸 가지고 명철이 이름만 떠올리더라구. 그래 인제 그 얘기 들으면서 좀 그냥 그랬는데, 어제 중원이 집에 예원이랑 같이 놀러 갔는데, 어 정말 그러더라구. 예원이한테, "들어오지 마" 뭐 탁탁 잘라 버리는 거야. 그러니까. 얘(예원이) 또 성격이 "싫어" 이러고 가는 게 아니라 이래가지구(샐쭉해가지고) 저쪽에 머무르는 거야. 그래서 명철이한테 물었어, "너 예원이 밉니?" 그랬더니 "응" 이러는 거야. "왜?" 그랬더니 "내가 하지 말라는 걸 자꾸 하잖아" 그래. "언제 그랬는데?" 그러니까 "기억이 안 나" 그러는 거야. 그래서 "그러면 너는, 옛날에 잘못했던 거 가지고 아직까지도 그럼 그 사람한테 그렇게 대하는 거야? 그럼 엄마는 너한테 화난 거 옛날에 있었는데, 지금 너 쳐다보면서 얘기하면 안 되겠네? 옛날에 화나 있었으니까? 그런 건 잊어버리는 거야. 그리고 누구나 실수하는 거고…" 인제 그런 식으로 얘기했는데, 예원이가 느끼는 감정이 맞았다는 거지. 그러니까 나는, 꼭 대상이 예원이가 아니라, 이렇게 그냥 왜, 남자애들 툭툭 하는 그런 식으로만 받아들였는데 예원이가 자기가 느끼는 게 맞았던 거야. 그러니까 명철이가 예원이에 다해서 안 좋은 감정이 있었던 거야. 그래서 가장 비겁한 사람이, 옛날에 그거 가지고 나중에도 이렇게 적용하는 거, 그거 가지고 계속 끝까지 마음에 담아 두고 그거 갖그 사람 미워하는 거랑 따돌리는 거. 너도 그게 제일 슬픈 일이라고 얘기 했는데 예원이가 얼마나 슬프겠냐구. 그리고 다른 친구들도 네가 잘못한 거 기억하지 않고 다 잊으려고 노력하는데 왜 그거 하나를 기억해서 계속 아이를 슬프게 만드냐고 얘기 했을 때 인제 바로 노력을 하더라구. …(중략)… 이렇게 곧바로 아이 문제에 대해서 상의를 했어요. 그러니까 그걸 "어머, 우리 아이가…" 뭐 이게 아니라, 충분히 있을 수 있는 일이고, 또 명철이도 많이 따돌림을 당했거든. 오히려 따돌림받은 애가 좀 한다구, 좀 그런 거 같애. 그 부분에 대해서 어제 예원이 엄마하고도 얘기하고. 얘기를 좀 풀었죠. 예원이 엄마가 인제 의도적으로 명철이한테 더 가깝게 가는 거지. 그러니까 "명철아, 너는 왜 예원이를…" 막 이렇게 하시는 게 아니라, "어머, 조개다" 이러면서, "이거 너무 이쁘다, 이거 보물 같지 않니? 이거 너 가져" 이렇게 손에 쥐어 줬는데, 아이답지 않게 명철이가 그걸 팽개쳤대. 근데 지금은 뭐 웃어도 주기도 하고⋯ 그러니까 그 변화를 바라고 있는 거죠. 근데 또 예원이 엄마 마음이 그랬던 게, 바로 애 행동을 가지고 얘기한 게 아니고, 꾸준히 지켜봤더라구. 그러니까 많이 걱정이 되고 그랬기 때문에. 인제 주로 명철이가 그러는구나 그러면서 명철이네 집에 놀러 가서 어떻게 좀 풀어 줘 봐야겠다, 이렇게 해서 좀 얘기를 한 거였죠. 그러니까 그런 게 필요한 거죠. 왜냐면 단시일에 관계가 끝나는 게 아니니까⋯ ― 임소영

조합원 간의 공식 모임에서도 이런 문제가 생기면 함께 고민한다. 1999년 5월에 들어온 정민이는 세 살인데, 자기 방 아이들을 무는 습관이 있었다. 정민이에게 물려 본 아이들은 근처에 정민이가 오기만 해도 질겁을 하고 울면서 도망다녔다. 그래도 어느 사이엔가 또래 아이들뿐아니라 누나, 형들에게도 다가가서 물어 버리고, 또 어떤 아이는 정민이의 무는 모습을 흉내 내는 아이도 생겼다. 아무튼 정민이의 무는 습관이 터전에서 큰 화젯거리가 되었다.

 정민이가 다른 아이들을 피멍이 들 정도로 무는 것을 직접 본 정민 엄마는 사태의 심각성을 알게 되었고, 무척 미안한 마음을 갖게 된다. 그러나 정민이에게 많이 물린 같은 방 조합원들은, 거의가 신입 조합원들인데도, 참고 기다리는 성숙한 대응 태도를 보여 주었다.

정민이가 자기 방 아이들을 자꾸 무는데, 그 방은 거의 신입이고⋯ 얼마나 속상했겠어요. 얼마나 물렸길래 애가 피가 나왔겠어. 상처를 보여 주고 하면서도 얼마나 속상해. 근데 '너무 속상해' 이렇게 원색적으로 하는 사람들 없잖아요. 그러니 성숙한 사람들이죠. 근데 처음에 정민이네는 물어서 피가 나는 건 상상을 못한 거야. 근데 와서, 정민 엄마 자꾸 오라고 그랬잖아요. 어린이집으로 자꾸 오라 그러니까 물었다는 게 이 정도만 생각을 했다가, 직접 와서 피멍 들게 무는 것을 보니까 그 엄마 눈물이 나오지. 이거 어떻게 해야 되나⋯ 아무래도 보고, 직접 듣고 설명해 주고

이러니까 아무래도 그쪽에서도 열심히 그렇게 하지 못하도록 얘기하고 있다고 얘기를 하는 거구. 정민이를 데리고 알아듣건 못 알아듣건. 사실 지금 처음보다는 많이 안 무는 편이죠. 적응 문제하고도 관련 있겠지만, 많이 기다리고 참아 줬어요. 사람들이. 만약 안 그랬으면 정민이 나갔어요. — 박현주

신입 조합원 교육 때에도 그동안 조합 생활에 적응하면서 느꼈던 어려움을 나누는 시간을 가졌는데, 정민이 문제를 포함한 가지각색의 아이들 문제를 함께 논의하면서 고민할 수 있었다.

현정 아빠—도글방은 (아이들이 너무 어려서) 아이들끼리 잘 어울리는 것도 아니고 해서, 어른들끼리 어울리는 것이 좀 어려울 것 같아요. 도글방은 정말 교사, 어른, 아이 다 힘든 것 같아요.

정민 아빠—정민이가 잘 물어서 아이들이 슬슬 피하는데 그런 것이 나중에 따돌림이 되지 않을까 걱정되요.

정민 엄마—처음에 할머니를 자꾸 물었어요. 그게 관심의 표현인 것 같아요.

형원 엄마—처음 그럴 때부터 제재를 해야 해요.

정민 엄마—정민이가 친해지고 싶어서 뒤에서 어깨를 물어요.

구영 엄마—우리 쌍둥이 많이 물렀어요. 혹시 할머니 둘었을 때 놀이 형태로 그러는 건지 또 스트레스 받아서 그러는 건지… 어때요, 거기에 어른들의 반응한 모습이 어땠어요?

정민 아빠—저는 때려요. 물지 마라, 물지 마라 하는데.

구영 엄마—시간이 좀 필요하구나.(혼잣말처럼)

정민 엄마—할머니가 전에 20개월 되었을 때 예쁘다고 깨물고 했던 적 있어요. 혹시 그것이 잘못 입력되어서?

원정 엄마—원정이는 자꾸 던져요.

형원 엄마—아이들 문제 있을 때 부모 책임은 아니지만 부모들까지도 서로 이야기해

알았으면 해요. 오히려 아이에 대한 관심도 팍 가요.

구영 엄마—문제 행동을 보이는 아이에게 더 관심 많이 갖게 되요. 피해 당한 아이보다. 문제 행동을 보이는 그 아이가 더 힘들 거다. 그 아이 처지에서 더 생각해야 문제가 해결된다고 생각해요. 우리 아이 목욕시킬 때 보면 물렸구나 하고 알아요.

형원 엄마—선생님들이 무엇을 했나 하는 사람도 있는데, 그 순간 포착을 못하면 선생님도 모를 수 있어요.

구영 엄마—노둣돌 통한 느낌은 어때요?

정민 엄마—노둣돌을 통해 아이 생활 읽으면서 좋았어요. 좀 지나니깐 지금은 거기에 대한 신선함은 없고, 하루하루를 적응해 가는 것 같고 그것을 통해 또 누구를 물었구나 하고 알게 되요.

형원 엄마—아이들 보면 볼수록 여기에 더 참여하면 할수록 정이 생겨요. 처음엔 의식적인 노력으로 나중엔 자연스럽게 되지요.

구영 엄마—부모-나 관계 속에서는 문제가 안 보여요. 다른 아이와 함께 있다 보면 문제들이 보이고 아이를 더 이해하게 되요. 일요일에 ○○공원에서 다른 가족과 연락해 자주 가요. 제가 민영이 혼자 키울 때 어떻게 해야 할지 몰랐어요. 옆의 산딸기 이사오면서 아이들 노는 것 통해 많이 알게 되요. 또래의 대처 방식도 배우게 되고, 쌍둥이의 질서 의식 인정하는 모습 보고 변화가 있구나 하고 느껴요.

— 1999년 6월 1일 신입 조합원 교육

정민이 사례처럼, 조합원들은 이 아이의 무는 습관이 어디에서 시작된 것인지 함께 고민해 보고 문제 행동을 보이는 아이 입장에서 먼저 생각하며 그 아이에게 더 관심을 보여 주는 성숙한 자세를 취함으로써 자칫 조합원 간의 갈등으로 옮겨 갈 수 있는 사안을 공동체가 더 협력할 수 있는 기회로 만들어 내기도 한다.

터전 참여를 둘러싸고

조합원이라는 자격이 주어지면 터전에서는 한 가족 당 한 사람이 의무적으로 아마 활동이나 청소 같은 공식적 역할을 스행하고 총회, 방모임 같은 공식 행사에 잘 참여해야 한다.

신입 조합원들은 대부분 집단 생활에 적응할 때 친밀한 사람이 없고, 터전이 낯설기 때문에 자발적으로 터전 일에 참여하기보다는 의무감에서 참여하는 예가 많다. 그래서 적응을 잘한다는 것은 집단 행사에 자발적으로 참여한다는 것을 말하기도 한다. 적극적으로 협조하지도 않고 핑계를 대고 가급적 참여하지 않으려는 신입 조합원들을 보면 행사 준비를 하는 사람의 입장에서는 힘들 때도 있다.

> 구 조합원 입장에서는 (조합) 행사 같은 거를 기껏 어렵게 준비해 놓고 스케줄 다 맞춰 놓고 오라고 통보를 하고 얘기를 개별적으로 다 하는데 뭐, "나 결혼식 있어요" 올 수도 있는데 아무래도 신입 조합원이면 선뜻 오고 싶지는 않을 거 아니에요. 자기 개인적인 일 앞세우고 그러면 "결혼식 끝나고도 올 수 있지 않냐" 하면 그 사람이 샐쭉해 한다든가 이럴 수도 있고. 준비한 사람 입장에서 준비를 열심히 하면서 많이 와 줬으면 싶은데 신입 조합원이 어떻게 보면은 가고 싶어서 가는 것보다는 의무적으로 가는 거니까. 처음에는 의무감이 많이 들거든요. 조합 행사에, 이제 즐겁고 친한 사람이 많고 아, 거기 가면 이럴 것이다, 기다 감에 차서 간다기보다는 거의 막 80%는 의무감일 거예요. 그러니까 적응 잘한다는 게 조합 행사에 나름대로 자발적으로 참여할 수 있는 게 적응하는 것 같아요. 처음에 그게 어려웠는데 그게 구 조합원 관점에서 보면 아유 저 사람은 왜 저렇게 참여를 안하고 협조를 안 하냐, 이런 식으로 또 불만이 되기도 하고… ― 권미숙

역할과 참여라는 공식 관계를 둘러싼 갈등은 반드시 신입 조합원과 기존 조합원 간에만 있는 것은 아니다. 기존 조합원 중에서도 자신의 역할을

소홀히 하고, 적극적으로 참여하지 않는 사람이 있을 수 있는데 이것은 다른 조합원들에게 강한 불만을 낳는다.

    그런 경우 불만이 있어도 말로 해결할 필요성을 느끼지 못하여 그냥 넘어간든가, 그 사람의 성격으로 그냥 인정해 주고 접는다든가 또 적당히 무관심으로 대하든가 한다. 하지만 역할과 참여를 둘러싼 조합원 간의 불만은 개인적인 차원보다는 대개 벌금이라는 집단 차원의 경제적인 제재를 통해 해결된다.

    가족 중 한 사람이 의무적으로 참여하는 터전 청소, 아마 활동, 그 외 공식적인 조합 행사에, 안 나오면 벌금을 물게 하는데 이런 경제적 제재는 가족들이 더 의식적으로 역할을 수행하고, 참여하도록 하는 데 눈에 띠는 효과를 나타낸다. 그렇기에 몇몇 가족들은 아무리 공동체지만 자신이 해야 할 일을 하지 않아 다른 가족에게 대신 수고로움을 전가한다면 벌금 제도도 필요하다고 본다.

> 누가 또 그랬어. 아유 자기가 봉사를 못 하니까 너무 미안하고 몸둘 바를 모르겠는데, 그걸 돈으로 대치해 줄 수 있었으면 좋겠어. 되게 간절하게 얘길 하더라구. 그때 제가, 운영이사 하기 전이었어요. 근데 운영이사가 됐다, 근데 그 엄마는 여전히 아무 일도 못 하는 거야, 바빠서. 어, 그래서 나는 그 엄마한테 청소비나 뭐 돈을 걷을 때 너무 떳떳하게 "3만 원 내놔!" 딱 그러는데 어휴, 반응이 나오는 거야(웃음). 너무 덜덜덜 떠는 거야. 어 그러니까, 아닌 거예요. 그러니까 아닌 거야. 그게 말뿐이었던 거야. 나는 그 엄마하고 부딪힌 건 아니에요. 근데 이제 그 엄마는 무슨 뭐, 돈을 3만 원씩 내나… 그 집 아빠가 가만히 안 있을 거라구 그랬다구… 그 얘기 들었을 때는 상당히 황당하더라구. 그러니까 나한테 말한 걸 잊어버린 건지… 아 그리구, 만약에 청소를 했는데도 3만 원을 내놨다고 해도 난 그 엄마는 할 말이 없을 거 같애. 왜냐하면 너무나도 많은 사람이… 자기 대신에 청소한 사람이 너무 많았거든요. 정말. 청소 잊어버리고 안 한 적이 너무너무 많거든. 그 엄마랑 청소하는

날짜는 혼자 한 사람이 참 많았어요. 근데 그렇게 얘기하는데 너무 기가 막히더라구. 그래서 어이구야… 정말. 그 다음부터 그 분은 청소를 한번도 안 잊어버렸어요. 정말. 그러니까 필요한 건 거야. 다른 사람한테 피해를 안주면 그 돈 걷는 게 아무리 공동체에서 뭔가… 좀 그렇게 될지 모르지만, 난 필요하다는 생각이 들어요. 그렇다고 만날 하는 사람이 할 수는 없는 거잖아. 그러니까 그때 솔방울이 참 많이 했을 거야. 그런 식으로. 청소를 대치하는 식으로… ― 임소영

그러나 조합이 만들어질 때부터 지금까지 터전의 변화 모습을 지켜봐 온 조합원들은 벌금 제도에 대한 비판도 한다. 조합 초창기에는, 흙마당이 넓은 터전이어서 퇴원 시간에 부모들끼리 서로 이야기하고 교류가 활발했고, 청소는 교사가 했는데, 퇴원 후까지 청소를 하는 교사의 모습이 안쓰러워 늦게 오는 부모들은 같이 청소해 주고, 남은 밥도 같이 비벼 먹으면서 친해질 기회가 많았다. 그러다가 청소는 가족의 의무가 되었는데, 편한 대로 "난 어느 날 하고 싶다"고 정해서 하기도 하고 끝난 후에는 함께 저녁도 먹으면서 가족 간에 더 친해지곤 했다. 청소를 해야 하는 가족이 사정이 생겨서 못하게 되면 벌금을 내지 않고 다른 가족이 기꺼이 대신 해주며 못한 가족은 미안한 마음에 밥 한 끼를 사면 그걸로 해결되기도 했다.

그런데 현재는 조합원 수가 늘었고 맞벌이 가족이 많이 들어오면서 퇴원 시간에 자기 아이 챙겨 가기도 바쁘고, 이사회에서 정해준 대로 조를 짜서 청소를 하다 보니 거의 같은 가족과 만나게 되며, 시간이 안 맞을 때는 할 일을 딱딱 구분해 놓고 내 가족이 할 일만 하고 돌아가고, 사정이 있어서 참여하지 못한 가족은 벌금을 내는 체제로 변하고 있다.

이와 같이 내 가족 역할, 다른 가족 역할을 구분하고, 참여하지 못할 때 벌금을 내는 관행이 굳어지면 참여 가족들이 자발적으로 함께 어우러지는 모습을 만들어 나가기 어렵다는 우려가 드는 것이다.

예전엔 누가 안 오면 대신 다 해줬어요. 다 해주고 벌금 안 받았어요. 그냥 밥 한 끼 얻어먹거나 뭐 그런 식으로 하죠. 미안하니까. 근데 요즘은 뭐 딱 내 거 할 것만 하고 가 버리잖아요. 근데 예전에는 막 "이 사람 왜 안 와" 뭐 이러다가 그냥 한 개씩, 한 개씩 하다 보면 다 하게 되는 거예요. 그래서 서로 공동체라는 게, 그렇게 딱딱 구분 지어서 네모칸 치는 게 아니라, 그냥 뭐랄까, 한 사람이 좀 덜하면 더 할 수도 있고, 더 한 사람이라고 해서 뭐 그걸로 생색내는 것보다 이렇게… 그게 어우러져서 하나가 이렇게 뭉뚱그려 동그라미가 되는 것 같아요. 근데 그냥 똑같이, 누구 몫이든 똑같이 서열 맞춰 이렇게 하니깐 뭉치기가 어려워요. ― 최숙자

구영 엄마는 정기 총회 때 아마 제도에 관한 안건 토의에서 의무적인 규정에서가 아니라 자발적으로 아마 신청을 받아 보고 기대 이하라면 우리의 공동체성을 다시 한번 반성해 보는 기회로 삼자는 제안도 했다.

일을 하는 사람들(이사들)이 뭐 참여가 낮다, 어쩌구저쩌구… 우리가 이것밖에 안 되냐고 흔히 얘기들 하는데, 나는 그런 얘기를 하는 사람들이 더 답답해요. 어차피 조직해 내야 해요. 참여를 유도해 가지고 표본을 제시하고 설득해야 하고. 그러니까, 총회를 한다, 대청소를 한다 뭐 한다…시간 날짜 써 놓고 딱 올려놓고 '왜 안 와' 그건 현실적인 대안이 아니라 이거지… ― 최정환

벌금 운영은 역할을 수행하지 않고, 참여 안 하고서 대신에 벌금만 내면 된다는 식의 사고방식을 확산할 수 있어 자발적으로 참여하고 함께하는 공동체에 부정적인 영향을 줄 수 있다. 공동체에서 역할을 제대로 수행하지 않고 불참하는 문제를 벌금으로 해결하려는 것은 근본적인 해결 방법이 아니기 때문이다. 중요한 것은 공동육아 이념 교육을 통해서나 열린 자세로 참여했을 때에 얻는 성취감을 통해서 가족들 스스로 변화되는 것이 아닐까.

내 아이, 내 가족만을 생각한다면

공동육아라고 해서 모든 사람이 다 공동체적인 것은 아니다. 때로는 나, 내 아이, 내 가족만을 우선적으로 생각하는 경우도 있다.

조합원들은 육아 품앗이를 하면서도 한번 베풀면 한번은 되돌려 받는 식의 '거래' 관계처럼 행동하고, 자신에게 편리한 방식을 고집하는 상대방의 모습에서 실망하며, 그 밖의 일상적인 사소한 부딪침에서도 감정적으로 상처를 받는다.

> 그 엄마가 먼저 제안을 하더라구요. 일주일에 한 번씩 서로 애를 봐주자구. 그러자고 하고, 그 집 애를 한 번 봐주고, 우리 집 애를 맡기려고 하니까, (터전에서 자기 집까지) 애를 데려다 놓으라는 거예요. 자기네 집에다 자기 애까지, 근데 그날 억수로 비가 왔어요. 그날 되게 좀 짜증나고 힘들었어요. 그 집 애들을 봐주면 나는 내가 터전에 가서 그 집 애들까지 내가 다 우리 집에 데려다가 봐주거든요. 그 집 엄마가 처음엔 친정 부모님만 있고, 자기가 집에 없을 거라고 하면서 데려다 달라고 하길래 그런가 보다 이해를 했어요. 그런데 갔더니 그 엄마가 딱 있는데, 제 기분이 굉장히 나쁘더라구요. 사실 별일 아닐 수 있는데, 저한테는 여태까지 조합원들이 너무 잘해 줘서 그런지. 이게 무슨 공동첸가 그런 회의감까지 오더라구요. ─ 권미숙

> 야유회 때인가, 총회 땐가 그때 돈을 만 원씩 걷었어요. (내가 운영이사라) 만 원씩을 걷었는데 한 엄마가 안 냈어. 내가 그랬어. "만 원"(손을 내밀며). 근데 "왜!" 이러는 거야. 그래서 "그거, 저기 총회 때 우리 뒤풀이, 그거 만 원씩 걷었거든" 이렇게 얘기했더니, 어? 화를 벌컥 내는 거야. 그러면서 돈을 지갑에서 딱 꺼내더니, 이런 식으로(집어던지는 시늉을 함) 던지는 거야. 그때 "왜 나한테 화를 내는데?" 그러니까 "짜증 안 나게 생겼어?" 이러는 거야. 그러니까 눈물이 울컥 나니까 저쪽 가서 어떻게 해야 될지 몰라 막 이러구 있다가, 나중에 뒷좌석에서 눈물이 막 펑펑 나구 …(중략)… 그래도 좀 풀어진 게, 그날 내가 막 우는데, 영호가 그걸 봤어요. 영호가

내가 막 우는 걸 봐갖구, 영호가 놀러가서 주남이 엄마를 딱 봤나봐. 그러니까 얘는 그냥 "어, 주남이 엄마 땜에 명절에 엄마 울었잖아" 이러면서 얘기를 한 거야. 그러니까 주남이 엄마가 놀란 거지. 이렇게 한 행동이 자기한텐 아무것도 아니었던 거지. 그래서 그 다음날 전화가 왔어요. 근데 그러더라구. 뭘 그런 거 가지고 우냐구… 그러니까 그거에 대한 사과가 아니라, 내가 지금 주남이 엄마한테 만 원을 나한테 공짜로 달라는 게 아니라, 다 내는 돈을 내가 다만 걷을 뿐인데 그런 식으로 돈을 내던지다시피 했을 때에… 어떤 그런 부분을 읽어 줬어야 되는데, "아휴, 뭐 그런 거 가지고 그러냐구…" 그러니까 어루만져 주는 게 아니라, 그래서 내가 "네, 됐습니다. 네, 그랬어요. 네, 알겠습니다. 전화 주셔서 고맙습니다" 하고 끝내고, 그 다음부터는 할 말만 하고… 할 말도 잘 안 하죠. 잘 안 부딪히죠. 얼굴 봐도 그냥 외면하는 거지. 서로… — 임소영

'거래' 관계에서 실망감을 경험하거나, 감정적으로 상처 입은 사람들은 의도적으로 그 조합원과는 관계를 맺지 않게 된다. 모든 사람들이 다 친해질 수는 없으니까, 개인의 감정을 다 읽어 달라고 할 수 없으니까, 불화를 안 일으키는 것이 가장 중요하다고 자기를 달래며 그냥 상처를 덮어 두는 일이 많다. 이런 사적인 인간관계 갈등은 사람에 따라서 공동체에 대한 회의를 품는 데까지 확대되기도 하지만, 대부분은 또 다른 조합원들과 공동체적으로 관계를 맺으면서 회복된다.

한편, 공동체 전체를 생각하지 않는 부모들의 자녀 양육 방법에 대해서도 서로 실망을 많이 한다. 아이들과 함께 어우러지도록 교육하지 않고 자기 아이만 부각해서 다른 아이들이 따르게 만드는 방식을 선호하는 양육 태도가 그런 예다. 조합원들이 문제 제기를 하면 방모임이나 교육소위 모임에서 함께 논의하게 되지만 개인 문제를 공개적인 자리에서 다룬다는 것이 쉽지 않고 바람직하지 않을 수 있어, 공식 모임에서 다루기는 힘들다.

몇 명만 먹을 수 있는 간식을 가져와서 주남이 손으로 나눠 주게 해서 아이들이 죄다 주목하고 주남이에게 잘 보이게 하려는 거라든가 그런 게 많이 반복되었어요. …(중략)… 그리고 다른 애를 (자기 집에) 데리고 가는 모습에서도, 그때 주남이 엄마가 경운이한테 "우리 집엔 너네 집에 없는 로봇 많다" 하고 말했을 때, 어유 그 땐 한바탕 싸우고 싶은 심정이더라구요. 정말. 어떻게 뭐가 중요한 거구 …놀고 싶은데 뭘 가지구… 그러니까 꼭 그런 식으로 얘기를 해서 데려갈 필요가 있냐는 거지… ─ 임소영

사적인 인간관계에서 생기는 갈등은 공적인 갈등처럼 집단 차원의 제재와 해결이 거의 불가능하고, 대부분 개인적인 차원에서 관계가 단절되는 것으로 나타난다. 사실상의 관계 단절이란 그 상대방과 접촉의 기회는 있으나, 정 관계로 발전해 나가기가 더는 어렵고, 형식적이고 공식적인 역할 관계로 고착된다는 것이다. 그렇기 때문에 조합원 개인 간에는 단순한 거래 관계만 반복되거나, 심한 갈등으로 관계가 단절되는 일이 없도록 더욱 배려하게 된다.

교사와 조합원이 함께 주인되기

1999년 들어 터전에서는 안전사고가 잇따라 일어난 데다 6월 30일 '화성 씨랜드 수련원' 어린이 화재 참사가 발생하면서 사회적으로도 어린이 안전사고에 대한 경각심이 일고 있었다. 그 당시 아이들 들살이를 계획하면서, 부모들은 불안한 심정으로 술렁거렸다. 결정적으로 7월 6일 도글방의 원정이가 교사도 알지 못하는 틈에 터전 밖으로 나가 다쳐 옴으로써 부모들의 불안한 심정이 폭발했다.

 방모임에서는 원정이 사건을 계기로 대책 마련이 시급하다는 이야기, 교사들의 책임에 관한 이야기가 나왔고 여름이 되었지만 들살이에 아이를 보내지 않겠다는 조합원들이 늘면서 한때 들살이가 취소될 뻔했다.

아이들이 원하는 들살이를 어른들의 판단에서 취소하려는 것이 진정 아이들을 위하는 것인지 이사회에서 다시 논의해 본 결과, 이사장이 들살이에 따라가 불침번을 서고 안전 관리를 철저히 하겠다고 하여 부모들을 안심시키고 들살이를 계속 추진하게 된다.

터전에서 계속되는 안전사고는 터전이 아이들의 안전을 보장하지 못할 수도 있다는 사실을 확인했다는 점에서 충격을 주었다. 또한 적절한 대처를 하지 못해 조합원들의 불안감이 증폭되고 조합원들 간에 갈등하고, 교사에 대해서도 불신하는 상황이 발생했다. 이사회에서는 당시 상황을 안전사고뿐 아니라 이사회나 교사 측의 운영 미숙, 조합원과 교사 사이에 잠복해 있던 견해 차이와 갈등의 요소들이 한꺼번에 나타난 구조적인 위기 상황이라 판단한다.

이사회에서 터전의 안전사고를 놓고 문제점을 구체화했다. 방별로 적정 아동 수 및 신규 등원 일정을 잡는 데 이사회의 판단 착오가 있었다. 특히 당시 운영상 무리가 따르던 도글방의 경우 매미 선생님이 초기에 3명을 보다가 갑자기 6명으로 증가했는데 추가로 3명 더 받아도 큰 무리가 없을 것 같다는 담당 교사의 의견과 조출(아침 7시 30분까지 일찍 출근)인 코끼리 선생님이 오전에 도글방 중심으로 아이를 보니까 아이 6명에 담당 교사 1.5명이면 무난하다는 의견을 판단의 근거로 삼았던 것. 그런데 새로 온 아이들이 기존의 도글이들보다 활동력이 왕성한 데다, 충분히 적응 기간을 두지 않고 거의 동시에 등원을 하게 함으로써 아이 수 2배 증가가 3-4배의 부담으로 작용한다는 것을 예상하지 못한 것이다. 이런 부분에서 판단 착오를 일으킨 것은 운영상의 미숙이었다.

그리고 교사들 내부에서도 안전 문제에 대하여 적절한 조치를 취하지 않았다는 점을 알게 되었다. 안전 문제에 대한 문제 제기가 계속 있어 왔음에도 나들이 가서 아이를 잃어버리기도 하고, 민자와 규만이는 교통사고를 당하기도 하고 아이들끼리 길가에 나와 있어서 우연히 발견한

이곳에서도 아이들 안전사고는 일어난다. 나들이에서 아이들이 자유롭게 행동하여 교사나 아마 활동을 하는 조합원의 시야에서 없어져 버린다든가 길을 잃는 사건도 생기고 교통사고까지 발생했다. 안전사고를 계기로 안전 수칙 교육과 규율을 정했다.

부모들이 터전에 데려다 놓은 경우도 있었다. 그 외에도 주방에서 물 끓일 때와 같은 위험성 등 갖가지 불안 요소에 대한 지적이 있었는데도 적극적인 대처를 하지 못한 것이 큰 문제로 꼽혔다. 더구나 원정이가 혼자 나가 있는지를 파악조차 못했다는 점은 교사에 대한 신뢰에 커다란 흠집을 남긴 일이었다. 따라서 이 부분에서는 전반적인 아이들 관리 체계와 안전 의식 미흡에 대한 조합원들의 질타가 어느 정도 설득력을 갖게 되었다.

이와 같이 문제를 진단한 이사회에서는 그 대처 방안으로 교사와 원장이

번갈아 터전의 문지기를 하고, 월요일 오후 교사 회의 등 불가피한 경우에는 그동안이라도 대문을 잠그기로 하였다. 아울러 아이들에 대한 안전 수칙 교육 및 규율을 정하기로 하였다. 아이를 자유롭게 키운다는 원칙에 후퇴가 있는 것 같아 안타깝지만 자유로움이 안전에 우선할 수는 없다는 생각에서였다.

한편, 이사회에서는 일단 터전에서 아이들의 안전을 책임지고 있는 교사의 책임을 물어야 한다는 의견이 나왔고, 사고 원인 가운데 교사의 실수가 있었던 점에서 담당 교사인 매미와 지휘 책임자인 원장을 징계위원회에 회부하기로 했다.

이사회에서 교사를 징계위원회에 회부한다는 이야기가 나오자마자, 한때 원장과 교사를 했던 소만 엄마가 반대 의견서를 터전 게시판에 붙여 놓고, 조합원들의 서명을 받게 된다. 소만 엄마가 반대 의견서를 내면서 터전에서는 아이들의 안전사고를 계기로 조합원 간에 의견이 분분해지고 교사 집단과 조합원 집단 간의 갈등 상황으로 번졌다. 그래서 아이들이 들살이를 갖다 온 후에 최고 의결 기관인 총회를 열어 징계위원회 회부에 대한 조합원의 의견을 묻기로 했다.

정기총회가 있는 날 밤 열 시부터 안건 토의가 시작되었다. 조합원들이 마주 보고 빙 둘러앉아서 자유롭게 토론했는데, 전체 30가구 중 28가구가 출석하였고, 1가구는 다른 가구에게 위임하였다.

이사회 내에서 징계를 의도했다는 비판 여론도 있었으나, 이사회가 징계위원회 구성에 관한 안건을 가지고 총회를 서둘러 하게 된 것은 1998년도 말괄량이 교사 사건 때처럼 공적인 논의 과정 없이 조합원 간에 사적으로 논의되다가 조합원과 교사들이 상처를 입는 것보다 사적으로 회자되는 것을 막고 하루 빨리 공론화하기 위한 것이었다. 사실상 총회에서 조합원들이 징계를 거부하기를 바라고 진행한 것이었다.

윤선 아빠—비슷한 사건이 되풀이되잖습니까. 안전 문제를 제기할 필요가 있는 거죠. 징계위원회는 사고 대책에 대한 한 가지 안일 뿐이고 아까 창호 아빠가 말했던 것처럼 정관에 징계위원회 규약이 없다는 것은 아주 좋은 지적이었어요. 인사위원회에서 징계위원회를 결정하든지 해야 하는데, 그렇다면 인사위원회를 소집해 징계위원회를 결정하는 것이 맞지 않았나 싶네요. 징계위원회는 사회의 관례였기 때문에 그렇게 된 것 같아요. 수정이 필요해요. 그러나 징계위원회 열겠다는 결정을 번복하는 것은 쉽지 않아요. 이사회에서 한 기존 결정에 대해서는 지켜야 하니까요.

이사장—전에도 교통사고 났을 때 그 보고를 받고 이사회에서 논의한 뒤 방모임으로 전달하였는데, 위기의식을 많이 느꼈어요. 정식 루트를 통해 문제가 제기되는 것이 아니라 문제 의식을 많이 느낀 사람들 사이에서 사선으로 논의가 들어왔다는 것을 알고 이렇게 해서는 안 된다는 생각이 들었어요. 예를 들어 (작년의) 말괄량이 사건이 그렇죠. 정확한 통로가 없어서 속전속결, 정면 해결한 것이니까. 정상적 논의 과정이 필요합니다. 약속된 규정과 원칙에 따르고, 사적인 구조에서 목소리 큰 사람이 따로 이야기하는 것은 멈추라는 뜻에서 징계위원회 결정을 하고 공적인 구조에서 이야기하자는 것이었죠. 그래서 총회를 8월보다 더 앞당긴 것입니다. 총회에서 이사회 문건을 공개적으로 반박하는 것을 기대했는데 소만 엄마의 성명서에 쾌재를 불렀지요. 조합원 간의 불신, 조합원과 교사 간의 불신이 보여 이를 없애기 위한 것이었고, 교사회에서도 문건을 준비하게 한 거예요. 이사회, 교사회, 조합원의 의견이 공개되어 어떤 이야기가 오고 갔나 모두 알고 바람직한 공동체를 논의해 보자는 거였죠. 이사회는 빠른 시일 안에 공론화하려고 노력했어요. 공동체 관계에서 징계가 맞느냐, 안 맞느냐보다는 그런 시각이 맞느냐 어떤 관계로 나가야 할 것인가를 지향하자는 말이지요. 조합원들은 주체적으로 문제를 해결해 나가는 데 관여해 주기 바랍니다.

— 1999년 7월 24일 정기총회

조합원들은 공동체 내에서 사실 징계를 통해 교사의 책임만을 묻는 것은 바람직하지 못하다고 보고 있으며, 공동체와는 어울리지 않는 '징계'라는 용어에 문제가 있음을 지적하고 있다. 과연 징계가 최선인가, 정관에 얽매이는 것은 형식에 얽매이는 것이 아닌가 의구심을 가졌다. 교사들도 정관에서 징계위원회에 교사가 포함되어 있지 않은 점 등을 지적하면서 인사 규정 자체에 대한 재검토와 교사와 조합원 간의 공동체적 관계에 대해 다시 생각해 볼 것을 요구했다.

이사장—원장님, 매미 선생님 징계 안에 대해 소만이 엄마가 내신 반대 성명에 대해서 이야기하지요. 다음 주 화요일 징계위원회가 열려요. 이사회의 상임 기구인 총회에서 방식을 논의해 보죠. 현재 징계 결정은 없고 징계위원회에서 결정할 것입니다.

예원 엄마—징계라는 말보단 대책위원회가 낫지요. 징계라는 말을 써서 책임 추궁하는 식보다는 잘해 보자는 쪽으로요. 교사 책임으로만 돌릴 것인가 다시 생각해 보아야 해요. 나는 교사 책임만은 아니라고 보거든요.

이사장—정관을 따라야 해요. 1999년 3월 1일 개정한 정관에는 인사 규정에 징계에 대한 원칙이 있어요. 징계위원회 구성은 원장을 포함한 이사회에서 하고 원장이 징계 대상인 경우 징계위원회에서 빠지게 되어 있어요. 교사들은 인사 규정 자체에 대한 문제를 지적하고 있어요. 징계위원회에 교사가 포함되어 있지 않은 것 말이죠.

윤선 아빠—징계, 인사위원회 구성에 제도상 문제가 있어요. 현재 규정이 그렇기 때문에 편법으로 교사도 참관하도록 해놓기는 했어요.

구영 엄마—공동육아에서 징계위원회가 어떤 효과가 있을까요. 어떻게 보면 지금 사안(원정이 사건)은 미미하고, 전의 누적된 문제들을 많이 참아왔어요. 총체적 관계 속에서 효율적인 문제 해결 방법이 없을까, 징계가 최선일까? 정관에 얽매이는 것은 형식에 얽매이는 것이 아닐까? …(중략)…

산울림 선생님—인사 규정 전체를 재검토, 논의해야 해요. 교사와 조합원 간의 공동체적 관계를 생각해 보는 자리가 되었으면 하고, 공동체라면 그런 규정부터 변해야 한다고 생각해요.

— 1999년 7월 24일 정기총회

교사와 조합원이 사전에 지속적으로 만나고 토론하는 것이 아니고, 항상 문제가 터지고 나서 조합원들은 놀란 상황, 교사들은 약간 위축되어 있는 상황에서 대면하게 된다. 교사는 조합원들이 교사의 마음을 읽어 주지 못한다 하고, 조합원들은 교사들은 왜 좀 더 성의 있게 하지 않느냐면서 서로에 대한 불만이 오고 간다. 안전사고로 인한 논란 역시 교사가 제외된 상태에서 조합원 간에 먼저 여론이 형성되고 교사들은 조합원한테서 일방적으로 징계위원회에 회부한다는 이야기를 듣게 되면서 교사들과 조합원들 간의 갈등이 구체화한 것이다. 교사와 조합원들이 자유로운 관계라면 조합원 간의 여론이 형성되기 전에 먼저 담당 교사와 대화를 해야 할 텐데 교사 측에서는 이럴 때 공동체에서 소외된 느낌과 섭섭한 감정을 경험한다.

그러나 조합원 입장에서는 교사에게 개인적으로 이야기하기보다는 의견들을 먼저 모아서 공식 통로를 거쳐 이야기하는 것이 교사에게 상처를 덜 줄 수 있다고 생각한 것이다.

버섯 선생님—교사들이 이야기를 할 자리가 없더군요. 이번 사건을 바라보는 교사들의 생각을 이야기할 게요. 저는 사건 해결 과정에서 놀랐어요. 그 당시(원정이의 사고 시)의 부주의를 인정하므로 사건에 대해서는 할 말은 없어요. 조합원 여론 형성에서 교사들은 제외되더군요. 교사들 입장을 도무지 피력할 수가 없더라구요. 이사회에서 징계위원회 연다는 말을 일방적으로 들었어요. 의견을 일치해 나가는 과정, 상호 이해 과정이 중요하다고 생각해요. 교사가 그냥 결정을 받아들여야 하는 건지, 이의 제기는 어떤 통로로 해야 하는 건지 모르겠어요. 왜 조합원이 직접 교사와 이야기하지 않는지… 너무 경직되어 있는 것 같아요. 서로 함께 문제를 해결하는 과정, 결정을 수정, 논의해 가는 과정이 필요해요. 사고 대책위원회를 열어 교사, 조합원 다 모여 허심탄회하게 대책을 마련해 보는 것이 필요해요. 다음 주 화요일 징계위원회 소집하니 총회에서 다시 검토하자고 하는데, 이사회가 최고 의결 기관인가 하는 생각도 들고, 어떤 구조로 소통해야 하나, 정관은 딴 조직, 회사에서 쓰던 것을 베껴 쓴 것이고 공동체를 지향하는 이곳과는 맞지 않는 규정들이 많아요. 징계위원회 열겠다는 것은 징계하겠다는 것과 똑같은 의견이라고 봐요. 그럼 교사회를 조합에서 관리하겠다는 건가. 열린 공동체는 누가 누구를 관리, 통제하는 곳이 아니라고 보거든요. …(중략)…

버섯 선생님—개인적으로 제기할 것이 있고 전체적으로 제기할 것이 있어요. 방 아이들 문제는 직접 담임 선생님과 이야기해야 하고 먼저 조합원들 모여 이야기한 뒤 결론을 내려 교사에게 이야기하면 교사는 당황하지요. 직접 교사에게 이야기하는 것이 필요하고 이것이 열린 관계의 기초라고 생각해요. 자유로운 관계가 되어야 하지 않나요. …(중략)…

구영 엄마—초기에 개인적 이야기 교사에게 다 하면 교사가 감당하기 어렵다 하여 이야기를 모아서 하자는 식으로 되었어요. 상처받지 않으면서 일정 통로를 통해 전달할 필요도 있어요. …(중략)…

구영 엄마—작년 말괄량이 교사 나간 일 개인적으로 처리하여 부작용이 있었지요. 교사들도 조합원들에게 뭔가 수군거림이 있을 때 직접 이야기하지 그랬나 싶어요.

버섯 선생님—교사들이 개인적으로 이야기할 것이 있고, 안 할 것이 있어요.

주남 엄마—대부분 조합원들이 교사들을 신뢰하고 있어요. 교사들도 조합원들에 대한 생각을 수정해야 해요. 조합원들이 교사들을 믿고 있음을 확신해 줬으면 해요.

— 1999년 7월 24일 정기총회

한편, 교사들뿐만 아니라 터전에서 급박하게 돌아가던 여론 형성의 중심 세력에서 제외되었던 조합원들은 늦게 사태를 파악하게 된 데에 섭섭함과 소외감을 느낀다고 호소해 왔다. 교사와 조합원 간뿐만 아니라 조합원 간에도 불신과 섭섭함, 소외감을 경험하면서 집단 차원에서 공동체성의 위기를 느끼게 된다.

창호 아빠─저는 사고 소식도 늦게 알고 이사회에서 징계위원회 연다는 소식 소만 엄마 성명서 보고 알았는데, 참 놀랬어요. 이게 무슨 권력 집단인가 하는 생각도 들고. 조합 전체에 어떤 문제 있는 것 아닌가, 밑바닥이 흔들리는 것 아닌가 하는 생각이 들더군요. 그리고 조합원 정보 교류도 미미하고…
예원 엄마─창호 아빠와 마찬가지로 나도 정보를 빨리 알지 못해 소외감을 느꼈어요. 너무나 몰라도 한참 모른다 생각했지요.
소만 엄마─의견서(징계위원회 회부 반대 성명서)를 내놓기는 했는데 어디에 해야 할지 몰라 게시판에 했어요. 이런 일들을 모든 조합원이 안 것은 아니죠. 어떻게 보면 교사만 소외된 것도 아니에요. 의견서를 쓸 수밖에 없는 구조예요. 누가 소외되고 안 소외되고는 이야기할 수 없어요.
─ 1999년 7월 24일 정기총회

이제까지는 무슨 사고가 생기면 이사회측에서는 조합원을 안정시키고 무마하는 쪽으로 몰고 갔으나, 이 문제를 공개적으로 이사회에서 터트린 것은 전체 조합원 차원에서 논의하고 합의하는 과정이 중요하고, 교사와 조합원 모두 공동체 안에서 서로의 관계에 대한 재점검이 필요하다고 생각했기 때문이다. 몇몇 조합원들은 이번 사건을 놓고 교사회가 이사회보다 문제의 심각성을 모른다고 지적했으며 교사의 책임이 있다면 교사들의 적극적인 대책이 필요함을 지적했다. 이사회가 징계위원회에 이번 사건을 회부하겠다는 결정에 대해서 재검토해야 한다는 요구는 바로 이사회에 대한 불신을 의미하기 때문에 공동체성에 회의를 느낀다는 조합원도 있었다.
총회는 안전 대책을 마련하는 것보다는 이사회와 교사회 나름의 입장을 되풀이하는 식으로 이야기가 전개되고 있었고, 조합원들은 교사회와 이사회 모두를 질책했다.

구영 엄마—문제의 심각성을 느끼는 것이 교사회와 이사회가 다른 것 같아요. 이사회가 더 심각하죠. 사안을 바라보는 시각이 일치하지 않고 차이가 있어요.

이사장—이사회가 더 민감하고 심각할 수밖에 없어요. 그런 문제 해결 과정이 더 중요해요.

윤선 아빠—여기서 논의의 초점은 징계 제도의 필요 여부를 결정하는 것이고 그 외에는 이사회 권한입니다.

창호 아빠—사건 자체보다는 과정에 더 초점을 두어야 해요. 이사회 구성은 상임기구인 총회에서 결정했는데도 불신이 있군요. 의사 소통 경로가 무용지물 엉망진창 아닌가 하는 생각이 들어요, 발언 난무하는 게. 교사회, 조합원 의견 다 들어 이사회에서 결정했는데 지금 다시 하자는 거라구요. 이사회를 자꾸 모는 것도 교사회 힘들 듯이 힘들어요. 위임했으면 최대한 믿어 주고 권한 위임해야죠. 지금 논의 구조가 그게 아니에요. 공동체에 대한 회의가 생겨요. 이사회 인정하지 않고 거꾸로 가는 거죠.

이사장—방모임, 각 조합원 우체통을 통해 이야기되고 있고 사안에 따라 의견을 공개적으로 낼 수도 있고 서명 받을 수도 있고. 서명 등에 대해 예민한 반응은 필요 없어요. 이번 일 총회로 몰고 온 것은 이사회에요. 이번 사건 생기고 논의 구조에서 다른 생각을 통합하여 하반기 조합에서의 원활한 활동, 정상적 조합 생활을 위해 상반기 전에 이것을 끝내기 위해 끌고 온 것이죠. 이사회 성격이 아니라 우리의 논의, 합의가 더 중요한 의미가 있다는 판단에 여러분의 의견을 받고자 한 것입니다.

구영 엄마—레이더망 주변의 조합원 생각을 공개적으로 하자는 생각이라고 판단해요. 이제까지는 무슨 사고가 생기면 조합원을 안정시키기 위한 글들이 실렸어요. 교사 책임은 피할 수 없으나, 무마하는 쪽으로 몰고 갔지요. 그러다 이사회에서 탁 터트려서 저는 놀랐어요. 매일 위험 안고 나들이 가는 것은 피할 수 없는 상황인데, 나들이에서 위험은 항상 존재해요. 이 부분에 대한 조합원의 생각이 필요해요. 정말 교사 책임이었나, 그렇다면 교사측에서 적극적인 대처 방안을 모색해야죠. 현장 교사가 가장 잘 알기 때문에. 교사의 적극적 대응 방식, 태도도 이야기해야 해요. 저변에 사건이 누적되면 불신이 될 수밖에 없어요. 저변에 찌꺼기가 없어야 해요.

호철 엄마—교사 책임 이전에 교사회가 무엇인가 할 수 있을 것 같아요. 이 구조가 교사회를 위축시키는 것인지 교사회가 목소리를 내도록 하는 것인지 교사와 부모 간에 신뢰가 있다면 교사회가 이사회만큼 스스로 목소리를 내야 하는 구조가 되어야 하는 것 아닌가 해요. 사고 대책, 평소 사안에도 교사 나름대로의 힘을 가졌으면 해요. 항상 이사회에 편입해 들어가는 구조는 안 되죠.

준민 엄마—총회는 이사회의 상위 기구이고, 이사회에서 징계위원회 열기로 했고, 현재 소만 엄마가 이사회 결정에 대한 이견서를 제출한 것으로 알아요. 이사회가 교사회와 조합원 간의 차이에 초점을 두는 교통 정리에 더 신경 쓰는 것 같은데, 이사회에서 평 조합원의 의견을 수렴하여 이런 안전사고가 안 일어나게 어떻게 대처해야 하는가에 초점을 두고 대안을 모색해야 한다고 생각해요.

버섯 선생님—사태의 심각성을 고려하고 있으며, 민정이가 교통사고를 당했을 때 가방(교사)과 저는 아주 충격적이었습니다. 공동육아 교사를 하지 말아야겠다는 생각까지 했고, 가장 큰 책임은 교사라고 결론 내렸습니다. 어떻게 책임져야 하는지 모르겠고, 입장 정리가 잘 안 되어 이사회의 보고를 듣고 이야기하기로 되었습니다. 징계 결정을 듣는 교사 심정은 상처가 굉장히 컸습니다. 징계는 받아들이겠다는 생각이고, 징계 형태에는 문제 제기를 해야겠다는 생각인데, 교사는 징계 받겠다 그러나 이후에 사고는 안 날 수 없다, 그럼 그럴 때마다 징계할 거냐 하는 거죠.

경찬 아빠—조합의 책임 문제는 생각하지 않는 것 같아요. 교통사고 시 횡단보도에 노란 선을 긋는다 하였는데 안 지켜지고 있어요. 이사회가 근무 태만한 것 아닙니까?

— 1999년 7월 24일 정기총회

계속된 논의 과정에서 징계 문제에 대해서는 탈퇴와 벌금의 형식으로 조합원 징계가 있듯이 교사에 대해서도 안전 소홀과 같은 명백한 이유가 있을 때 징계한다는 식으로 해석상의 징계 규정이 필요하다는 의견이 나왔다. 그리고 이번 안전사고에 대한 논의 같은 것은 과연 어떠한 통로를 통해서 의견을 조율하는 것이 바람직한가 다시 의문이 제기되었고, 각 조합원 의견, 방 의견 등을 이사회에 전달하여 잘못된 여론 비화를 차단해야 한다는 것으로 의견을 모았다.

토론에서는 안전 대책에 대한 합의보다도 공동체에서 교사와 조합원 간의 관계 문제를 더 부각했고, 이번 일을 이사회가 권한을 가지고 논의 검토한 후 결정할 것인지, 총회에서 사고 대책위원회를 구성해서 종합적인 대책 마련을 할 것인지 두 가지로 의견 결정이 좁혀져 무기명 투표에 들어갔다. 결과는 이사회가 권한을 가지고 검토하게 한다는 안이 20표, 총회에서 사고 대책위원회를 구성해 종합적인 대책을 마련한다는 안이 9표로 나와서 이사회에 권한을 위임하는 것으로 결정이 났다. "안전사고를 막는 것에 대한 토론은 미흡하고 너무 사람 관계만 중요시하여 논의되는 것이 안타까웠다"는 현정 아빠의 마지막 발언이 이 토론의 전반적인 흐름을 잘 대변해 준다.

이사장—조합과 교사의 근본적인 관계는 공동체가 아니라 고용인과 피고용인입니다. 이사회에서 책임질 방법은 없어요. 이사회에서 책임져야 하는 구체적 내용은 없어요. 사퇴를 해야 하나, 벌금을 내야 하나… 사퇴하면 더 욕먹지. 교사와 조합원은 불평등한 관계이고 이사회가 잘못을 인정해도 조합원이나 이사회를 처벌할 방법은 전혀 없어요. 제도적으로 주인이기 때문이죠. 교사는 제도적으로 피고용인이기 때문이구요. 이런 제도 하에서 서로가 필요할 땐 공동체 이야기를 해요. 선생님도 교사 임금 문제와 같이 필요할 땐 피고용인이고, 또 필요할 땐 공동체 운운하지요. 합의 수준이 쉽지 않아요. 이번 사건 해결을 통해 공동육아 구조의 현주소를 솔직히 드러내고 앞으로 이런 문제 있을 때 징계해야 합니다.

소만 엄마—정관에 있는 징계 규정의 해석 차원이라고 생각합니다. 안전 소홀과 같은 명백한 이유가 있을 때 징계한다는 규정을 두어 해석에 의한 징계가 필요해요. 조합원 징계도 탈퇴와 벌금의 형식으로 되어 있어요. …(중략)…

준민 엄마—앞으로 이런 문제 생기면 방모임같이 공식적 통로를 통해 해야 하는지?

이사장—각 조합원 의견, 방 의견, 구두 의사를 이사회에 전달하세요. 잘못된 여론 비화를 차단해야 합니다. 소문만 무성한 것은 잘못이지요. 작년에 잘못된 논의 구조로 피해를 보았는데 이런 일이 또 생길 것 같았어요.

경찬 아빠—이사회가 잘못 판단한 것 같아요. 시설이나 안전 문제는 이사진에서 해결 못해요. 대책을 교사들과 논의하지 못했고, 교사들은 희생양이 되었어요. 속전속결하려 했던 게 잘못이지요. 몇 사람의 이야기는 이렇게 큰 파장을 일으키지 않아요. 큰 뜻 생각하고 한 것이 속마음 드러내어 상처가 났어요. 징계는 있어야 하는데 잘못된 것은 그 방법이에요.

호철 엄마—이사회에 위임한 것인데 이런 식으로 총회에서 문제 제기하면 이사회를 운영하기 어려워요.

규만 아빠—사고 방지 대책위원회 특위를 조직해 이 문제를 논의하고 정리해야 합니다. 별도 특위가 주관하여 문제를 해결해야 합니다.

이사장—교사들 참여 문제는…

윤선 아빠—이의 있습니다. 이사장은 종합하고 정리하는 쪽으로 해야 하는데 자꾸 분산시키니 이사장의 자질에 문제가 있습니다.

이사장—자질에 문제가 있다 하면 얼마든지 사퇴할 으사도 있습니다.

호철 엄마—다시 한번 이사회에 위임하느냐, 이사회 상위라는 총회에서 하느냐를 결정합시다. 내가 사회자 같네(웃음)

규만 아빠—아이를 위해서 실천할 수 있는 포괄적인 논의가 필요해요. 사고 방지 대책 위원회를 두어서,

이사장—자 정리합시다. 두 가지 안을 표결에 부치겠습니다. 첫 번째는 이사회의 권한으로 논의 검토 후 결정한다는 것이고, 두 번째는 인사위원회에 올리는 부분이 아니라 총회에서 사고 대책 특위를 구성해 거기서 종합격 대책을 마련한다는 안입니다. 무기명 투표로 하겠습니다. 교사는 의결권이 없습니다.

—1999년 7월 24일 정기총회

이사회에서는 이번 토론을 통하여 '다른 무엇보다 대책이 중요'하다는 조합원의 여론을 재확인함으로써 징계위원회 구성을 철회하고 이사회와 교사회의 연석회의에서 종합적 대책 위주의 논의를 진행했다. 이로써 안전사고 논란은 일단락되었다.

원정이 사건을 계기로 한 안건 토론은 진정한 공동체에서 교사와 조합원이 나아가야 할 방향을 생각해 보는 기회였다.

교사와 조합원이 주인 의식을 갖고 공동체로 나아가기가 힘든 데에는 여러 이유가 있다. 즉, 교사와 조합원 간의 관계가 고용인과 피고용인 관계라는 것에서 교사들은 자신들이 공동체 멤버가 아니라 고용되어 있다는 생각을 가질 수 있고, 일거수 일투족이 모든 조합원들에게 공개되어 감시받는 느낌도 가질 수 있다. 그리고 현재까지 엄밀히 말해 조합원들이 자치적으로 문제 의식을 가지고 터전을 만들고 일궈 왔기 때문에 조합원들의 역사였다는 점에서 조합원들은 아무래도 교사들보다 우위에 있게 된다. 그래서 교사들보다는 조합원들이 주인으로 인식되고 두 집단의 입장은 다르다. 그러다 보니 조합원들은 예산이라든가, 운영 비용을 생각할 때 어떻게든 절약하려 하고, 교사들은 교사를 더 동원하자거나 보수를 올려 달라는 이야기를 하여 갈등이 생기는 것이다. 서로 입장이 다르다 보니 교사와 조합원 간에 불신이 생기기도 하고, 필요할 때만 공동체고 늘 자기 입장만 생각한다는 불만들이 터져 나오게 된다.

교사와 조합원이 같은 지역 사회에 뿌리내리고 있지 않다는 점도 교사와 조합원 간의 밀접한 생활 교류를 방해한다. 조합원들은 같은 지역에 뿌리내리다 보니 대부분의 생활을 공유하나, 교사들은 이 지역이 근무지 이상의 의미가 없을 수도 있다. 조합원들은 온 가족이 다 참여하지만 교사들은 자신이 맡은 가족에 개인으로 참여하기 때문에 동떨어진 느낌을 많이 갖게 된다.

그러나 조합원들은 대부분 교사와 어우러지는 진정한 공동체를 바라고 있다. 공동육아에서는 교육과 운영이 조화를 이루어야 한다. 운영과 같은 형식과 관리 규정 차원에서는 조합원이 주인이지만, 공동육아 교육이라는 내용 차원에서는 교사도 완전한 주인이기 때문이다.

교사와 조합원이 주인으로서 함께 서기 위해서는 필요한 조건들이 있다. 조합원들은 잘못된 주인 의식인 소유 의식을 지양해야 한다. 이 터전은 '내가 만든 건데…'에서 비롯된 잘못된 소유 의식 때문에 교사 위에 군림하는 모습이 나타날 때 교사들은 심한 상처를 받을 수 있다. 한편, 공동육아 교사들은 교육에 대한 전문성과 자신감을 길러 교육의 주체로서 확고하게 서 있어야 한다. 아직까지는 교사들이 직업의식을 가질 수 없을 만큼 열악한 근무 조건이라 이직률이 상당히 높으며 경력은 많아야 3, 4년 정도라서 양육에 대한 전문성과 자신감을 갖기가 쉽지는 않다. 그런 현실적인 조건을 감내하면서 교육에 대한 꿈을 실현하기 위해 한곳의 터전에 자리를 잡고 계속 전문성과 자신감을 쌓아 간다면 오히려 끊임없이 교체되는 조합원에 비해 교사들이 진정한 주인으로 남게 될 가능성이 크다.

이렇듯 터전이라는 공동체 안에서, 여론이 그릇되게 불거지는 것을 막고 총회라는 의결 기구를 통해서 갈등 상황을 극복하는 과정에서 개인과 집단 모두 집단 안의 갈등을 해결해 가는 방법을 터득하게 된다.

함께 크는 어른과 아이

공동육아 협동조합은 부모가 직접 운영하고, 교육에 참여하는 곳이어서 적극적인 사고방식과 관계를 맺으려는 자세가 필요하다. 터전 생활의 기본은 인간관계라고 할 수 있기 때문에 조합원들은 터전 생활을 통해 관계 맺는 데 자신감을 얻는다. 또한 다양한 사람들을 만나고, 겪으면서 사람을 좋아하게 된다.

관계 맺는 데 자신감이 생기다

임소영 씨는 처음에 조합원들과의 토론을 할 때 교육이나 자녀 양육 등에 대한 자신의 견해를 이야기하는 기회가 많은데, 엄마들이 다른 집의 아빠들하고도 자연스럽게 이야기를 나눈다든가, 의견을 자신 있게 내놓는다든가 하는 모습이 많이 생소하였다 한다. 자신은 처음에 다른 아빠들과 쑥스러워서 눈 마주치고 이야기하기도 어려웠고 내 의견이라는 것도 별로 생각해 보면서 살지 않았을 뿐만 아니라, 반대 의견은 어떻게 하나, 내 의견이 틀린 것은 아닐까 하는 생각에 자신감 있게 의견을 제시하기 어려웠다고 한다. 그러나 터전 활동을 해나가면서 차츰 자녀 양육이나 교육에 대한 주관이 생기고, 자기 의견도 자신 있게 제시할 수 있게 되었으며, 다른 아빠들도 편안하게 생각하게 되었다. 이러한 변화에 남편을 비롯하여 주위 사람들은 상당히 적극적으로 변했고, 많이 성장한 것 같다는 이야기를 해준다고 한다.

문영미 씨도 활발하거나 사람 사귀는 것을 좋아하는 성격은 아니었는데, 터전에서 이사 역할을 맡아 활동하고, 새로 들어오는 조합원들이 이곳 생활에 잘 적응할 수 있도록 도와주고, 여러 사람들과 만나 다양한 경험과 정보를 공유하게 되면서 사람들에 대한 자신감이 생기고 관계 맺기의 두려움이 없어졌다고 한다. 얼마 전에는 새로 옮긴 교회에서 오래 다닌 사람처럼 자신이 행동하고 있다는 생각이 어느 날 갑자기 들었는데, 터전에서 몇 년 동안 닦은 게 몸에 배어 그런 것이 아닌가 하는 생각이 들었다.

> 사람들과 자주 모이니까 사람들 간의 관계를 맺는 것을 아무래도 능숙하게 시간이 지날수록 더 잘 해내는 것 같다는 생각, 사람들에 대한 자신감이 생기고 그건 아이들도 마찬가지겠죠. 여러 사람들 속에서 자라면 다른 사람하고 어떤 관계를 맺는 데 두려움 같은 것이 없어지고 자연스럽게 사람들하고 친해질 수 있고. 또 여러 부류의 사람들을 만나게 되니까 다양한 경험도 할 수 있고, 여러 가지 정보를 얻을 수도 있고… ― 문영미

이와 같이 조합원들은 터전 생활을 통해 '나'를 찾아가고, 또 관계 맺는 자신감을 얻어 간다.

한편, 아이들도 터전에서 함께 생활하면서 자유로운 환경과 수평적인 인간관계 속에서 자기 생각을 당당하게 표현할 줄 알게 되고, 저마다 분명한 자기 색깔을 내기 시작한다.

사회에서라면 보통 '어른은 무섭고 엄한 존재'라는 인식을 아이들이 할 수도 있지만, 이곳 아이들은 어른들에게도 스스럼없이 친근하게 다가가 자신의 생각을 당당하게 표현할 정도로 어른에 대한 거부감이 없다. 또한 이곳의 부모들이 아이들을 모두 내 아이처럼 대해 주듯이 아이들도 다른 부모들에게 마치 자기 부모를 대하듯이 자연스럽게 대한다.

> 어른에 대한 거부감이 없어요. 어른은 엄한 존재, 무서운 존재, 실제로 우리가 필요 이상 애들한테 무섭게 보이고 억압하는 게 있는데, 과연 어른하고 애들하고 거리감 있게 살아야 하는 이유가 있냐는 거죠. 나의 부모들과 다른 부모들 앞이어도 자연스럽게 다가갈 수 있는 그것이 사회성이 아닌가 싶기도 하고. — 김용범

> 자기 엄마 아빠, 부모 외에 또 다른 사람도 자기 부모처럼 따라요. 그러니까, 다른 부모가 야단치는 게 무슨 상관이야… 가 아니죠. 똥 닦아 주는 것도 엄마만 닦아 주는 게 아니라 다른 부모가 기꺼이 닦아 줄 수 있는. 그리고 아이들이 남의 부모한테도 엉덩이를 들이밀 수 있는… — 임소영

사람을 만나는 것이 전혀 두렵지 않고 오히려 '저 사람은 어떤 사람일까?' 궁금해 하는 열린 마음, 넓은 마음을 가지고 있다. 그래서 낯선 사람을 만나는 데에 대한 저항감이나 두려움이 없다.

> 윤선이 같은 경우는 참 신기한 게 같이 어울리는 친구들이 많고 또 자주 그 친구들 집에 가서 놀고 싶어 하고 친구들이 놀러 오고 이러는 과정에서 그 낯선 사람 사귀는 데 대한 저항감이나 두려움이 별로 없더라구요. 지난번에는 저희 교회에서 심방을 가게 됐었는데, 그때 일요일이라 윤선이가 집에 있으면 심심해 할 것 같아서 그 집에도 윤선이보다 조금 어린애들이 있다고 해서 너도 한번 따라가 봐라, 따라 갈래? 그랬더니 가겠다고 그러더라구요. 처음 가는 집인데 그리고 같이 가시는 분들도

일요일만 보니까 별로 친한, 잘 아는 분들은 아니었는데 따라가서 그날은 그 집 애들이 컨디션이 별로 안 좋았는지 울고 그랬는데, 가서 한두 살 어린 동생들인데 달래 주고 같이 놀아 주고 뭐 이래서 거기 같이 갔던 분들이 공동육아의 성과냐 이러면서 의젓하게 노는 것에 대해서 놀랐다, 그런 얘기를 하시더라구요. 그러니까 남의 집에 가는 것도 좋아하고 그런 낯선 환경에 끼어 드는 것에 대해서 별로 이렇게 저항감이나 두려움이 없다는 게, 그러니까 이 여러 사람들하고 어울리는 이런 환경 속에서 자라다 보니까 그런 모습을 보이는 것 같더라구요. ― 문영미

아이들이 터전에서 긍정적이고 건강한 관계들을 맺어 왔기 때문에, 부모들은 이러한 환경에서 자란 아이들이 앞으로도 수평적인 인간관계를 지향하면서 어디서든지 잘 적응해 나갈 것으로 기대하고 있다.

일단 중요한 거는, 아이가 사람들하고… 어른, 아이, 선생님하고 굉장히 긍정적으로 건강하게 관계를 맺어 왔기 때문에, 그리고 기철이 보면 장점이, 이렇게 그냥 여러 사람들하고 두루두루 이렇게 잘 지내더라구요. 그래서 사실은 살아 보면 중요한 거는 자기가 무슨 일을 하건 어느 일을 하건 간에 사람들 간의 관계가 아주 중요하잖아요. 그걸 못하면 굉장히 자기도 어디 가서나 스트레스 많이 받고 힘들고. 이런 게 밑거름이 돼서 얘가 그냥 학교에 가서도 친구들하고 선생님하고 적응을 잘하지 않을까. 건강한 아이로 자라지 않을까. 그러니까, 밝고 긍정적인 아이. 저는 그냥 그렇게 생각을 해요. 근데 우리 사회는 인간 관계가 확실히 수직적이잖아요. 그리고 나 같은 세대는 아직까지 수직적인 관계에 길들여져 있는 사람인 것 같아요. 일단 내 윗사람이거나 이렇게 하면 할 말을 잘 못하거든요. 근데 앞으로는 이렇게 우리 애들 보면, 그렇게 안 될 것 같아요. 초등학교 가서 형원이나 호원이나 상당히 적응을 잘한대요. 그래서 그런 거… 그런 얘기 들으면, 걔네들이 어린이집 처음 졸업하고 간 애들이니까 그런 애들이 학교에 가서 어떻게 적응하나 사실 그게 굉장히 궁금하고, 들으면 재밌거든요. 근데 잘 적응한다 그래서 우리 애도 잘 적응하지 않을까 생각하고 있어

요. ─ 권미숙

외동 아이들도 터전에서 많은 아이들과 함께 생활하고 자라기 때문에 마치 친형제자매와 같은 대리 경험을 하게 된다. 부모들은 아이들이 공동육아에서 사회적으로 길러지기 때문에 공동육아가 외동 아이에 대한 사회적 편견도 깰 수 있으리라 기대하고 있으며, 많은 아이들이 공동육아에서 민주적이고 평등한 관계를 형성해 나가기 때문에 공동육아의 아이들이 자라 사회로 나가게 되는 시기에는 민주적이고 평등한 관계들이 더 많아지지 않을까 하는 기대도 하고 있다.

> 찬영이는 철환이 친동생이잖아요. 거기서 중원이가 같이 논다, 그때 찬영이하고 중원이하고 다툼이 생겼는데 찬영이가 잘못했을 땐 동생 편을 들지 않더라구요. 적어도 어린이집 규칙은 따르더라구요. "중원이가 먼저 가진 거야" 말하지, 지 동생이라고 지 동생 편을 딱 들진 않더라구요. 형제들이 있어도 그렇거든요. 물론 누가 와서 지 동생 때리면 지켜 줄려고 하긴 하지만, 그런 걸 몇 번 보았는데, 그러니까 거의 그럴 거예요, 아마. 그걸 부당하게 지 동생이라고 이러진 않거든요. 오히려 어른들보다 그런 건 더 잘해(웃음). 그래서 뭐 철환이도 우리 애에게 형 노릇을 해줄 수 있을 거 같아요. 그렇게 하면… ─ 정영숙

가족 간의 공동체적인 생활은 더불어 살아야 한다는 가치관을 형성하는데 많은 영향을 준다. 대부분의 사람들이 결혼해서 가정을 이루고 살게 되면 먹고 사는 일, 집을 사는 일 등등 내 가족 챙기기에 바쁜데, 이곳에서 끈끈한 정을 나누며 이웃과 교류하고 있는 가족들은 지역 사회에서 여러 가족이 모여 어떻게 살아야 되는지에 대해서도 관심을 갖고 고민하게 된다.

그래서 공동육아라는 공동체를 유지하기 위해 가족들 중 개인적인 이유로 이사를 가서 멀리 떨어져 산다거나 할 때, 어떻게 하면 그 가족이 근처로 이사를 올 수 있을까, 그리고 현재 함께하그 있는 가족들이 다른 곳으로 이사를 안 가게 할 수 있을까 하는 문제로 고민을 하기도 한다. 설령 공동체 생활을 하면서 같이 지냈던 가족들이 멀리 이사를 가도 연락을 하고 찾아가고 만나는 끈끈한 정은 계속 이어진다.

이렇게 조합원들은 내 가족과 다른 가족이 같이 살 수 있는 방법에 자연스럽게 관심을 가지게 된다. 공동육아 협동조합은 자발적으로 선택해 들어와서 마치 가까운 혈연관계의 친척들처럼 고민을 함께 나누고 생활하는 장이기 때문에 '세상은 혼자 살 수 있는 곳이 아니라 함께 살아야 한다'는 가치관을 조합원들에게 심어 준다.

아이들에게도 조합 어른들의 공동체적인 생활 모습은 산 모델이 되고, 하루의 반나절을 터전에서 친구들과 함께하는 생활이 더불어 살아가는 생생한 체험이 된다. 공동육아에서는 아이들의 생활 속에 놀이와 교육이 있기 때문에, 자연스럽게 아이들끼리 더불어 사는 문화가 형성된다. 터전에서 함께하는 것을 몸소 체험한 아이들은 자라서 사회에 나가더라도 현재의 부모들보다 더 나은 육아 방법과 이기적이지 않은 마음으로 더불어 살아가는 모습을 생활 속에서 실천해 나갈 것이다.

> 우리 아이들도 서로 부딪치는 요소들이 많잖아요. 나들이 갈 때만 해도… 그 속에서 자기네들의 관계를 이끌어나가는 거지. 자기네들의 문화를 이끌어나가는 거고. 이 아이들이 커서 사회에 나가게 되면 이 아이들도 생각이 비슷한 사람끼리 모이겠죠. 생각이 비슷한 사람끼리 모이고 우리보다 좀 더 나은 육아 방법으로. 이기적이지 않으면서 좀… 그러니까 지금은 아직도 부모들이 이기적인 걸로 하는 거잖아요. 단지 우리 아이가 원한다면 기꺼이 할 수 있다는 거지만, 얘네들은 그게 옳다고 생각을 하고 그쪽으로 나갈 거란 말이에요. 그리고 이런 식으로 하는 애들이 주도적

일 수 있다고 저는 생각을 해요. 주도적이지 않아도 좋지만, 뭔가 생활 안에서 다른 사람들에게 변화를 유도할 수 있으리라는 생각이 들어요. 어떤 긍정적인 사고 같은 거… ― 임소영

공동체 안에서 함께 자란 아이들은 집단 생활을 해보고 또 공동체 의식을 강조하는 교육을 받으면서 관대하고 따뜻한 인격의 소유자로 자라며 동료 간에 깊은 사랑을 느끼고 혼자만의 세상에 갇혀 있기보다 어울려 살며 만족하게 된다(Barrette, Michele & Mary McIntosh, 1982 [장정순, 1986 재인용]). 박숙자(1992)의 연구에서도 미취학 아동기의 공동 생활 경험이 몇 년 후 아동의 사회적 성숙, 특히 사교성과 공동체 지향성에 긍정적인 영향을 미친다고 하였는데, 이는 기혼 취업 여성 및 소수 자녀 가정의 증가 추세에 비추어 볼 때 앞으로 개별 양육보다는 공동 양육이 권장되어야 함을 시사해 주며, 공동 양육이 극단적 가족 이기주의를 극복하고 자율적이며 공동체 지향적인 사회를 건설하는 데 기여할 수 있으리라는 근거를 제공해 준다.

아이는 부모가 같이 돌본다

기존의 보육 시설에 보내는 부모들이나, 공동육아에 참여하지 않는 부모들의 경우 자녀 교육은 대부분 아내한테 맡겨져서 어느 어린이집, 어느 학원을 보내든 아내 혼자 결정하고 남편이 참여할 수 있는 부분은 제한되어 있는 예가 많다. 그러나 이곳은 엄마, 아빠가 함께 참여해야 하기 때문에 아이들을 부부가 같이 키운다는 부분이 강조된다. 엄마가 터전 일을 하게 되면 아빠들이 아이를 돌보아야 하기 때문에 남편들의 참여가 불가피하고, 또 남편들도 터전에서 아마 역할을 하게 되는데,

이때 부인들은 자신뿐만 아니라 남편도 함께 아이를 양육해 본다는 것에 후련해 하면서 공평하다는 생각을 한다.

> 경운 아빠도 아마 한 적 한번 있었거든요. 그때 저는 막 감정이 너무, 기특하면서도 막 후련하면서(웃음) 아마를 했다는 그거, 그 상징적인 행동 하나만 갖고도, "아, 난 대단해. 운이 좋은 사람인 거 같애.", "이렇게 아마-까지 하다니…" 그러면서 또 그날 아마 하던 날 다른 집에 갔었대요. 낮에. 나들이 대신. 근데 그 엄마가 경운 아빠 그렇게 칭찬을 했대요. 저는 뭐, 별로 크게 생각 안 했는데 그렇게 아마 해 가지고 그렇게 애들을 잘 보살펴 주다니… 그런 얘기를 제 삼자한테 듣는 기분도 뭐 괜찮더라구요. 정말 아마까지 할 줄은 몰랐어요. 아직도 어떤 집은 아마만큼은 안 돼, 이런 집이 있다고 들었는데, 일부러 휴가 하루 내서 하더라구요. 아마 한 것 가지고 제가 그거, 뭐라 그랬지? 후련하다는 말 갖곤 좀 안 되는데. 그러니까 좀 공평하게 한다는 듯한 밑지는 게 아니라 똑같이 한다는 생각이 들고. 공동육아 하기 전에는 그런 일 자체가 없는 것 같아요. ― 홍은미

아마 활동 말고도 공동육아 교사 대회나 터전 방학 같은 경우 교사들이 모두 쉬고 부모가 대신 터전을 운영해야 하는데, 이때 아빠들이 모여서 터전의 아이들을 돌보기도 한다. 1999년 근로자의 날에는 윤선 아빠가 주관이 되어서 회사에 출근하지 않는 아빠들이 터전을 운영하였다. 그날 아이들은 아빠들과 함께 수원의 농촌진흥청 농업과학관에 가서 누에가 자라는 것을 견학하고 왔는데, 아빠들도 그런 식으로 아이들과 교육적으로 하루를 잘 보낼 수 있다. 또 아빠들끼리 주말에 모여서 놀거나, 텃밭에 김을 매러 간다든지 할 때는 종종 아이들을 데리고 나가는데, 엄마들끼리 아이들을 데리고 다니면서 어울리는 것처럼 아빠들끼리도 아이들을 데리고 다니며 어울린다. 보통 엄마들이 아이들한테 묶여 꼼짝도 못하는데, 아빠들이 아이들을 데리고 나가면 엄마들이 혼자 시간을 갖기도

하고, 다른 사람들과 어울려 영화를 보러 가기도 한다.

　이곳의 아빠들은 다른 조합원 아빠들이 아이를 키우는 모습을 보고 들으면서 생각의 폭이 넓어진다. 평범하게 사는 가족의 모습이 어떤 것인지 알게 되기도 하고, 다양한 직종에 종사하고 있고, 대부분 교육에 열의가 있으며, 의식이 있는 사람들과 만나 주로 터전의 운영 이야기, 아이들에 대한 이야기를 하게 되면서 남편들도 자연스럽게 육아에 관심을 갖는다.

　　그냥 다른 아빠들 사는 모습, 그리고 뭐 아이들 키우는 모습. 다른 집 사정 같은 것 있잖아요. 왜 그런 거를 이렇게 보고 듣고 같이 얘기하고 이러면서 폭이 넓어지는 거 같애요. 그러니까 아 다른 사람도 이렇게 사는구나. 어떤 평범하게 사는 그런 가정의 모습이 어떤 것인지 그런 것도 알기도 하는 것 같고, 그런 거 기철이 아빠가 느끼고 와서 저한테 그 집은 요즘 이렇다더라 저렇다더라 얘기를 해요. 아빠 모임 같은 데나 아니면 축구 모임 하고 뒤풀이할 때 얘기를 듣고 와서 저한테 이렇게 해줘요. 그런 모습 보면서 전 좋게 생각하죠. 그래서 난 기철이 아빠가 이 어린이집에서 다양한 직종에 종사하고 그리고 또 굉장히 한편으로는 교육에 열의가 있고 의식이 있는 부모들 만나서 얘기하고, 모여서 딴 얘기하는 게 아니라 어린이집 운영 얘기하고 어린이집 이사 갈 문제 얘기하니까 기철이 아빠가 그런 거를 받아들이고 좋게 생각하면서 그중에서 배우는 거죠. — 권미숙

남편들은 공동육아를 하기 전에는 육아라는 것이 시간이 날 때 하는 취미 생활 정도로 생각하였는데, 공동육아를 하건서 자녀 양육에 대한 요구를 자연스럽게 받아들이고 관심을 갖게 되면서 엄마에게 국한된 것이 아니라 아빠가 참여해야 할 몫이 있다는 것을 깨닫는다.

맞벌이하면서 아버지로서 나는 그냥 취미 생활 정도로 자녀 양육에 참여했는데 그러니까 집에서 있는 시간이 짧으니까. 주어진 시간에만 충실하자 그러면서 실제로 주어진 시간의 양을 늘리자는 고민은 없었죠. 내가 사회적 활동이라든지 이런 것 다 하면서 일종의 쉬는 시간에 아이들과 같이하려고 했었죠. 근데 공동육아를 하면서 둘째 애들(쌍둥이)이 태어났으니까 각오를 하고 편하게 살 수 없다는 운명적 자기 진단을 하면서… 자녀 양육에 대한 요구가 자연스럽게 흘렀던 것 같아요. 그러다가 공동육아를 하면서 관심을 갖게 되고 (자녀 양육에서) 당연하게 내 몫이 있다는 생각도 가지게 된 것 같아요. — 김용범

이와 같이 육아에 대한 관심이 늘어나고 참여하야 한다는 인식을 갖게 되면서 남편들은 적극적으로 행동하기에 이른다. 그래서 최정환 씨에 의하면 터전에서는 아빠로서 육아에 참여하는 것은 당연하게 생각하므로 이제는 "아빠들이 웬만큼 잘해 가지고는 명함도 못 내민다"고 농담할 정도라 한다. 결국은 부부가 함께 육아 문제를 공유함으로써 엄마들은 혼자에게만 주어지는 육아 부담에서 어느 정도 벗어날 수 있게 되었다.

> 부부 관계도 많이 달라지는 것 같아요. 다른 부부를 보면 일단 남자들이 육아에 대한 관심이 훨씬 적어요. 자기는 안 해도 된다 생각하고 맡겨 놓고 자기 일만 하잖아요. 그러지 않고 인제 남자들도 많이 육아에 대한 토론을 하고 만나고 그러다 보니까 엄마가 일단 육아의 짐에서 벗어나는 것 같구요. ─ 최숙자

가사 노동에 참여하는 남편들

이곳에서는 남편이 집안일을 하는 것이 자연스럽다. 공동육아에 참여하는 조합원들 다수의 인식이 그렇기 때문이다. 어떤 조합원들은 이곳에서 생활하면서 남녀 역할을 구분했던 자신의 모습이 바로 자기 아버지의 모습과 같다는 객관적인 파악을 하게 되면서 자신의 문제점을 인식하기도 한다.

> 여러 사람의 잣대이기 때문에 부부의 역할 분담, 특히 가사 분담 같은 것이 옳은 방향으로 간다는 거죠. 많은 사람이 보편적으로 바깥일 하는 남자가 부엌일 하는 거 무시하잖아요. 이 속에서는 그렇게 하는 것(남자가 부엌일 하는 것)이 자연스러우니까 나도 그냥 하는 것이 자연스럽고. 다른 사람이 하는 것도 자연스럽고. 저는 그냥 근엄함, 책임감 속에 그냥 쭉 서 있었죠. 아버지로서, 남편으로서 내 모습은 내 아버지가 하는 모습을 흉내내는 건데 그걸 깨줄 기회가 참 없었죠. 이 속에서 그것이 상대적으로 문제점이라는 것을 느끼게 됐다는 거예요. ─ 김용범

부부가 함께 가사 노동에 참여하는 가족이 자연스럽게 공개되면서 남편들도 알게 모르게 마치 자취하는 학생이 자연스럽게 밥을 해 먹듯이 자연스럽게 집안일을 하게 된다. 더 나아가 남편의 가사 노동 참여는 특별한 것이 아니고 당연한 것이구나 하는 생각을 하게 된다. 실제로 공동육아에

참여하기 전에는 집안일을 전혀 하지 않았던 남편들도 터전에서 아빠들이 청소와 설거지 등을 하는 모습을 보고, 집에서 평소에 하지 않던 이불을 갠다거나 청소를 하는 등 작은 변화들이 생겼다고 한다.

> 좀 평등해졌죠. 청소를 한다거나 이런 게 전혀 없었는데. 어린이집에 가서 청소한다거나. 그 다른 어린이집 아빠들 보구서는. 하여튼 그 시즌이 그건 거 같아요. 그러니까 뭐 청소를 한다거나. 설거지는 안 하는데 청소를 한다거나 뭐 이불을 갠다거나, 치운다거나 그런 게 생긴 거 같더라구요. 그게 인제 돈연시됐고. 좀 많이 나아진 거 같아요. ― 임소영

> 윤선 아빠는 '경상도 남자의 특수성'(웃음), 대구 사람이라서 그렇고, 밖에 나가서는 되게 활동적으로 일을 하면서 집에서는 보수적인 가부장의 모습이 있어서 집에 와서는 자잘한 이야기뿐만 아니라 필요한 얘기를 안 해서 애를 먹는… 제가 자주 다른 아빠들하고 윤선 아빠를 비교를 하거든요. 아빠들을 쭉 나열해 놓고 보면 가장 비가정적인 아빠의 영순위에요. 윤선 아빠가. 자기는 영순위가 아니라 뭐 자기보다 더한 사람, 형원이 아빠가 더하다 이러긴 하는데 하여튼… 우진이 아빠나 뭐 다른 아빠들하고 어울리다 보면 그쪽 집에도 가게 되는데 아빠들이 요리를 한다든지 청소를 한다든지 그런 모습이 많이 보이거든요. 그래서 인지 집에 와서도 제가 설거지를 해달라거나 피곤해서 저녁 준비를 해달라고 하면 그렇게 완강하게 거부는 안 하고 받아 줄 때도 있어요. 그게 그 전하고는 달라진 점이죠. ― 문영미

터전에서 자연스럽게 받아들여지고 있는 남편의 가사 노동 참여는 부부간에 평등 의식을 심어 주고 자라나는 아이들에게 성평등의 역할 모델을 보여 준다.

좋은 부모가 된다는 것

집에서는 아이들이 잘못을 하거나 눈에 거슬리는 행동을 하면 큰 소리로 야단치고 윽박지르고 내 아이에게 함부로 행동을 할 때도 있으나 터전이란 장소에서만큼은 아이에게 그렇게 대하는 어른들이 없다. 아이들을 존중해 주고 먼저 아이들 입장에서 생각하며, 아이들의 잘못된 행동에 대해서는 알아들을 때까지 설명해 준다.

그래서 터전이라는 장소에 있을 때는 부모로서 바람직하지 않은 행동을 자제하게 되고, 의식적으로 터전에서 아이들을 대하는 방식대로 행동하려고 노력하게 된다.

> 보통 아이들 대할 때 잘못한 것만 눈에 보이고 야단치고 윽박지르고 이러는 데 어린이집 가서 아이들을 보면 다른 부모들도 그렇고 선생님들도 그렇고 아이를 그렇게 대하는 사람이 아무도 없거든요. 그렇게 대해선 안 되고, 집에선 내 아이한테 막 하지만 거기 가선 내 아이한테 막 할 수가 없고 다른 아이한테 더더욱 그렇다구요. 그런 게 하루 이틀 쌓이다 보니까 아이들을 대하는 태도가 누그러지고 아이들 편에서 이해를 하는 쪽으로 행동이 많이 바뀐 것 같아요. 내가 지난 번에 한 달하고 열흘인가 그 정도 어린이집에서 보육 일을 했거든요. 처음에는 사실 집에서 하던 식대로 아이들 보면 뭐 하지 마, 소리를 먼저 지르게 되고 제지를 하거나 야단을 치려고 먼저 했는데, 선생님들 하시는 거 보니까 그렇게 안 하잖아요, 아무도. 저는 그래 나는 그래도 선생님이 아니고 조합원이고 부모니까, 나는 이렇게 해도 돼, 이런 생각을 바닥에 깔고 몇 시간을 계속 그렇게 했어요. 선생님들이나 다른 사람들은 나를 이해해 주겠지. 근데 거기 왔다 갔다 하면서 아이들 돌보는 책자를 읽어 보거나 선생님들 하는 걸 보면서 이렇게 하면 안 되겠구나, 내가 부모지만 여기 와서 애들 보는 동안은 선생님들처럼 행동해야 되는데 그렇게 생각을 하고 나니까 의식적으로 아이들 대하

는 태도가 바뀌더라구요. ─ 문영미

좋은 부모가 된다는 것은 혼자의 반성과 점검만으로는 힘들고, 터전과 같이 자신이 속해 있는 집단의 분위기 자체로 나에게 강조될 때 부모로서 변하려는 힘을 얻게 된다. 터전에서는 다른 가족과 함께 좋은 부모가 되기 위해 무엇을 준비해야 하는가에 대한 고민을 평소에 많이 하고, 이곳에서 교사나 다른 부모들이 아이들에게 하는 행동을 보면서 좋은 부모가 되기 위한 방법들을 구체적으로 배운다.

> 좋은 아빠가 되고 싶었어요, 진짜… 생활적인 것에 대해서 여기에 와서 배운 것 굉장히 많죠. 우리 아들놈이 막 이상한 행동을 했을 때 성질 나서 이렇게 대응하고 아, 이런 게 잘못됐구나, 예를 든다면 여기 선생님들이나 이런 교육 방침에서 선생님들이 애를 다루는 모습이나 문제를 해결해 나가는 방법, 이런 것이 쭉 나오면 그런 거를 보고 많이 배우지요. ─ 최정환

또한 터전에서는 다른 부모들의 다양한 양육 형태를 맛보기 때문에 아이에게 다양한 방법으로 적용해 보기도 하면서 성숙한 부모들의 양육 형태를 부모 역할의 모델로 삼게 된다. 공동육아 협동조합에 참여하기 전에는 아이의 입장에 대한 고려 없이 나의 감정대로 행동하기도 했지만, 성숙한 부모들이 아이를 한 인격체로 보고, 권위로 제압하지 않으면서 수평적인 관계에서 대화를 나누는 모습 등을 바라보면서 부모로서 자신의 모습을 돌아보고 바람직하지 못한 부분은 의식적으로 고치게 된다.

> 아이에 대해서도 더 좋아졌죠. 기철이한테 신경질이 나면 애한테 해소하는 게 좀 있었거든요 제가. 그랬는데 어린이집 다니고 어린이집 방침이 애하고 대화를 하는 식이지, 애를 권위로 제압하는 거 아니잖아요. 그러니까 그런 걸 알고 나도 그러지

말아야지, 일시적으로 생각을 했는데, 그러면서도 왜 몸에 밴 행동이 못 따라가는데 다른 엄마들 하는 거 보고 참을성 있게 대하는 거라든가 애들 한 인격체로 대하는 게 느껴지더라구요. 애들 다루는 요령 같은 것도 있고. 그러면서 아이에 대해서 좀 나아지는 것 같고, 지금도 기철이한테 신경질을 내다가 화를 내다가도 참, 애하고의 관계가 중요하다는 생각이 들어요. 그래서 기철이하고 나하고도 어릴 때부터 좀 뭔가 여기 교육 방침대로 민주적이고 왜 평등한 관계 있잖아요. 부모 자식 사이에도 내가 권위로 아이를 내리누르는 게 아니라 좀 수평적이면서 친구처럼 나하고 아이하고 대화할 수 있고 그러니까 서로 대화가 될 수 있는 그런 부모 자식 사이가 되어야겠다는 생각 참 많이 해요. 그래서 어쩌다가 소리 지르는 내 모습 돌아보면 이러면 안 되지 싶기도 하고 그렇게 생각하게 된 게, 주위에 있는 부모들은 나하고 좀 다르고 성숙한 거 같으니까 내가 이러면 안 되지 하면서 의식적으로 또 자연스럽게 많이 나아진 거 같아요. — 권미숙

아이를 인격체로 보고, 아이가 생활하는 과정이나, 아이가 가진 생명력을 존중하게 되었으며, 아이 중심으로 사고하게 되면서 터전에서 아이를 대하는 방식대로 집에서도 행동하려고 노력을 하게 된다.

여기의 교육관이 가정의 교육관으로 이으려고 노력을 하는 편인데 잘 안 돼요, 생각 같이. 그게 중요한 과제이긴 한데, 저도 애는 쓰는데 잘 모르겠어요. 예를 들면 이런 거죠. 텔레비전을 보는데 "야, 텔레비전 보지 마" 그래도 본단 말이야. 그럼 내가 확 가서 꺼 버려. 아빠가 보지 말랬잖아, 이것이 기본적으로 이제 "아빠가 보지 말랬으면 보지 말아야지 왜 보는 거야," 그렇게 하는 경우가 제 스타일이었죠. 대부분의 아빠들이 그럴 수도 있다고 생각이 드는데, 그런 얘기 여기서 선생님들한테 하면 혼나지. 그런 거를 예를 들어서 텔레비전 보는 서로 그런 부분에 대해서 약속을 한다거나 텔레비전을 언제 보는 거다, 아니면은 아빠가 얘기할 때는 이렇게 해야 되는 거다, 약속을 하게 한다거나 설득을 하려고 애를 많이 쓰죠. — 최정환

집착을 넘어서다

공동육아 협동조합에 참여하기 전에는 아이와 엄마의 밀착 관계에서 오는 스트레스를 아이에게 풀게 됨으로써 자괴감을 경험하기도 한다. 그러나 공동육아에 아이를 보내고 나서는 아이와 지나친 의존 관계에서 탈피하여 아이를 여유 있는 마음으로 보게 된다고 한다.

> 제가 (공동육아 하기 전에) 명윤이를 데리고 있을 때는 많이 혼내요. 그런데 여기서 (공동육아)는 오랫동안 있고 제가 집에서 보는 시간이 얼마 안 되니깐 별로 부딪치지 않고 예쁜 마음으로 보게 되는 것 같아요. 저한테도 아이를 키우는데 훨씬 편하고요. 아이를 꼭 엄마가 데리고 있어야만 올바르게 자란다는 생각이 많이 바뀌더라구요. 물론 엄마가 데리고 있으면 먹이는 것 잘 먹이고 깨끗하게 해주고 이런 것은 있겠지요. 그렇지만 어쩔 수 없이 부딪치는 부분은 있어요. 저도 감정적이기 때문에 피곤하고 아이들하고 부딪쳐요. 그런 것을 여기서 다 당장 해주니깐 저는 이제 그런 부분이 편해요. ― 박경미

또한 공동육아 협동조합이 부모로서 아이에 대한 집착이나 지나친 기대나 생각들이 자제되고, 조절되도록 해준다고 한다.

> 사람이 아이를 통해 변한다, 아이를 통해 내가 달라질 수 있고, 교사니까 당연히 그런 말들을 머릿속에 새기고 있는데, 실제 내가 놓은 아이, 내 자식을 통해 내가 변할 수 있고, 내가 정화될 수 있는 그런 것들, 충분하게 느낄 수 있을 거라는 거. 그런 생각을 해요. 한쪽으로는 우리가 애들을 보면셔 느끼는 것은 아이에 대한 집착이나 지나친 생각을 갖는 건 아닐까 하는 의문인데, 지나친 마음들이 자제되고 또 아이를 바라보는 마음들을 조절하는 역할을 조합이 하는 것 같아요. ― 김용범

그래서 부모가 원하는 것이 아니라 아이가 원하는 것을 하게 할 수 있는 마음의 여유도 생긴다. 예를 들어 아이가 정말 원하여 농사를 짓는 농부의 직업을 선택해도 그것을 즐기면서 할 수 있고, 자신을 발견할 수 있는 일이라고 생각을 한다면 기꺼이 인정해 줄 수 있는 부모로 변한다.

> 그래서 내가 가장 변화한 게, 저번에 솔방울과도 말했지만, 직업관이 돈과 관련해서 좀 더, 그러니까 이게 어떤 건지 모르겠어요. 뭐 의사, 변호사, 학자… 어떤 지적인 직업이 아니더라도 농사를 짓는 농부의 직업을 선택해도 나는 기꺼이 '니가 원하는 직업을 선택했구나' 하는 엄마로 변한다는 거죠. 그게 가장 큰 거죠. 그러니까 환경미화원으로 해서 어떤 의지를 갖고 그것이 걔로 하여금 어떤 삶의 의욕을 주는 것. 그러니까 즐기면서 내가 일을 할 수 있는 곳이고 내가 나를 발견할 수 있는 곳이라고 생각을 한다면 '너 어떻게 그런 일을 할 수가 있니' 생각 안 하고 기꺼이 고개를 끄덕여줄 수 있는 것으로 직업관이 많이 바뀐 거죠. 옛날에는 내 친구는 의사고 뭐, 외국도 들락날락한다는데 이런 데에 국한된 것이 아니라 정말 이렇게 좀, 자기 의지대로 좀 하고픈 일, 그러니까 환경미화원이라서 그냥 청소만 하는 것이 아니라 거기서 좀 더 창의적인 생각을 하고, 좀 더 어떻게 개선할 수 있을까, 뭐 이것도 좀 전문화할 수 없을까, 농사가 그런 것처럼 품종 개량 막 이래 가지구. 그러니까 거기에서도 그냥 문제 발견을 계속해 나가는 거죠. 환경미화원은 청소만 하는 것이 아니라 이른 아침에 일어나서 그걸 해주면서도 뭐, 꽃씨를 애들한테 전달해 준다든지. 책에서 많이 나오잖아요. 그런 식의 어떤 전문화가 되어 가는 것이 우리 아이들을 통해서 가능할 수도 있고… ― 임소영

한편, 부모와 자식 간의 밀착 관계에서는 아이의 모습이나 자신의 양육 방법에 대해 객관적으로 볼 수 있는 시각을 갖기 어렵다. 터전에서는 내 아이를 다른 부모와 교사들이 함께 지켜봐 주기 때문에 내가 미처 살펴보지 못한 내 아이의 문제를 확인하기도 하고, 내 아이의 모습을

더욱 객관적으로 바라보게 된다. 그리고 아이를 객관적으로 바라볼 수 있는 시각은 부모-자녀 간의 지나친 의존 관계에서 생기는 아이에 대한 불안감이나 초조감을 많이 줄여 준다.

> 제가 객관적으로 볼 수는 없었어요, 저의 애를. 그런데 여기에서 또래 집단을 계속 지켜보는 경우가 있잖아요. 나들이를 간다거나 아마 활동하면서 명윤이를 객관적으로 내 아이이지만 멀리서 볼 수 있는 시각이 생기더라구요. 그게 저한테 큰 도움이 되는 거 같아요. 아이들은 좀 다 비슷하구나 하는 위안도 갖게 되고 그리고 모르면 초조해 하잖아요. 초조해 하고 그랬는데 느긋한 마음을 갖게 되는 게 좋은 것 같아요. 명윤이에 대해서 아이가 하나이기 때문에 어쩔 수 없이 갖는 불안, 초조감이 컸거든요. ― 박경미

가족의 경계를 넘어서

가족 간의 공동체적인 생활을 통해 나와 내 가족에서 벗어나 이웃들도 나의 삶과 가족 안에 들어와 함께할 수 있음을 깨닫기 시작한다. 공동육아 협동조합에 참여하기 전에는 내 가족만이 그리고 더 나아가 친족과 관계된 삶이 주된 것이었다면, 공동육아 협동조합에 참여하면서 이웃들과 더불어 살아가는 방식을 체험하였고, 내 가족의 경계를 넘어서 이웃을 내 가족의 삶에 받아들이게 된다.

 도시 생활에서 나와 내 가족의 삶과 일이 고달퍼 이웃을 돌아보기조차 어려웠고, 지역 사회에서 누군가에게 기대고 의존할 수 있는 지지 기반을 찾지 못했을 때는 핵가족의 고립감에서 오는 답답함과 갈증이 있다. 조합의 가족들은 이웃과 더불어 사는 삶을 통하여 내 가족이 어려움에 처해 있을 때 돌아올 수 있고, 의지할 수 있는 지지 기반을 얻는다. 또한 이웃과 더불어 사는 삶은 내 가족이 다른 가족에게도 지지 기반이 되어 줄 수 있다는 넉넉한 마음을 갖게 한다. 집단 내 조합원들은 바로 나와 내 가족의 삶에 보석과 같은 존재이고, 어디서 이런 양질의 사람들을 만날 수 있을까 하는 생각에 항상 고마운 마음을 갖는다.

막연한 힘, 어떤 존재를 얘기하는 게 아니라 어디 가서 이런 사람을 얻을 수 있을까 하는 거죠. 삼십대를 정리하면서 사십대가 됐는데, 사오십대에 이렇게 참 이웃이라는 것에 대해서 지금 이 양질의 사람들을 어디서 만날 수 있겠어요. 어렵겠죠, 아무래도. 여기서 어떤 내 역할과 현재에 감사해야 한다는 생각이 들어요. ― 김용범

조합원들과 개방적이고 전면적이며, 친밀한 교류를 하기까지 어려움과 갈등을 잘 극복해 내고 정 관계를 형성해 나가는 가족들은 사람들과 맺은 관계를 바탕으로 핵가족의 고립에서 벗어나고, 그 열매로서 자기 텃밭을 일굴 수 있는 결실을 얻는다.

이웃과 함께하는 육아

공동육아에 참여하기 전에는 이웃 간에 교류가 거의 없었고, 간혹 같은 연령의 아이를 둔 집과 어느 정도 대화하고 교류하더라도 자녀 양육 방법 등에 대한 자신의 견해를 솔직히 상대에게 이야기하기 어려운 경우가 많았다. 내 육아관을 이웃에게 개방하기가 어려울 뿐만 아니라, 육아 방식에 대해서 서로 지지하고 조언한다는 것은 거의 생각하기 어려운 일이었다. 또한 이웃 간에 자녀 양육에 대한 경쟁심이 있기 때문에 육아 정보나 육아 고민을 함께 나누지 못했다. 설령 학창 시절의 친한 친구라고 하더라도 친밀한 교류가 이루어지지 않는 이웃과 마찬가지로 자녀 문제만큼은 경쟁 심리를 갖게 되고 내 아이, 네 아이 구분하기 마련이다.

그러나 공동육아 협동조합에서는 아이들의 생활이나 문제에 부모가 관심을 갖고 참여할 것을 촉구하기 때문에 부모들끼리 아이와 육아관에 대해 대화하는 것이 자연스럽고 그것이 생활의 일부가 되어 있다. 이웃들과의 정보 교환을 통해 자녀의 발달 단계에 대한 지식과 정보를 자연스럽

게 습득하고, 상대방 가족의 육아 경험을 간접 경험하게 된다.

> 육아 문제는 아주 구체적이고 시기적으로 발생을 하니까 어 우리 애가 요즘 이러는데 왜 그래요? 하고 얘기를 하면 우리 애는 고민할 때 이렇게 했어, 이러면 내 생활에 똑같이는 아니어도 적용을 하죠. 기철이 같은 경우에는 많이 떼를 써요. 물건을 사달라고 많이 떼를 쓰는데, 나 혼자만의 생각보단 인제 많이 주워듣고 자연스럽게 얘기해서 그 엄마들의 경험을 내가 이제 알아 놓는 거죠. 내가 이렇게 행동해야 되겠다, 이렇게 하면서 일관되게 행동하면 그게 좀 개선되기도 하고 그래요. 아이 문제에 있어서는 도움을 많이 받는 것 같아요. 그런 식으로… ― 권미숙

다른 가족의 육아 방식을 들여다보고 배울 뿐만 아니라 나의 육아 모습도 거리낌 없이 개방하며 자신의 바람직하지 못한 육아의 모습에 대해서는 지적을 받기도 한다. 서로 상대방의 육아 방식에 대해 지적하고, 지적을 받아도 정말로 나와 나의 아이를 위한 이야기라는 기본적인 신뢰가 있어서 기분 나쁘지 않다.

또한 아이에 대한 고민이 있을 때는 그 고민에 대해 가장 잘 이야기해 줄 수 있는 전문적인 지식을 갖춘 조합원에게 거리낌 없이 털어놓고 조언을 구한다. 나의 아이에 대한 고민이 절대 흉이 되지 않으며, 함께 고민해 주는 이웃들로부터 자녀 양육에 대한 자신감과 힘을 얻는다.

> 모임 중에 소아과 의사 엄마라도 있으면 우리 애가 요즘 성적인 데 관심을 가진다, 그런 얘길 해요. 내가 샤워하는 모습을 힐끔힐끔 훔쳐보는데 혹은 옷 갈아입을 때 본다. 이러면 다섯 살부터는 그렇게 안 하는 게 좋다, 소아과 의사는 어느 정도 나름대로 이제 전문적인 견해를 이야기 해 주면 육아 문제로 도움을 많이 받아요. 당장 해결되는 건 아닌데 그런 식으로 하면서 도움을 받죠. 남들은 똑같은 상황 속에서도 이렇게 대처하는구나 이렇게 하면서… ― 권미숙

이웃은 바로 육아에 대해 함께 고민하고 조언해 주는 상담자이자, 지역사회에서 함께 아이를 키우는 공동의 부모다. 내 아이를 옆에서 계속 지켜본 조합원이라면 객관적으로 아이들을 바라볼 수 있고, 때때로 내 아이에게 부모의 역할을 해 줄 수 있다는 신뢰감이 있다.

> 내 애를 정말 공동으로 키운다는 생각이 드는 게 언저냐면, 내 애에 대한 얘기를 여러 사람한테 듣게 되잖아요. 저도 아마 하면서, 아마 하는 건 그날 하루 어떤 한 방만 돌보는 건데도, 이렇게 왔다 갔다 하면서 다른 창 아이들도 관찰하게 되잖아요. 그럼 딱 하나의 행동을 봤을 뿐인데도, 금방 그 아이를 이해하게 되는 거 있고. 또 부모도 아무리 자기 아이에 대해 잘 알지만, 자기 아이가 하루 생활하는 걸 속속들이 모를 수가 있잖아요. 그런 걸 저도 얘기해 주게 되고, 다른 엄마도 해주게 되고 그러니까 제가 미처 못 봤던 거를, 그걸 선생님만 얘기해 주는 게 아니라. 그리고 하다못해 엄마 아빠가 아침저녁으로 들렀을 때 경운이가 이렇게 했다는 걸 얘길 해주는 게 참 좋은 것 같아요. 애에 대해 몰랐던 걸 알게 되니깐 좋고… ─ 홍은미

이웃 간에는 마치 한 식구처럼 내 아이, 네 아이를 가리지 않고 우리 아이로서 아이들을 대하고 있으며, 저녁 마실 갈 때나 퇴원 후 아이들을 돌아가면서 돌보아 주는 저녁 품앗이, 아마 활동을 통해 다수의 아이들에게 부모 역할을 해준다.

터전에서 아이들이 험한 욕을 하거나 폭력을 쓰는 행동을 했을 때는 자신의 부모가 아니더라도 다른 집 엄마, 아빠에게 야단맞는 광경이 종종 나타난다. 자신의 아이가 잘못을 했을 때 야단을 치고, 바른 행동을 했을 때 칭찬해 주는 것과 마찬가지로 남의 집 아이도 자기 아이처럼 잘못을 했을 때는 야단도 쳐 줄 수 있고, 잘못된 것을 바로잡아 주기도 하는데, 그런 역할을 해 주는 것에 대해 조합원들은 서로 고마워한다.

정말 터전 사람들 전체가 명철이(첫째 아이)를 다 키운다고 해도 과언이 아니죠. 그러니까 내가 아이에 대한 고민을 우진이 엄마하고 솔방울과 그렇게 얘기했을 때, 우리 아이가 결코 어눌하지 않다는 거를 예를 들어서 얘기해 주고, 명철이가 옳지 못한 행동을 하든 좋은 행동을 하든 걔는 거기서 칭찬도 받고, 뭐라 그럴까… 잘못된 부분 고침도 받고. 이런 식으로 대화하는 거죠. 식구 거 같아요. 근데 내 아이의 그 어눌하고 이런 걸, 다른 데서는 친구한테도 얘기하고 싶지 않아요. 어렸을 때부터 나의 친구도, 나중에 "걔 어눌한 건 좀 낫냐?" 뭐, 이런 식으로 물어보죠. 그러니까 걔는 애를 계속 지켜보질 않잖아. 내가 걔한테 오히려 선입견을 딱 심어 주는 거죠, 다른 면도 있는데. 그게 정말 다르더라구요. 계속 옆에서 지켜봐 주고 걔를 본 사람이랑 그게 다를 거라는 생각이… 그리고 (우리 아이가) 청소년 때에도 상당히 서로를 염려해줄 수 있으리라는 생각이 들어요. ― 임소영

또한 터전에서 몸이 안 좋은 아이들을 보았을 때 부모가 아이를 돌볼 수 있는 상황이 아니면 대신 아픈 아이를 데리고 병원에 간다든가, 엄마가 시험 공부하느라 아이 돌보기가 어려우면 몇 집에서 돌아가면서 대신 아이를 돌봐 준다든가, 부모가 지방에 갈 일이 있으면 그날 하루 아이를 맡아 돌봐 준다든가 하는 식으로 육아 어려움을 기꺼이 함께해 준다.

창호 엄마가 요새 입시 공부 한단 말이죠. 그럼 인제 입시 철이 다가오면서 창호 엄마가 초조해지기 시작하지. 아무래도 그러니까 시골에 아이를 보낼려고 그랬단 말이야, 할아버지한테. 도깨비방 엄마들 몇몇 사람들이 그 얘기를 듣고, "그러지 마라, 창호한테 별로 안 좋다… 엄마 보고 싶을 테고 떨어져 있는 게, 내 자식하고 떨어져 있는 게 뭐가 좋겠느냐, 우리가 먹여 주고 뭐 저녁에 아빠 올 때까지 챙겨줄게" 그러니까 창호네가 "아유 그건 너무 민폐가 심하고…" 그러니까, "민폐 끼치고 살지, 나중에 갚어" 이렇게 얘기가 된 적이 있는데, 실제로 그런 얘기들이 내부적으로 나온단 말이죠. 그렇다면 공동육아라는 관점에서 본다면, 쟤가 내 애는 아니지

> 만은 엄마 아빠 떨어져 있을 때 느끼는 문제점들. 이런 것들… 남의 자식이 아니란 얘기죠, 그런 거에 대해서 굉장히 열린 마음으로 바라보는 관점들이 있죠. 옆집이다 그러면은 그거 미안해서 못 맡기거든요. 뭐 쉽게, "민폐 좀 끼치고 살지…" 하는 말을 할 수 있고, 미안하더라도 나중에 시험 끝나고 저녁 한번 산다거나 뭐 있겠죠, 그렇게 해결하고. 뭐 그런 부분들에 대해서 좀 더 편안한 마음으로 민폐를 끼칠 수 있는… 이런 관계들이라는 거죠, 어떻게 보면. 옛날에 지역 공동체 식으로 씨족과 지역이 얼기설기 얽혀 갖구 해나갈 수 있는 집단 말고, 도시 안에서 하다 못해 그런 이야기라도 꺼낼 수 있는 사람들이 과연 몇이나 있냐. 사촌, 자기 형수한테, 자기 뭐… 누구한테 맡기더라도 눈치 보이는데. 눈치가 보이거든요, 애들 몇 달씩 맡긴다는 게… ― 최정환

내가 다른 집 아이들에게 부모의 역할을 해주었듯이, 내가 어려운 상황에 있을 때 미안한 마음으로 아이를 맡아 줄 것을 부탁하기보다는 고맙고 편안한 마음으로 쉽게 공동의 부모 역할을 해주는 조합원 가족에게 부탁할 수 있다. 그리고 내가 편안하고 쉽게 요청하는 것 자체가 그 사람과의 친밀감을 표현하는 것이라 생각한다. 또 다른 가족의 도움을 많이 받아 온 사람들은 다른 가족의 부탁을 받았을 때 내가 상대 가족을 도울 수 있어서 참 다행이고 오히려 고맙다고까지 한다. 나에게 부탁할 정도로 나를 이만큼 신뢰하고 가깝게 생각하고 있구나 하는 생각에 기쁜 마음으로 부탁을 들어주게 된다.

> 근데 이게, 나의 일방적인 생각일 수도 있는 거 같아요. 그러니까 솔방울은 나보다 정도의 차이는 있겠지만, 내가 좀 더 기대는 부분이 클 수도 있고 그럴 수도 있지만, 명철이 아빠도 소만이 집에 대해서 너무 미안한 거야. 많은 걸 기댄다고 생각을 하는 거예요. 급할 때 막 소만이네 맡기고 그런 것들. 근데 요번에 또 소만이네 집에 갔는데 소영이(소만이 동생)가 날 너무너무 좋아하는 거야. 소영이가 아파 가지

> 고 솔방울이 잠을 못 자고 했는데, 내 등에서 잠들어 주니까 참 고맙더라구. 내가 도울 수 있으니까. 그 애도 봐주면서 같이 있으면서 그래도 좀 재울 수 있는 게 그게… 계속 엄마한테 매달리면 아무 도움도 안 되잖아요. 도움이 되는 것도 얼마나 좋아요. 아유 그러니까 참 다행이다 뭐 이러면서. 그런 게 교류 거 같아요. — 임소영

조합원 이웃들을 알기 전에는 이웃과 교류가 거의 없는 상태에서 친척에게 의존한 부분들이 많았는데, 이제는 친척에게 부탁하는 것보다 조합원 이웃에게 부탁하는 것이 더 마음이 편하고 안심이 되는데, 그것은 바로 나도 그들에게 도움을 주고 있기 때문이다. 서로 돕는 마음이 아이를 맡기는 미안한 마음 대신에 서로를 편안하게 하고 마음을 놓게 한다.

권미숙 씨는 공동육아에 참여하기 전에 친척이나 이웃 없이 혼자 아이 키우는 고립감과 소외감을 느꼈던 시기는 암흑 시대였다면 핵가족이 안고 있는 육아 문제를 여러 가족과 함께 나누고 있는 현재는 희망의 시대라고 비유할 정도로 함께하는 육아를 만족해 했다.

> 그러니까 많이 막 트인 느낌이었어요. 완전히 ○○동 시대는 내게 암흑 시대고, ○○동 시대는 완전히 새 희망의 깃발을 드는(웃음). 완전히 장막이 정말 딱 걷힌 기분이에요. 이게 또 쉽게 처음부터 되는 건 아니었고 사람들을 사귀면서… 지금은 둘째 낳아도 자신이 좀 생겼어요. 든든해요. 왜냐면 거기 벌써 애기 키운 엄마들이 있고 서로 정말 단 30분, 1시간 애기 봐줄 수 있는 이웃들이 있고. 그런 게 너무 마음 든든하고 푸근하고 좋죠, 나도. 옛날처럼 남편만 바라보면서, 남편 등만 바라보면 "당신 왜 이래, 애 나 혼자 키우는 거야? 이러자고 결혼했어?" 이러면서 들볶아 댈 것 같지는 않아요. 정말 이웃들하고 교류한다는 게, 이렇게 사람한테 다른 느낌을 줄 수 있구나. 그러니까 하여튼 아주 좋아요. 뭐라 그럴까, 애들을 나 혼자 키운다, 아 정말 왜 그 막막한 느낌이 있잖아요, 그런 게 정말 없어진 것 같아요. — 권미숙

함께 푸는 부부 문제

가족 안에서 특히 일상적이고 사소한 부부간의 문제는 아이 양육의 문제보다도 다른 가족에게 개방하기 더 어려운 부분이다. 그러나 활기찬 어린이집의 부부들은 서로 잘 알고 친밀하기 때문에 다른 가족을 많이 들여다보고, 반대로 내 가족의 많은 것들을 다른 가족에게 보여 주게 되면서 자연스럽게 부부 문제를 터놓고 있다.

서로 잘 아는 기본적인 신뢰가 있는 조합원 이웃들에게 찾아가 부부 관계에서 생긴 속상함을 털어놓으면서 후련함을 경험하며, 그 자체로 마음이 정화되는 카타르시스 효과를 맛본다.

> 부부 싸움을 했을 때도 집사람이 신뢰하는 곳에 내가 답답해서 찾아갈 수 있다는 거. 그 사람을 만나면 뭐 특별한 문제가 없다는 거예요. 전반적으로 그런 분위기가 있어요. ― 김용범

> 다른 가족의 남편한테 아유, 왜 누구 엄마(부인)랑 싸웠냐고 물어보고 (부인에게 가서는 남편이) 뭐가 섭섭하대, 그러면서 얘기해 주는 것이 쉽진 않을 거 같아요. 지금 생각해 봐도, 이렇게 아빠를 알고 엄마를 알기 때문에 가능하지, 이웃에 엄마랑만 굉장히 친밀하고 아빠랑은 얼굴 정도만 아는 사이면 그런 말을 해줄 수도 없죠. 근데 다른 가족의 남편에게도 내가 해결할 수는 없지만 그냥 (부인이) 섭섭하대, 이런 정도 얘기해 줄 수 있는 그런 관계는 되는 것 같더라구요. ― 박경미

부부간에 갈등이 있을 때는 이웃들이 직접 부부 싸움을 중재해 주기도 한다. 다른 이웃이 자연스럽게 내 가족의 부부 관계에 개입하여 공감도 해주고 조언도 해준다.

김용범 씨는 다른 가족을 들여다보면 우리 부부만큼 아이들 교육, 더 나아가 전체 아이들의 전반적인 교육에 대해서 고민하는 부부도 별로 없는 것 같다고 한다. 그래서 서로에 대해서 대단하다는 생각을 하기도 하는데, 부부간에 동지애가 많다 보니 교육이라든지 터전에 관한 이야기, 공동육아의 교육 이념의 문제점 등에 관해서는 밤을 새고서도 이야기를 할 정도로 대화가 잘 되는데, 내 집의 육아 문제라든지 아이가 감기가 걸렸다는 등의 일상생활에 관한 이야기는 5분조차도 대화하기 힘들 정도로 대화가 안 된다고 한다. 김용범 씨 부부처럼 부부간의 의견 대립이 잦은 경우 이웃들이 이것을 곧바로 읽고, 저녁 식사를 함께 하자는 등의 건의를 하면서 부부를 중재해 준다. 서로 그만큼 잘 알고 가깝기 때문에 객관적으로 이야기도 해주고 조언도 해주게 된다. 이웃들이 해주는 조언들은 어려운 상황을 이겨낼 힘을 주며, 마음을 추스릴 수 있게 해준다.

또한 부부 싸움을 해서 배우자에게 직접 하지 못한 내면의 솔직한 이야기를 다른 조합원에게 털어놓았을 때, 이웃은 나의 가족의 부부 문제를 중재해 주어, 직접 말하기 어려웠던 내면의 이야기를 배우자에게 이야기해 줘서 감정을 누그러뜨려 주고, 부부간에 자신이 왜 화가 났었는지 서로 대화할 수 있는 계기를 만들어 주기도 한다.

> 윤선 아빠와 내가 싸웠을 때 다른 엄마 아빠들도 서로 교류가 잘 되고 있기 때문에 내가 딴 엄마한테 남편에게는 직접 대고 못했던 그런 이야기를 한 것이 윤선 아빠한테 돌아와 가지고 감정을 누그러뜨릴 수 있는 그런 식으로 부부 관계에 있는 문제점을 해결하는 데 도움이 되죠. 한번은 친구들과 영화를 보러 갔다 오니까 되게 화가 났더라구요. 그래서 우선은 얘기를 안 했는데 그 얘기를 형원이 엄마한테 했어요. 내가 뭐 잘못한 게 있는 거 같냐고 그랬더니 형원이 엄마랑 윤선 아빠랑 밖에서 한번 만났을 때 그런 얘기를 했나봐요. 그럴 수도 있지 않냐, 이해를 해주고 좀 다독거려 줘라 얘기를 했는지 나중에 자기가 왜 화가 났는지를 얘기하더라구요. 윤선

> 아빠는 일단 화가 나면 얘기를 안 하는 스타일이기 때문에 화가 나면 왜 화났는지 얘기를 안 해요. 그래서 제가 왜 화가 났는지를 몰랐거든요. 그런데 아마 밖에서 형원이 엄마, 나하고 직접 싸운 당사자가 아니라 다른 사람 얘기를 들으면 기분이 누그러질 거 아니에요. 그게 계기가 됐는지 모르지만 집에 와서 자기가 왜 화가 났었는지 이야기를 하더라구요. ─ 문영미

바로 이웃은 육아의 상담자일 뿐만 아니라 부부 문제의 상담자이기도 하다. 이웃에게 부부 문제가 그대로 공개되었을 때 더욱더 건강하게 부부 문제를 풀어 가는 힘을 얻게 된다.

또한 이웃과의 친밀한 교류가 가족 안에서의 부부 '갈등'의 화근을 없애 주기도 한다. 박현주 씨는 변호사 남편이 매일 늦게 들어오고 집안일에 신경 쓸 사이가 없어 남편에 대한 불만과, 남편 없이 혼자 아이를 돌보고 집안일을 해야 한다는 데서 심한 우울감이나 권태감을 느낄 수도 있었지만, 그 시간에 다른 조합원 가족들과 함께 어울리면서 자신의 외로움이나 불만을 풀 수 있었고, 자신에게 남편과 함께할 수 있는 가족생활이 없음을 위로받을 수 있었기 때문에 가족의 위기를 모면하였다.

> 우리 신랑이 (변호사로 매우 바빠서) 여전히 늦고 나도 낮엔 어린이집 가서 어떻게 한다지만. 저녁때 와도 여전히 고립감을 느끼고 애 둘 계속 보고 있다. 이건 스트레스에다가 우울증까지 갈 수 있는 상황이었을 거예요. 근데 저녁마다 향연이 또 베풀어지니까. 뭐 밥이 안 되면 그 집 가서 얻어먹으면 되고. 뭐 남편한테 불만이 있으면 그쪽 아빠한테 가서 얘기 하면 또 나름대로 구영이 아빠가 말씀 되게 잘 하시잖아요. 교훈적인 얘기를 알아듣게 많이 하시니까 그럼 또 말이 먹혀 들어가고. 그때는 그런 불만이 생기면 옆의 이웃과 함께하니까. 그러다 보니가 가족의 위기를 넘겨줄 수 있는… 우리 집 같은 경우는(웃음). 근데 내가 그때 한번 일주일 동안 모임이 많기도 많고, 남의 집 놀러 가기도 하는데, 모임이 일절 없었다, 이러면 싸움을 하든가 불평

> 이 생기는 거야. 우리 집은 싸움을 별로 잘 하진 않는데 불평이 생기는 거야. 왜 이렇게 늦게 들어오는 거야, 이런 게 막 실감이 나는 거죠. 근데 내가 바쁘고 내가 돌아다닐 때는 그게 잘 안 되는 거죠. 그러니까 우리 가족의 가족 생활이 없음을 거기서(이웃과 함께 하는 생활에서) 위로를 받는 거지(웃음)… — 박현주

권미숙 씨도 남편이 여러 일로 집에 늦게 들어오기라도 하면 아이하고 저녁 시간을 보내는 것이 무료할 텐데, 이곳에서는 다른 집 조합원들과 같이 저녁도 먹고 놀기 때문에 남편이 부재하고 있다는 데서 오는 스트레스를 많이 해소할 수 있다고 한다. 남편이 늦게 들어와도 함께 있어 줄 이웃들이 있기 때문에 마음의 여유가 생기는 것이다.

> 남편에게 굉장히 의존함으로 인해서 스트레스 같은 거… 갈등 같은 것도 있을 수 있잖아요. 근데 그런 면에서 좀 많이 해소된 것 같아요. 그러니까 이를테면 남편이 늦게 들어오면, 애하고 집에 혼자 있으면 굉장히 심심하잖아요. 그럴 때는 다른 집 조합원들 불러다 같이 저녁도 먹고 놀고 뭐 그렇게 되죠. (중략) 조합 사람들하고도 친하게 지내면서 남편이 없기 때문에 오는, 부재에서 오는 어떤 자기 스트레스를 많이 해소할 수 있었죠. 그러니까 여유가 생기는 거죠. 남편에 대해서. 아 그래, 너 안 들어와도 나하고 놀아 줄 사람 있다(웃음). 당신 오늘 늦게 들어와? 그래, 그럼 난 뭐 누구 엄마 만나지 뭐… 이런 식으로 되는 거죠. 여유가 생기는 거죠 뭐… — 권미숙

이웃과 함께하는 즐거움 때문에 부부 관계에서 불필요한 감정이나 잡념이 끼어들 여지가 없고, 단조로운 일상에서 벗어나 활력 있는 삶을 찾게 되는 것이다.

일상을 공유하는 이웃사촌

이곳의 참여 가족들은 일상의 사소함까지도 이웃들과 함께한다. 의식주 생활, 취미 생활, 여가 보내기, 주말 보내기 등에서 내 가족끼리 해야 한다는 생각이 조금씩 다른 가족과도 함께할 수 있다는 생각으로 바뀌게 된다. 이웃을 내 가족과 더불어 생각하고 이웃과 함께 경험을 공유하는 삶으로 바뀐 것이다.

요즘 하루에 한 끼 함께 먹기도 어려운 핵가족들이 많은데, 이곳의 가족들은 핏줄이 섞인 가족은 아니지만 그에 못지않게 함께 먹고, 자는 가족 경험을 하는 것이다.

방모임이나 총회, 소위 모임, 조합원 교육 등이 있을 때에는 조합원들이 각자 집에서 재료나 음식들을 가지고 손수 만들고 차려서 함께 저녁을 먹는다든지, 간식을 먹는다든지 한다. 대집단이 훝께 식사를 하는 것은 공식 모임의 분위기를 가족적으로 친근감 있게 만들어 주며, 중간 중간 이어지는 간식도 딱딱한 모임의 분위기를 부드럽게 해준다. 함께 먹는다는 행위를 통해 만남의 분위기가 더 화기애애해지고, 친밀해지며 훈훈한 인간관계를 느낄 수 있다.

다른 가족과 비공식적으로 만나 함께 음식을 뜨는 예도 많다. 요리를 잘하는 아빠들은 다른 가족들을 불러 음식을 만들어 주는 것에 기쁨을 느끼고, 먹는 사람도 그날의 식사가 해결되었다는 생각에 기쁘고 행복한 마음이 된다. 또한 사람들이 모이면 으레 먹는 것이 빠지지 않는다는 것은 공식 모임과 마찬가지이나, 비공식 모임에서는 먹는 행위가 그동안 조합원 간에 도움을 받은 것에 대한 고마움의 표시인 예가 많다. 즉 비공식 모임에서 식사 함께하기는 공식 모임보다 한 단계 더 나아가서 친밀한 조합원 간의 관계가 우선적으로 반영되어 있다.

다른 가족과 함께 식사를 할 때 아이들이 옆에서 장난을 치고, 흘리고 먹고, 온갖 난리를 쳐도 서로 이해하고 닦아 주고 치워 주며, 내 가족끼리 먹던 음식을 내놓아도 거리낌이 없듯이 조합원 가족 간에도 서로 다른 가족의 눈치를 보지 않고 내 가족이 함께 모여 식사를 하듯 편안한 마음으로 다른 가족들과 즐겁게 식사하는 경험을 하게 된다. 다른 가족과 함께 식사를 한다는 것은 마치 내 가족과 하듯이 아주 자연스럽고 편안하기 때문에 식사 때가 되면 자연스럽게 다른 가족을 떠올리게 된다.

가족끼리 식사할 때보다 다른 이웃하고 함께 식사를 할 때 더 맛있고(웃음), 그리고 인제 식사를 같이 못하는 게 결국 애들 때문이잖아요. 애들 막 난리 치는데 그거를 이해 못해줄 거 아니에요. 그러니까 그 또래끼리 만나게 되는데, 사실 더 어렸을 때는, 애들이 서로 어리면 잘 못 만나게 되거든요. 근데 여기는 뭐 애들이 아무리 난리를 치건 서로 이해를 하는 그런 분위기니까요. 그러니까 편안하게, 그래서 더

좋은 거 같아요. 집에 흘려도 다 이해해 주고, 내 애들처럼 서로 닦아 주고 치워 주고 그러는 게, 편안한 거 같아요. 그래서 요즘은 먹을 때도, 누구네 집 전화해 볼까 이런 식으로… 저도 좀 그런 거 같고… ― 문옇미

또한 이곳은 가족 단위의 교류이다 보니 서로 다른 가족의 아빠, 엄마 간에도 편안하고 자연스러운 관계를 맺고 있기 때문에 내 집에 남편이 없어도 다른 가족의 아빠가 아이와 함께 와서 저녁을 먹고 가는 것도 아주 자연스럽다.

예전에 남편이 안 들어왔는데 제가 (터전에서 퇴원하면서) 경찬이를 데리고 왔었어요. 엄마 아빠가 늦으신다고 해서 데리고 왔는데 경찬이 아빠가 늦게 오셨는데, 우리 남편은 없는데 제가 밥을 드시고 가라고 해서 드시고 가신 적이 있으세요. 그때 공동육아를 하지 않는 제 친구가 전화해서 "뭐 하니" 그래서 지금 상황을 얘기하니

> 까, 너무 너무 놀라 가지고(웃음) 아니 무슨 소리냐, 그랬던 적이 있거든요. 공동육아 아이가 아닌 다른 명윤이 친구 아빠가 오셨으면 제가 명윤이 아빠(남편) 없는 상태에서 "식사하고 가세요" 하는 말을 못할 거 같은데, 보니까 집에 밥을 해놓고 오셨다 그러는데 가서 혼자 드실 것 같고. "있는 김에 드세요" 했는데 별로 불편하지는 않더라는 거예요. 그 공동이라는 말을 많이 들어서 좀 세뇌가 되었는지… 그래야 하는 것처럼 생각이 무의식중에 되는 것 같기도 하고 사람이 불편하지 않은 것도 있을 거예요. 아, 아버지들하고 자꾸 얼굴을 접하니까… ― 박경미

이와 같이 한 가족처럼 편안한 식생활 공유하기는 공식 모임에서는 바로 친밀감 형성의 분위기를 조성해 주는 매개가 되며, 비공식 모임에서는 친밀한 가족 간의 관계를 더욱더 돈독히 해주는 매개가 된다.

한편, 먹는 것뿐만 아니라 함께 자는 것도 가족 간에 편안한 가족적 체험을 하게 한다. 함께 잔 경험을 통하여 서로의 막이 더 쉽게 벗겨졌다는데서 후련함을 느끼기도 하고 더욱더 친밀해진다.

> 같이 키우는 거. 나머지는 그것 때문에 파생되는 관계인 것 같아요. 그러다 보면 모임도 많아지고 모임이 많아지면서 같이 먹고 자고 그런 일이 많아져요. 근데 사람이 정드는 데는 같이 먹고 자는 것밖에 없는 것 같아요. 처음에는 방모임 하다 한 방에서 경운이 방에 가가지고 잔 적이 있는데 그렇잖아요. 얼굴 부시시해서 일어나고 싶지 않잖아요. 다른 아빠도 있고 그런데 그렇게 한번 갔다 오고 나면 후련해지는 것 같아요. 훨씬 친해지는 것 같고 뭐 이해도 잘 하게 되고(웃음)… ― 홍은미

다른 조합원의 집도 부담 없이 편하기 때문에 내 아이들을 다른 집에 자러 보낼 수도 있고, 다른 집 아이를 내 집에 데리고 와서 재울 수도 있다. 다른 집 부모가 내 아이들을 재울 수 있다는 믿음이 있고, 자신도 다른 집 아이를 재울 수 있다는 기본적인 생각을 가지고 있다. 그리고

임소영 씨네처럼 집의 열쇠가 고장 나서 집에 들어갈 수 없는 상황에 멀리 떨어져 있는 친정 집보다 가까이 사는 조합원 집에서 함께 자는 것이 오히려 마음 편하고 좋았다고 할 정도로 다른 조합원의 주거 공간도 이들에게는 친숙한 공간이다.

> 우진이네 집에서 우리 애들이 주로 많이 자고 가요. 옛날에 솔방울이 사당동에 있었을 때도 애들 가면 데리고 가서 재우고… 그러니까 그게 마음이 놓이는 거지. 왜 우리 들살이 같은 데 가거나 야유회 가서도 자고 그러는 게, 꼭 내 부모가 애를 재워야 되는 건 아니잖아요. 주로 활동적이고 애들하고 친한 엄마들이 뭐, 산딸기나 이런 사람들이 재우고, 엄마들은 그냥 나가서 놀고. 난 그런 부분에서 또 아빠들도 그렇게 재운다는 게, 철환 아빠가 그때, 우리 애들 명인이를 재웠다는 데 좀 되게 의아했었어요. 정말 그런 거. 그러니까 애들도 꼭 엄마 손이 아니라 다른 사람이 재웠을 때 잘 수 있는 그런 부분. 그리구 우리 저번에 열쇠가 고장 나 가지고 잘 데가 없었는데, 아빠하고 같이 다 산딸기네 집에 가서 자구… 그게 '친정 가서 자는 것'보단 편하고. 그리고 아빠(남편)도 편했고… ─ 임소영

또한 일상생활에서 필요한 옷이나 물품도 이웃 간에 서로 나눠 쓰고, 바꿔 쓰고, 물려받고 물려준다. 어떤 때는 친척들보다도 가까이 사는 친밀한 이웃들에게 더 주고 싶은 마음을 갖게 된다.

> 애들 옷을 물려 입고 물려받고 운명이는 영은이한테 물려받고 운명이 옷은 소영이한테 주고. 그 전에는 경찬이한테 신발을 엄청 많이 얻어 신었어요. 경찬이네 할머니가 신발을 엄청 많이 사 주셔가지고 한두 번째 신어 본 신발, 다 물려받고 그리고 단지마다 조합원들이 다 사니까 각 단지마다 안 가본 집이 없고. 우리 집처럼 편하고… ─ 문영미

> 유모차도 공고 붙이잖아. 나 유모차 필요한데 없으니까, 하면서. 옛날에 알밤 선생님이 애 낳으려 할 때 조합원들이 여기저기 다 갖다 줬지. 그런 거 나누는 것들. 저도 갖다주고 그러니까 그게, 우리 동서를 줘야 되는데 그냥 조합원에게 주게 되는 거지. 서로 친하다 보니까 주고 싶고, 이런 건 거 같아요. ─ 임소영

그리고 예전에는 내 가족끼리만 주말과 여가를 보내는 것을 당연시했는데, 지금은 이웃과 함께하지 않으면 가족원 중 누가 빠진 것처럼 허전하고 심심해진다고 한다. 조합의 이웃들과 함께 주말이나 여가를 보낼 때 삶이 더 풍부해지는 경험을 한다.

> 작년 여름에는 태안반도 해수욕장 쪽으로 저희 집에서 놀러 간 일이 있었는데 그때 거기가 해수욕장이 좀 좋아 가지고 어린이집에서 시간 되는 사람들은, 저희는 3박 4일 있었고 시간 되는 사람은 같이 가자 해서 이제 철환네가 와서 2박 3일 있다 가고 또 한두 집인가 세 집이 와 가지고 하룻밤을 자고 가고 그랬어요. 그러니까 어디 저희가 다른 사람들하고 어울려서 놀 때도 여기서 만난 사람들하고 놀 때만큼 아이들도 그렇고 어른도 그렇고 신나고 재미있는 경우가 없어서 이제 어딜 가더라도 같이 몰려다니면서 놀기를 계획하는 예가 많았는데 작년에도 그래서 참 좋았어요. …그러니까 여기서는 사람들이 모여서 논다는 게 그게 놀이가 따로 있고 생활이 따로 있는 것이 아니라 그냥 생활이 곧 놀이가 되니까, 모여서 뭐 밥 먹는 거 해결하고 또 아이들은 놀아야 되니까, 그냥 모여 있으면 아이들끼리 놀게 되고 나 혼자 집에서 하느니 모여서 하면 더 재미있다 뭐 그런 식으로… ─ 문영미

현대 가족은 주말이나 여가 시간이 주어져도 어떻게 활용해야 하는지를 몰라 더 무기력한 생활에 빠지기도 하고, 가족 단위로 함께 보내기보다 가족 구성원 뿔뿔이 나름대로 주말과 여가 시간을 보내는 예가 많다. 가족 단위로 다른 이웃과 함께 주말과 여가를 보낼 때 생활에 더 충실하

게 되고 질적인 시간을 공유하면서 삶의 행복감과 충만감을 느낀다.

> 그러니까 애들 보는 공연도 같이 보러 다니고 동물원도 같이 데리고 가고. 주말 같은 때. 같이 놀러 다니는 문화. 나 혼자 있으면 못했을 것 같아요. 애들 끌고 뭐 어디 다니고 공연 다니고 막 이런 거 못했을 것 같은데, 많이 더 좀 풍부한 경험을 하게 해 주는 것 같아요. 여럿이 모여 있기 때문에. 왜 같이 집단행동할 때 뭔가 더 힘이 커지잖아요. 나는 혼자 있으면 못할 것 같은데 애들 데리고 열심히 놀러 다니기도 하고. 그러니까 더 풍부해지는 것 같아요, 삶이… — 권미숙

> 창호 아빠가 평소에 애들 다 보고 빨래하고 다 해요. 그날 인제 창호 아빠가 운전해 가지고 엄마들 몇 명 민자네 까페에 가서 차도 팔아 주고 방모임도 하고 그러고 재밌어요. 그리고 애들 (어린이집) 방학 일주일 동안은 매일 모여서 나들이 대신 놀거리 생각을 해 가지고, 관악산, 동물원에도 가고 미술 전시회도 보러 가고 사그막골 간 날은 창호 아빠한테 아침에 전화를 해서 뭐 하세요? 했더니 밀린 빨래하고 있대요. 얼마나 자상한지. 엄마 공부하라고 하는 거야. 나오시라고 또 몇 명 모여 가지고 도시락 싸가지고 일주일 내내 그랬어요. 하루도 안 쉬고… — 문영미

조합의 가족들 간에는 일상을 함께하는 삶을 살고 있기 때문에 친척보다도 이웃들과 더 밀접한 관계를 맺게 된다. 친족에 대한 기대치가 그만큼 크지 않고 대신 조합의 가족들이 이웃사촌임을 실감하게 된다. 거의 대부분의 일상생활이 이웃과 함께라고 해도 과언이 아니다.

내 가족에서 우리 가족으로

터전을 중심으로 한 가족 간의 친밀한 교류는 '나'에서 '우리'로, '내

가족'에서 '우리 가족'으로 인식의 변화를 가져온다. 다른 집의 아이들이 남의 아이로 보이지 않기 때문에 다른 집 아이의 문제도 남의 일이 아니며, 터전의 모든 아이들을 내 아이와 마찬가지로 함께 걱정하고 더 나아가서는 우리 나라의 전체 아이들을 걱정하는 식이 된다.

> 여기에 와서 가장 많이 달라진 게 그거예요. 애가 남의 애로 안 보일 때 조합원이 된다는 생각요. 처음엔 애들하고 친하지 않으니까 저 집 자식이구나, 그러고 넘어가는데 어느 순간부턴가 남의 집 애로 안 보이고 그렇다고 내 자식 같이 보이지는 않지만 최소한 내 조카 정도… 아프다고 하면 걱정되고 할퀴었다 하면 남의 집 아이라도 속상한 감정이 들죠. 그때가 제가 조합에서 활동할 때랑 비슷한 시기인 것 같아요. 이게 좀 달라지는 거구나 하고 느꼈어요. — 최정환

> 과연 우리가 이기가 없이 사람을 만나는 경우가 있나요? 일상생활에서 이기 없이 내 자식은 잘됐으면 좋겠다는 생각을 가지는 거와, 내 자식과 다른 사람의 자식이 같이 잘됐으면 좋겠다는 생각은 많은 차이가 나는 거죠. 하나라는 의식으로 이렇게 변했어요. 이제는 애들만 보면 같이 잘됐으면 좋겠어요. 하여간 최소한 내 생각에는 나라는 생각에서 우리라는 생각이 많이 자리잡힌 것 같아요. — 김용범

점차 다른 집 식구를 내 가족의 범주로 받아들이는 가족 경계의 확대를 경험한다. 그래서 다른 가족원이 내집에 있으면 우리 가족이 되고, 우리 아이가 다른 집에 가게 되면 그 집 가족이 된다.

> 가족이라는 것도 윤선이가 우리 집에 있으면 우리 가족이고 우리 애가 명철이네서 놀고 있으면 명철이네 가족이 되는 것 같고. 요새 명철이 엄마는 바빠서 아이들이 돌아가면서 봐주는 식으로. 하루는 이 집에 맡겼다가 하루는 명철이 엄마가 다 데려가서 그 집에서 놀고 그랬는데 지난번에 명철이가 우리 집에 한번 왔었는데 오늘은

> 명철이네 집에 가기로 했거든요. 윤선이가 오늘 기대를 하고 나갔는데 친구 집에 가 있어도 거기서 먹고 놀고 편안하고 하니까 좋아하는 것 같고… — 문영미

정 관계에 있는 가족 간에는 가족 경계가 확대되는 경험을 통해서 부모들 사이, 또 아이들 사이에도 서로 형제 같은 경험을 하게 된다. 가족들은 서로 상대방의 집안 사정을 다 알고 이해하고 있으며, 어려운 일, 기쁜 일들을 함께 걱정해 주고, 기뻐해 주면서 내 가족의 경험을 함께 공유해 주기 때문에 이들에게서 훈훈한 형제애를 느끼게 되어 도시 생활이 결코 외롭지 않다.

> 내 애를 봐주고 관심을 표시하고 또 우리 집에 대해서, 나에 대해서 관심을 표시해줄 때, 아 우리가 정말 식구구나, 그런 생각이 들어 고맙다. 우리 집이 사실 좀 그동안 불안정했으니까, 구영이 아빠가 이사장 하실 때 맨날 우리 집이 걱정돼서 미안해 하세요. 뭔가 혜택을 주지 못한 거를. 그래서 이를테면 뭐 아주 어려운 집에는 보육료를 면제해 줄 수도 있고 뭐. 근데 저는 보육료 내지 못할 형편은 아니라고 얘기를 했거든요. 근데 그런 걸 미안해 하셔요. 아유 요즘 기철이네 잘 살고 있냐, 좀 어렵지 않냐… 이렇게 항상 관심을 표시해 줄 때 고맙고… — 권미숙

조합원들 간에는 형제 같은 사람들이기 때문에 서로의 조건을 이해하니까 내 집안일도 특별한 답례 없이도 편하게 부탁할 수 있고, 또 편하게 부탁을 들어줄 수 있어서 친형제자매에게 부탁하는 것보다 더 의지가 되고 위안이 된다.

> 우리 어머니가 고춧잎 사서 들고 와야 되기 때문에 내가 차를 운전해 가지고 태워 드리면 좋은데 사정상 그렇게 할 수 없다, 그럴 때 이런 것이 가족이나 형제 같은 경우는 차를 운전해서 태워 드려 달라고 쉽게 요구할 수 있을 거예요. 그런데 도시

생활에서 그냥 그런 걸 요구할 수 있는 사람이 있다는 거. 그리고 고맙다고 얘기할 수 있는… 특별하게 답례를 하지 않더라도 고마워서 "수고했어" 말할 수 있을 만큼. 그 정도의 사람이 많다는 것은 훈훈함이죠. 그러니까 ○○에서 아는 사람을 찾으라고 하면 형제(친형제) 외에 이런 사람들이 단지마다 있다는 것은 도시 생활이 결코 외롭지 않다는 거죠. ― 김용범

특히 친형제자매가 없는 조합원들은 이곳에서 생활하면서 친구를 얻었고 더 나아가 형제자매 같은 사람들을 얻었다고 한다.

나는 애네들한테 친구를 만들어 준 그것보다, 내가 친구를 얻고 있죠. 형제 같은 사람을 얻었죠. 더군다나 나같이 형제 없는 사람… 아는 사람도 있고 모르는 사람도 있고 그런데 저는, 믿음이 가는 사람이 한두 명은 있는 거지. 정말 내 개인적인 감정이나 어려움을 의논할 수 있는 사람이 생겼다는 게 정말 좋아요. 그러니까 형제가 생긴 거나 마찬가진 거 같아요. 그냥 일상적으로 애들 때문에 만난 여태까지의 그런 만남이랑은 다른 거 같아요. 서로 대범하게 충고해 주고 이런 경우는 거의 드물다는 생각이 들어요. 그러니까 내가 얻었죠. 내가 몇 사람을 얻었죠. 더 좁히자면 한두 사람을 얻었고, 한 사람을 얻었고, 이런 식으로… ― 임소영

중원 엄마하고는 친하게 지내고 속에 있는 얘기도 막 하고, 뭐 언니처럼 생각해요. 저보다 훨씬 뭐라 그럴까, 아는 것도 많고 성격이 딱 부러져요. 배울 점도 많고 그래서 좋게 생각하고, 또 다른 엄마들도, 산딸기 같은 경우에는 친화력이 있으니까, 그것도 배울 점도 많고 그냥 친해지고 싶은 사람이고. 그리고 명인 엄마도 외딸이거든요. 근데도 성격이 굉장히 좋아요. 그래서 이렇게 친하게 지내고. 근데 집착은 없는 것 같아요. 왜 식구한테 집착하는 거 있잖아요. 그런 건 없는 거 같애. 그냥 두루두루 이렇게 친하지, 이 사람이 딴 사람하고 친하게 지낸다고 해서 내가 뭐 질투한다거나 이런 건 없는 것 같아요. 그러니까 어떻게 보면, 준 자매처럼 친한

> 사람들이 생기는 거죠. 같이 놀러 다니고 이렇게… 그러니까 저한텐 좋죠. 저야 뭐 언니나 동생이 없는데 이렇게 여기 와서 생기니… — 권미숙

이곳 사람들은 혈연관계는 아니더라도 친지나 형제 같은 사람들을 얻음으로써 이제까지 맛보지 못한 또 다른 세계를 경험하는 기쁨을 느낀다. 어른들뿐만 아니라 아이들도 이곳에서 형제자매의 감정을 경험한다. 동생이 없는 아이들은 자기 동생이 하나 생긴 것처럼 다른 집의 동생들을 돌봐 주기도 하고 언니, 오빠, 형들을 자기 친형제자매처럼 따라다니면서 좋아하기도 한다.

이와 같이 조합의 가족들 간에는 터전을 중심으로 매일을 살아가고, 생활 속에서 밀접하고 빈번한 접촉을 하기 때문에 친척보다도 더 친밀한 관계를 맺으며 교류하고, 가족의 경계가 확대되는 경험을 통해서 한 가족이라는 의식을 갖게 된다.

참여 가족 간에 형성되는 정 관계 경험은 비혈연의 핵가족들 간에 '나'에서 '우리'로 '내 가족'에서 '우리 가족'으로 인식의 변화를 경험하게 하며, 다른 가족과 다른 가족 구성원을 내 가족의 범주로 받아들이는 가족 경계의 확대 경험을 하게 한다. 이러한 경험들은 기존의 편협한 가족 개념과 내 가족 중심의 생각에 대한 변화 가능성을 제시해 준다.

가족 생활의 모델

다른 가족과의 생활을 통해 조합의 가족들은 서로서로 상대 가족의 준거집단이 되기도 한다. 이웃의 가족 분위기, 가족상, 생활 스타일 등을 알게 되면서 내 가족 생활의 모델을 찾기 때문이다. 다른 가족의 생활 방식을 배우기도 하고 자연스럽게 습득하면서 나의 가족 생활의 모습에

변화를 주기도 한다.

> 사람들 좋으면 금방 따라 하잖아요. 어느 가족이 어디 가니까 가족끼리 놀러 가니까 참 좋더라, 이러면 나도 거기 꼭 가 봐야지. 뭐 이런 거. 어느 가족이 좋은 취미를 가져서 뭐 애들한테 이렇게 해준다 하면 나도 저렇게 해야지 내가 닮고 싶다기보다는 구체적이고 세세한 부분들 많이 배워 가는 거 같아요. 그냥 자연스럽게 습득하는 거 같아요. ─ 권미숙

한편, 어떤 가족들은 다른 가족들의 생활 모습을 보고, 나의 가족엔 가족문화가 없었다는 인식을 하기도 한다. 생업 때문에, 아이 키우는 데 허덕이느라 가족끼리 함께 무엇인가를 한 경험이 없음을 인식하면서, 이곳에서 가족끼리 함께하는 문화에 차츰 젖어든다. 가족끼리 함께 시간을 보내는 것이 참 어려웠던 권미숙 씨도 남편이 이곳에서 다른 가족들이 아이 키우며 사는 모습을 들여다보게 되면서 가족에 대한 의식, 그리고 가족끼리 함께하려는 모습으로 변하는 것을 보게 된다.

> 기철이 아빠가 얼마 전까지만 해도 친구들이 전부 총각이었어요. 그래가지고 문화가 총각들 문화인 거예요. 밤 늦게까지 술 마시고 좀 밤 늦게도 전화하고. 식구들끼리 모이는 문화가 없었어요. 어디 나가도 모임에 나가도 자기 혼자 딱 나가서 늦게까지 놀다 오고. 처음 결혼해서 그런 걸로 되게 스트레스 많이 받았어요, 제가. 그랬는데 기철이 아빠가 요즘 달라지는 것 같더라구요. 친한 친구들도 결혼을 해서 임신을 하고 뭐 이런 상태고, 또 어린이집 생활에 젖어 있으니까 다들 결혼해서 이렇게 아이 키우면서 살아가는 모습들이니까 점점 그런 분위기에 맞춰지는 것 같아요. 그래서 얼마 전에 처음으로 저한테 친구 집들이하는 데 같이 가자 그러더라구요. 근데 너무 이게 우습게 들리겠지만 그런 말한 적이 없어요. "혹시 나도 가면 안돼?" 해서 기철이 데리고 쫓아간다거나 했지, 기철이 아빠가 먼저 자기 친구들 모이는 데 같이

가자 그런 적이 없었어요. ― 권미숙

홍은미 씨는 부부가 함께 미술관에 다니는 등, 식구들이 함께하는 시간을 많이 갖는 명윤이네를 참 부러워한다. 그래서 자신이 다른 가족과 함께해서 좋았던 경험을 자주 남편에게 이야기하면서 무언으로 설득하게 되었는데, 결국 남편도 어느 사이인가 "일요일에 인사동에 가자"면서 가족 단위의 문화생활을 스스로 제안하게 되었다고 한다.

또한 김용범 씨는 가족 간의 개방적이고 전면적이고 친밀한 교류에서는 가족 생활 자체가 공개되기 때문에 내 가족 안과 밖에서 내 가족의 이중적인 부분들을 많이 지양하고 줄여서 스스로도 불쾌감이 많이 없어졌다고 한다.

그리고 가족 간에 함께하는 삶을 통해 가족들 간에도 어느 정도 생각의 평준화, 문화의 평준화를 이루게 된다고 한다. 즉 지나치게 다른 가족의 문화를 갖고 있거나, 다른 가치관을 가지고 있었던 가족들이라고 하더라도 하나의 중점을 찾아오기 때문에 생각이나 문화가 비슷해지기도 한다.

> 우리 자본주의 사회에서 살면 누구나 인정할 건데, 묘하게도 지나칠 정도로 한 가정에 신경을 안 쓰는 부류와 지나칠 정도로 가정적인 부류 간에 만난다는 거죠. 지나칠 정도로 가정적인 사람들은 어쩌면 자본주의의 가장 이기적인 습성인 건데, 자기 자식이나 우리 가족, 이것밖에 모르는 사람이라고 말할 수 있고, 그런 가족 이기주의에 물든 사람들도 변화되고 그 외에 반대쪽에 있는 사람들도 변화되어 가지고 중점을 찾아서 온다는 거예요. 그 느낌이 오거든요. 그런 변화의 모습이 스며든다는 거죠.
> ― 김용범

여기서의 생활 경험이 도회적인 생각이나 문화에서 즘 벗어나게 해주는 것 같아요.

그리고 하여튼 엄마들도 보면 소박해요. 뭐 돈이 있어도 별로 쓰질 않는 것 같고, 일단 관심사가 그런 데 별로 안 가는 것 같아요. 어떻게 보면 내가 돈은 없는데 그런 거 더 좋아하는 거 같애(웃음). 그러니까 모이면 참 건강해요. 아이들 문제, 아니면 어린이집 문제… 아니면 엄마들 자기 세계, 자기 취미 같은 거 이런 거 얘기하고 이러지, 그렇게 정말 뭐 어디 가면 뭐가… 쇼핑하고 이런, 특히 이런 문화가 없어요. 진짜. ㅇㅇ에 사는 엄마들 굉장히 소박한 것 같아요. 그런 게 참 좋아요.
— 권미숙

참여 가족들간의 공동체적인 삶은 이웃과 더불어 사는 가족의 일상적 삶에 집중하게 하며, 이를 통해 자기 가족의 삶의 방식을 찾아내고, 가족에 더욱더 충실하게 한다. 그리고 이웃과 함께하는 충만감과 행복감은 나아가 가족의 새로운 삶의 질을 향상시키는 토대가 된다.

지역 사회를 향해

한편으로 여기에서 이웃이란 공동육아에 참여하는 가족들로 제한되기 때문에 공동육아에 참여하지 않는 집단 외 이웃과는 매우 단절된 관계를 맺고 있어서 공동체성이 외부로 확산되지 못하고 또 하나의 폐쇄성을 경험하기도 한다.

집단 안에서만 상호 의존하고 교류를 충족하는 것은 집단 외 이웃들과 거의 단절된 삶을 살게 한다. 퇴원 후에도 저녁 마실을 가고 주말과 여가를 같이 보내므로 집단 외 이웃과는 교류할 시간적 여유가 많지 않으며, 관계하고자 하는 욕구를 일으키지도 않는다. 또한 가족의 어려운 일이 있을 때는 집단 내에서 도움을 주고받으면서 해결되기 때문에 집단 외 이웃을 사귈 가족적 필요도 거의 느끼지 못한다. 그래서 집단 외의 다른 이웃들과 교류하는 것을 보고 '능력 있다'고 표현할 정도로 대부분의 가족들은 조합원 이웃이 아니면 아는 이웃이 없다고 말할 정도다.

> 제가 얼마 전부터 미용 같이 배우던 엄마들하고 산을 오르거든요. 그때 오르면서 여러 이야길 하는데 제가 누구 이야기할 때마다 나오는 게 다 어린이집 엄마, 아빠 이야기밖에 없더라구요. 근데 보니까 아는 사람이 여기밖에 없는 거예요. 근데 부족함이 없이 생활하잖아요. 그리고 여기 엄마들에게 미용하는 아줌마들이랑 등산 갔다 왔다고 그랬더니 "와 능력 있다, 나는 여기 어린이집 밖에 모르는데" 그렇게 이야기 하더라구요. 별로 부족함을 못 느끼는 것 같아요. 한번 여기 소나무 선생님(원장)이 조합원 교육 때 사람들이 아이를 맡길 때가 없다고 걱정하자, 동네 이웃은 안 사귀고 뭐하냐 조합원들끼리 너무 친하게 지내서 이웃사촌들한테 무심한 것 아니냐, 그런 이야기하셨대요. — 홍은미

공동육아 참여 가족들은 집단 정체성을 형성하면서 집단 내 이웃들과 집단 외 이웃들간의 뚜렷한 차이점을 발견해 나간다. 즉 집단 외 이웃들과는 육아관이 다르고, 교류하는 가족 구성원이 다르며, 공유의 정도가 다르다는 점을 인식하고 있다. 집단 외 이웃들과는 자녀 교육에 대한 생각이 기본적으로 다르기 때문에 공동육아 이념에 바탕을 둔 자신의 육아관에 대해 이야기하기 어렵다. 또 자녀 양육 방식에 대한 지적이나 조언도 하기 어려우며, 아이의 문제를 함께 고민하지 못하기 때문에 내면을 진실하게 내보여 주는 친밀한 관계 형성이 어렵다. 그래서 집단 외 이웃과는 피상적인 접촉을 하게 되고, 우연히 마주칠 때는 의례적인 인사를 하는 정도에 그친다.

> 이웃들은 전혀 몰라요. 담을 쌓고 지내죠. 여기 와서 이 정도인데 여기 이웃들(조합원

> 이웃)하고는 그렇지 않아요. 생각이 비슷하니깐 이야기가 자연스럽고 아이들 이야기도 할 수 있는데, (조합원 아닌 이웃들과는) 육아 문제에서 너무 다르다는 생각이 들어요. 제가 생각하고 있는 거랑 너무 다르다. 그러니깐 사람들(조합원 아닌 이웃들)이 하는 이야기를 경청해야 하는데 귀담아듣지 않게 되고 별로 듣고 싶지 않다 하니깐 멀어지는 것 같아요. ─ 박경미

이러한 집단 안팎 이웃들 간의 인식의 차이로 집단 내 이웃들은 집단 외 이웃들과는 다르다고 구별하면서 집단 내의 독특한 색깔을 더욱 뚜렷하게 인식하게 된다.

그리고 간혹 종교 활동이나 취미 활동을 통해 조합원이 아닌 이웃과도 교류하기는 하나, 개별적이고 제한적인 만남이라 빈번한 교류가 생기기 어렵다. 집단 내 이웃은 육아에 대한 공통 관심사를 비롯하여 많은 것을 공유하고 있으나, 집단 외 이웃들과는 공유하는 부분이 거의 없으며, 공유의 정도도 약해서 이들을 연결시켜 주는 끈이 없다.

집단 외 이웃의 배타적인 시선을 경험하기도 한다. 즉 아이를 기존 유치원이 아닌 공동육아에 보낸다는 것 때문에 집단 외 이웃들로부터 소외되는 것을 느끼며, 돈 있고, 극성스런 엄마들의 유별난 집단으로 바라보는 편견 때문에 힘겹다.

> 나는 거기 9단지에 살던 조합원들이 다 이사 가고 나서 한 달 뒤에 나도 이사 가겠다고 결정한 게 거기서 이웃이 없어 가지고. 그러니까 뭐랄까 우리 애가 따돌림을 받는다는 생각이 들었어요. 저 엄마는 기존 유치원이 아니라 다른 데 보내는 엄마. 그리고 맨날 수군수군하고 좀 그러는 거 같더라구. 근데 그게 못 견디겠더라구요. 그랬는데 이제 여기 3단지로 이사 와서도 "애 어디 보내세요" 이러는데 "공동육아…" 이게 안 나오고 "예, 애 저기 어린이집이요" 이렇게 되더라구요. 사람들이 우리를 바라볼 때 뭔가 알부잔 것 같고, 유난 떠는 엄마들의 치맛바람, 뭐 이런

식으로 보는 거 같아요. — 임소영

따라서 참여 가족들은 집단 내에서 '우리'라는 강한 관념을 가지고 있으나 '우리' 외 관계에서는 '우리와는 색깔이 다른 사람, 가족, 이웃'이라는 배타적인 관념을 가지게 된다. 이러한 집단 내외 이웃 간의 닫힌 구조에서는 집단 내 가족들을 더 결속하게 하며, 결속력이 높을수록 집단 외 이웃들과는 더 폐쇄적인 생활을 하게 된다.

한편, 개별 가족 안에서는 집단 외 이웃과 거의 단절된 삶을 살고 있다 하더라도 집단 차원에서는 지역 사회에 공동체성을 확산하는 것을 매우 중요한 과제로 보고 있기 때문에 노력들을 하기도 한다. 즉 지역 사회에 공동육아를 알리기 위해 공동육아 설명회를 지역 주민 대상으로 개최하기도 하고, 개원 기념 행사 등에 지역 주민을 초청하거나 자발적으로 참여하도록 열어 놓기도 한다. 그러나 지역 사회와 공동체성을 형성하려는 노력의 출발도 사실상은 지역 사회에서 민원이나 불평의 소리가 들리지 않아야 터전이 계속적으로 유지될 수 있기 때문에 지역 주민과의 친교가 중요하다는 집단의 이기성이나 필요성에 기인하고 있는 측면도 있다. 지역 사회와의 교류에 대한 인식이 어디서부터 기인했든 집단 차원에서는 지역 친교 프로그램을 개발해야 한다는 의견에 참여 가족들 모두 공감하고 있으며, '우리끼리' 공동체가 아닌 진정한 공동체성을 형성하기 위해서는 지역 사회와 함께해 나가야 한다는 것을 미래의 과제로 인식하고 있다.

이와 같이 지역 사회 이웃들과 교류가 없는 조합 내의 끈끈한 교류가 자칫 '우리' 이외의 관계에 대해서는 폐쇄적인 경향으로 나타날 수 있어서, 집단이 갖고 있는 공동체성이 외부로 확산, 승화하지 않으면 폐쇄성이라는 공동체의 자체 모순에 빠질 수 있다는 위험을 안고 있다.

공동육아 협동조합 참여를 통한 이웃과 가족 관계의 변화를 중심으로 살펴보면, 참여 가족들은 집단 외 이웃과의 단절된 삶을 제외하고는 참여 가족들 간의 공동체적 생활을 통해서 이웃, 가족 관계에서 대체로 긍정적인 변화를 인식하고 있었다. 이러한 긍정적인 변화 인식은 정보 제공자들이 공동육아에 철저히 문화화되어 있고, 강한 집단 소속감과 정체성을 형성하고 있어서 가족 간의 공동체적 생활의 전형성을 잘 보여 줄 수 있으리라 판단되는 사람들이기 때문일 것이다.

참여 가족들이 집단 내, 집단 외 이웃들과 차별화된 교류를 하고 이 때문에 '우리끼리' 공동체의 폐쇄성이 우려된다. 그러나 이들 가족들은 내부에서 공동체 생활을 형성해 나가는 과정에 있으며, 집단 내부의 공동체 생활이 잘 형성되고 나서야 외부 사회와도 공동체 생활을 형성할 힘과 가능성이 생긴다. 아직까지는 집단 밖의 더 넓은 사회적 관계로 확대하는 공동체 생활은 쉽지 않으며, 끊임없이 노력해야 하는 과제다. 또한 더 큰 사회적 관계 속에서 공동체성을 형성하기 위해서는 외부 사회의 가족들과 집단들이 거부감을 느끼지 않고 자연스럽게 수용될 수 있는 틈이 주어져야 한다. 이러한 과제를 실천하려는 노력이 없다면 공동육아 협동조합은 육아 실험 집단으로서 지속성을 유지하기 어려울 수 있다(류경희·김순옥, 2001b). 가족이 지닌 공동체성의 긍정적인 유지는 바로 지역 사회, 전체 사회와 맺는 관계 속에서 가족이 자기 이익에만 집착하는 편협한 태도를 버리고 더욱 건설적이고 포괄적인 사회적 애정을 실천하는 주체가 되었을 때 비로소 가능하기 때문이다(신용하·장경섭, 1996). 그러므로 지역 사회와의 친교 프로그램 등의 활성화로 조합원이 아닌 이웃과도 함께할 수 있는 방법을 계속 모색해야 한다.

공동육아, 미래형 대안 가족

'공동체'란 이 개념이 드러났던 역사적 맥락이나 사용 빈도에 비해 명확하게 개념화되어 있지 않다. 많은 서구 사상가들이 이 개념을 정의하려고 했지만 각기 공동체의 단면만을 분석하기 일쑤다. 오늘날 우리가 일상생활에서 사용하는 공동체 개념은 적게는 39개(최재석, 1972)에서 많게는 94개(Bell & Newby, 1972)에 이르기까지 다양하게 되었다.[15] 하지만 포플린(Poplin, 1985)은 사회학자들이 기본적으로 공동체[16]라는 말을 다음 세 가지 가운데 한 의미로 쓰고 있다고 했다.

우선 공동체는 흔히 감옥이나 종교적 조직체들, 소수 집단들, 동일 직종의 구성원들과 동의어로 쓰이거나 군사적 조직 등 사회 전반적인 현상에 두루 사용된다. 또는 심성적, 정신적인 현상을 가리키기 위하여 사용되기도 한다. 이웃 사람들과의 유대 관계, 공통적으로 바라는 것에 대한 막연한 동경, 운명을 함께하는 사람들에 대한 친족적, 우애적인 유대의 확장(Miner & Greer, 1969)이며 단순한 지역 사회를 넘어서 고도의 개인적 친밀성, 감정적 깊이, 도덕적 확신, 사회적 응집과 시간적 연속성이란 특징을 지니는 모든 형식의 관계를 포괄하는 개념이다(Nisbet, 1966 [秋元律郎, 1990 재인용]). 이런 심성 공동체의 특성은 의미 있는 집단에 속해서 공동 목표를 추구하고 있다고 느끼는 '심성적 통일성'을 갖고 공동체에 참여하려는 자발적인 욕구가 강하다. 또, 구성원들 간에 본래적인 의미와 가치를 지닌 전인격임을 늘 염두에 둔다(신용하, 1985).

마지막으로 공동체라는 말은 일정 지역, 또는 거대 도시처럼 사회적 지역 단위를 의미하기도 한다. 즉, 사람들이 가정을 꾸려 생계를 유지하며 아이를 키우고 생활하는 장소다. 지역성은 공동체를 정의하고 뿌리내리는 유일한 토대지만, 교통과 정보 통신이 발달한 현대 사회에서는 지역 자체보다는 '원활한 관계망'이 더 중시될 수 있다(구자인, 1996).

한편, 우리말로 공동체를 정의하자면 '더불어 사는 삶의 터전'인데 이 터전이란 말은 이러한 공동체적 삶의 원리가 실체화된 공간, 즉 삶과 문화가 있는 장소를 말한다(정규호, 1997).

공동체 가족이란

이와 같은 공동체 개념에 근거하여 '공동체 가족'의 개념을 살펴보면, 혼인과 혈연을 기반한 기존의 가족틀을 벗어나서 개별 가족이 더는 수행하지 못하는 공동체적 기능을 회복하고, 동시에 핵가족의 문제점들을 극복하려는 개인과 가족들의 복합체를 공동체 가족으로 볼 수 있다(박민선, 1995). 이 관점에서는 공동체의 개념을 더 확대하여 하나의 가족과 같이 공동의 주거 또는 생산 공동체나 소비 공동체를 조직하지는 않으나, 지역이나 직장에서 가족이나 개인이 직면하고 있는 공동의 문제를 해결하기 위해 시도되고 있는 다양한 형태의 운동들, 즉 안전한 먹을거리의 공동 구입을 매개로 소비자와 생산자인 농민이 연대하는 생활 협동조합, 육아를 공동으로 해결하는 육아 협동조합, 지역의 환경 문제를 자치적으로 해결하려는 환경 운동이나 교육 문제 해결을 위한 학부모 시민 운동도 넓은 의미의 공동체 가족에 포함할 수 있다.

이런 논의들에 기초해서 이 책은 핵가족의 고립, 자녀 양육, 자녀 교육, 환경 등 다양한 일상생활의 문제점을 인식하고 대안을 모색하는 과정에서 공동 관심을 갖고 있는 다른 가족들과 자율적으로 관계망을 형성하여 대안적 가족의 구체적인 삶의 현장을 만들어 가는 가족들의 복합체를 공동체 가족으로 정의하고 있다.

오늘날의 가족 생활은 이웃에서 고립되기 쉽고, 친족 집단도 지역적으로 떨어져 있고 직장 생활이 바쁜 탓에 특별한 경조사가 없는 한 함께 만나기 힘들어졌다. 즉 개별 가족을 사회와 연결하는 2차 집단이 부재하게 되었고(장현섭, 1995), 그 결과 이웃과의 공동체성이 약해졌다.

가족 간의 공동체적 기반이 상실되면 자녀 양육뿐 아니라 부모 자녀 간에, 부부간에, 형제 간에 대화가 단절되고 협력하기 어려우며 이웃, 지역 사회, 친족 집단들이 서로 고립되고 여성 소외와 역할 갈등 문제, 노인 소외 같은 핵가족 문제들이 더는 개별 가족의 범위에서 해결될 수 없게 된다. 여기서 과연 핵가족이 미래 사회에서 그 기능을 다할 수 있는가에 대한 의문이 생겨나고 가족 간의 공동체적 삶에 대한 필요성을 강하게 인식하게 된다. 즉 핵가족의 불안정성과 모순을 보충하기 위한 일환으로 미래 사회에서는 다양한 양상의 대안적 가족 형태가 나타나리라 전망되는데, 대안적 가족 형태들 중에서도 가족 간의 공동체적 삶의 방식을 선택하는 공동체 가족이 기본적 가족 연대감, 공동체적 사랑, 이웃 간의 유대를 회복하며 개별 핵가족의 문제를 해결해 나갈 수 있는 힘을 갖게 하는 대안적 가족의 한 형태가 될 것이다.

오늘날은 삭막한 도시 생활에서 가족적 의미를 찾고자 하는 사람들로 형성된 도시 공동체(정해은, 1992; 문영미, 1996; 한국불교환경교육원 편, 1997),[17] 새로운 생활양식을 위한 주거 운동으로 공동 주거 운동(한국불교환경교육원 편,1997),[18] 지역 사회 안에서 핵가족의 문제를 가족끼리 연대해 해결하려는 가족 간의 공동체 생활(류경희·김순옥, 1999)이 가족에 대한 대안 형태로 나타났다.

우리 나라에서는 1980년대 후반에 들어서면서 지역 사회를 바탕으로 이웃, 지역 사회와의 고립, 자녀 양육, 자녀 교육, 환경 등과 같은 핵가족이 직면하고 있는 문제들을 소규모로 분화된 고립된 핵가족의 과제로 여기기보다는 비슷한 해결 과제를 가진 가족들 간의 연결망 형성을 통해서 다양한 형태로 협업하려는 모색과 실험을 하고 있다.19 즉 가정과 각 개인의 결단에 의해서 서로 존중하며 공존할 수 있는 공동체적인 삶이 지금 조심스럽게 시도되고 있다(류경희·김순옥, 1999).

먼저 비슷한 지역에 사는 몇몇 가족이 모여 가족원 간의 관계와 이웃 가족과의 관계를 회복함으로써 건전한 가족을 이루고 나아가 건전한 사회를 실현하는 좋은 가족 만들기를 주요 주제로 삼는 모임으로 「한자녀 가족모임」, 「좋은 아버지가 되려는 사람들의 모임」, 「원이네와 민화네 공동주거 가족」, 「한울타리 가족모임」, 「문촌회-일산 6가족 모임」, 「녹색조직-과천 5가구의 가족공동체 생활」 등을 들 수 있다.

자녀 양육과 교육을 주요 주제로 하는 모임에는 「아버지 교실」, 「열린 사랑」, 「열린 어머니」, 「광명 아이사랑」, 「좋은 아버지 교실」, 「좋은 엄마들의 모임」, 「공동육아 협동조합」, 「품앗이 공동육아」 등이 있다.

이밖에도 사회 제도의 잘못된 점을 시정하고자 하는 목적으로 사회 운동이나 시민 운동의 성격을 띠고 사회 전체의 변화까지를 꾀하고자 하는 것으로 안전한 먹거리를 통한 생명 문화 창조 운동 차원의 「부천 YMCA 생협 등대모임」, 「안양 YMCA 생협 등대모임」, 「광명 YMCA 생협 등대모임」, 자녀들에게 환경의 소중함을 알려 주고자 하는 「참나무와 도토리들」, 환경 운동 차원의 「에코가족모임」, 생태 마을 운동 차원의 농촌 공동체인 「농촌의 두레마을을 지향하는 가족들」, 「푸른누리공동체」, 「야마기시즘 사회경향 실현지」등의 사회 변혁 공동체를 들 수 있다.

이 대안 공동체들은 성원 간의 원활한 네트워크를 형성할 수 있는 공통의 유대와 사회적 상호 작용이 주요 특성이며 의식주 같은 가족 생활과 가족의 관심사를 부분적으로 공유하면서 깊은 유대감과 일체감을 형성하고 있다. 우리 나라에서 지역 사회를 발판으로 한, 가족의 대안 형태들은 좋은 가족, 좋은 이웃 만들기, 자녀 양육과 교육, 사회 변혁 등 관심사를 공유하면서 공동체적 삶을 형성해 나가고 있다.

또한 자녀 교육과 양육 문제, 좋은 부모의 역할을 가족 간에 공유하여 해결하고자 할 때 특히 여성들이 공동체 가족의 초기 결성 주체였다는 점이 특징이다. 남성은 여성에 비해 가정에서 머무는 시간이 적고 직업에 더 관심을 가지고 있으며 또 그렇게 사회화되고 있는 반면, 여성은 남성에 비해 가정에서 머무는 시간이 많아서 자녀 양육과 교육, 환경 등과 같은 일상생활의 문제들에 직접 맞닥뜨려 이러한 문제 인식을 중심으로 지역 사회 내 이웃들과 쉽게 정보를 교환할 수 있기 때문이다. 또한 여성의 특성으로 여겨지는 관계 지향성, 자연 친화성 등의 성향이 공동체적인 속성과 더욱 가깝기 때문에 남성보다도 여성이 공동체 가족 형성의 주체가 될 가능성이 크다.

가족의 대안 형태들은 평등한 인간관계에 기초한 가족 관계를 만들어 간다. 생물학적 성별, 연령, 재산, 지위 등에 따라 결정되는 경직된 역할 수행을 거부하고 상대방을 서로 지지해 주는 민주적인 가족을 원하는 것이다.

모두 동등한 자격으로 참여하여 의사 결정하고, 성차별 개선에 주력한다. 가족의 대안 형태를 설립하거나 여기에 참여하는 동기 가운데 하나가 바로 성차별 구조를 변하게 하고자 하는 것이었고, 실제 평등한 인간관계와 평등한 가족을 수립하려는 동기에서 공동체를 만들고 있다.

또한, 친밀한 가족적 감정을 갖고 개별 가족 영역에서만 채워졌던 기본 욕구를 충족할 수 있다. 가족 생활을 다른 가족에게 공개함으로써 핵가족을 구분하는 경계를 확장하고 다른 사람, 다른 가족과도 친밀한 가족적 감정을 갖게 된다. 이들 집단들은 가족 기능과 같은 사회화, 자아 정체감 형성, 정서적 지지를 수행함으로써 서로의 욕구를 충족한다.

공동체 가족이 형성되는 과정을 보면, ① 우연한 만난 자리에서 친분 관계를 유지하다가 자발적으로 가족들의 모임이 형성된 예(좋은 아버지가 되려는 사람들의 모임, 원이네와 민화네 공동주거 가족, 한울타리 가족모임, 일산 6가족 모임인 문촌회, 과천 5가구 가족공동체인 녹색조직) ② 자녀 교육이나 양육 등의 한 이슈를 중심으로 일단 가까운 주변 사람들이 소규모로 결성해서 각 소규모 모임들끼리 서로 정보를 교환하면서 문제를 해결하는 관계망을 형성한 예(한자녀 가족모임, 공동육아 협동조합, 좋은 엄마들의 모임, 품앗이 육아) ③ 처음부터 중심 기관이 설립되어서 공동체 가족 운동을 전개하는 예(부천 YMCA생협 등대모임, 안양 YMCA생협 등대모임, 광명 YMCA생협 등대모임, 에코가족모임) ④ 어떤 중심 기관이나 단체에서 회원으로 활동하다가 한 이슈를 중심으로 공감대가 형성되어 자율적으로 소모임을 만들어 서로 정보를 교환하면서 문제를 함께 해결하려는 관계망(아버지교실, 열린 사랑, 열린 어머니, 광명 아이사랑, 좋은 아버지 교실, 참나무와 도토리들) ⑤ 귀농에 뜻을 둔 사람들이 생태 마을 조성이나 유기농업 단지 조성과 같은 장기적인 이상을 가지고 공동체 생활을 시작하는 예(푸른누리공동체, 농촌의 두레마을을 지향하는 가족들, 야마기시즘 사회경향 실현지) 등이 있다.

이들 공동체는 가입과 탈퇴가 자유로운 편이며 폐쇄적인 성향으로 흐르지 않도록 다른 지역 공동체, 그리고 지역 사회와 원활한 관계망을 형성하고자 노력하고 있다. 공동체 내부에서는 성원들이 하나가 될 수 있는 공동체적 의식인 '우리 감정'을 형성하고 있다. 집단 전체와의 의미 깊은 접촉을 통해 하나됨을 체험하고 '우리 의식'을 키워 가는 것이다. 현대의 개인은 자율적으로 공동체적 생활에 참여하여 우리 감정을 갖는데, 이는 가족의 대안 형태들의 응집력에 영향을 준다.

공동체 가족은 가족 간의 공동체 생활의 성공을 위해 노력하되, 공동체를 형성하는 과정에서 생겨나는 문제점과 갈등을 해결해 가면서 완성되는 과정을 소중히 하며, 그 과정적인 삶에서 충분히 기쁨을 찾는다. 그래서 역기능적인 측면을 충분히 고려하고 있음에도 실험 정신과 희망을 가지고 대안 가족으로서 공동체 가족의 삶에 계속 도전할 수 있다(류경희·김순옥, 1999, 2000). 이처럼 가족의 대안 형태들 또는 공동체 가족은 가족 생활과 가족 관심사의 부분적 공유, 친밀한 가족적 감정, 우리 감정 등의 공동체적 의식, 그리고 가족이 수행하는 사회화, 자아 정치감 형성, 정서적 지지 기능을 수행하면서 인간의 욕구를 충족시킨다는 점에서 가족의 본질과 유사한 성격을 띤다. 이들은 유사 가족, 의사 가족, 가족과 가까운 생활 방식 등으로 묘사될 수 있었기(Burr, W.R., et al., 1993) 때문에 가족 간 공동체 생활은 이제 독특한 가족 생활 유형으로 받아들여지고 있다.

한편, 우리 나라에서 생겨난 이러한 가족 간의 공동체적 생활은 단위 가족 생활에서 다음과 같은 변화를 기대하게 해준다(류경희·김순옥, 1999). 우선, 가족과 가족이 모여서 큰 가족 집단을 경험하기 때문에 참여 가족 간에 공동체 의식을 가질 수 있고, 이웃을 돌아볼 줄 아는 시각이 생긴다. 또, 자녀의 사회화를 새로운 방향으로 유도할 수 있다는 긍정적인 전망을 제시한다. 즉 다음 세대 자녀들은 구성원 모두가 스스로 참여하고 협동하여 자신의 느낌을 말하고 종합해 가는 과정을 자율적으로 학습해 나갈 것이며, 가족 간의 공동체 사회를 지향하는 21세기에 필요한 인간상으로 길러져 새로운 가족상을 만들어 내는 주역이 될 것이다. 또한 공동체 생활이 아이들에게 보장해 줄 수 있는 또 하나의 이점은 어른들과의 다양한 관계에서 여러 역할 모델을 제공받는다는 점이다(장정순, 1986). 박숙자(1992)의 연구에서도 미취학 아동기의 공동생활 경험이 몇 년 후의 아동의 사회적 성숙, 특히 사교성과 공동체 지향성에 긍정적인 영향을 미친다고 했는데, 이는 기혼 취업 여성과 소수 자녀 가정의 증가 추세에 비추어 볼 때 앞으로 개별 양육보다는 공동 양육을 권장해야 함을 시사해 준다. 공동 양육이 극단적 가족이기주의를 극복하고 자율적이며 공동체 지향적인 사회를 건설하는 데 기여할 수 있으리라는 근거를 제공한다. 마찬가지로, 가족 간의 모임을 통해 다른 가족들과 만남으로써 자신의 가족을 객관적인 시각에서 조명하여 갈등이나 문제의 근본적인 원인이 어디에 있는가를 발견할 수 있으며, 가족이 안고 있는 문제들을 의논함으로써 신뢰 속에서 해결 방안을 합리적 수단을 통해 탐구하고 해결해 나갈 수 있다. 즉, 가족의 위기가 통제할 수 없을 정도에 이르기 전에 위기를 창조적으로 승화할 수 있는 능력과 관계를 미리 키워 가는 산 교육의 장이 된다.

마지막으로, 가족 간의 모임은 연령별 구성이 아니라 세대 간 집단이므로 부모 세대와 자녀 세대 사이에서 관계 형성을 더 쉽게 할 수 있다. 그리고 서로 다른 가족의 부모, 자녀들과 관계를 맺음으로써 자신의 부모, 자녀들에 대한 이해의 폭을 넓혀 간다. 이와 같이 공동체 가족은 핵가족의 문제를 공동체적으로 접근하여 해결을 가능케 해 주며, 그동안 소원하게 지냈던 이웃이나 사회의 다른 가족들과 연대하게 하여, 함께 사는 세상임을 확인하고 궁극적으로 가족원 사이 관계의 질을 향상시킬 것이다.

이런 효과들은 가족과 분리된 개인으로서 공동체에 참여하기보다 공동체 생활에 가족이 전부 참여할 때 특히 높을 것이다. 가족과 분리되어 개인으로 참여하면 가족으로부터 자신이 단절되고 나아가 공동체적 연대도 단절되는 한계가 있는 반면에, 가족 전체가 참여하는 교호 관계는 오래 지속될 수 있으며 각 가족원의 가족 내 역할과 공동체적 역할이 서로 강화하는 방향으로 조화롭게 결합해서 공동체 생활의 목적을 달성하고 가족 문제도 해결할 수 있기 때문이다(신용하·장경섭, 1996).

공동육아 협동조합이 왜 대안적 가족 형태인가

상처받고 힘들어하는 가족의 모습을 벗어나려 대안을 찾는 과정에서 사람들은 보편적 가족 형태인 핵가족이 미래 사회에서 그 기능을 다할 수 있는가 의문을 가진다. 오히려 친족, 이웃과의 유기적 관계와 공동체적 삶이 일상에 자연스럽게 배어 있던 전통 사회 대가족 제도에 향수를 느끼기도 한다. 전통 대가족의 풍경을 상상해 보자. 남자들은 사랑방에 모여 새끼를 꼬거나 이야기를 하면서 친근해진다. 여자들은 바느질을 같이하면서 서로 이해하는 시간을 갖는다. 아이들은 사회적으로 고립된 어머니가 혼자 돌보거나 집안에서만 놀지 않고 집 밖에 나가 다른 아이들과 함께 놀며 마을 공동체의 이웃과 친척들이 눈여겨보는 가운데 자란다. 밤에 오줌 싼 아이는 아침이 되면 키를 쓰고 온 마을을 돌며 집집마다 한마디씩 꾸중을 듣고 소금을 얻어 온다. 집에서 아이가 작은 잘못을 해도 온 마을이 공동체가 되어 교육하는 것이다. 가족 생활은 개방적이어서 부부 문제 같은 어려움도 이웃이 개입하여 중재할 수 있었다. 가족의 일상에서부터 이웃끼리 상부상조하는 미덕을 키워 두레, 품앗이, 계와 같은 상호 협동적인 공동체 조직도 있었다. 그러나 전통으로 회귀하는 것은 사실상 불가능하며, 대가족 제도의 불합리한 점도 많았기에 우리는 전통에서 가족 생활과 공동체 문화에 대한 지혜를 얻고 오늘의 시대에 맞는 새 대안을 모색해야 한다.

나는 이제 지역 사회를 바탕으로 가족 간에 연대하여 가족의 어려움을 극복하는 '공동체 가족'의 한 형태인 공동육아 협동조합을 가족의 새로운 대안으로 제시하고자 한다. 여기서 공동체란 기존의 유토피아적인 개념이 아니라 집단 구성원의 조건에 맞는 현실적이고 합리적인 개념이다. 공동체 가족이란 앞서도 말했듯이 일상생활에서 다양한 문제점들을 인식하고 대안을 모색하는 과정에서 공동 관심사를 가진 가족들이 자율적으로 관계망을 형성하는 가족 복합체들이다. 이들은 유대 관계로 맺은 공통의 사회적 기반에서 평등하게 상호 작용하며 대안 가족으로서 구체적인 삶의 현장을 엮어 나간다(류경희·김순옥, 1999).

오늘날 가족이 지닌 문제점들을 한꺼번에 보완하고 해결해 줄 수 있는 공동체를 기대한다는 것은 이상일 뿐이다. 개별 가족들이 직면한 문제점들은 그 가족의 상황에 따라 다를 수밖에 없고 해결하고자 하는 문제 영역에 따라 다양한 형태와 내용의 공동체 가족이 대안적 가족 형태로서 생겨나기 마련이다. 그럼에도 자녀 양육 및 교육의 문제는 대부분 공통적인 관심사이기 때문에 어느 가족이나 함께 가족 간에 공동체적인 연대 방식을 받아들일 가능성이 크다. 또한 가족을 단위로 공동체 생활을 할 때는 다른 가족을 가족의 범주로 받아들이면서 가족이 본래 갖고 있던 공동체성이 내 가족 외부로 확산하여 하나로 어우러지는 공동체성이 발현되기 쉽다.

공동육아 협동조합은, 단위 핵가족 안에서 해결하기 어려웠던 자녀 양육과 교육이라는 영역을 가족 간의 공동체적인 연대 방식으로 보완, 해결하기 위해 실험적인 시도를 거쳐 등장한 대안적인 가족 형태다. 자녀 양육이라는 이슈를 중심으로 같은 지역의 가족들이 소규모 모임을 결성하고, 정보를 교환하면서 관계망을 형성하다가 주변의 다른 가족들도 관계망 속에 들어오면서 적정 규모가 되었을 때 하나의 조합으로서 체제를 갖추는 의도적이고 계획적인 특성을 지닌다. 같은 지역 사회 안에서 함께 생활하고, 공동육아라는 이념을 공유하고 있으며, 아이를 대상으로 하는 육아 방식에 대한 하나의 실험이다. 지역과 이념을 공유한다는 것 자체가 연대할 수 있는 토대가 되며, 아이를 대상으로 하는 실험이기 때문에 위험성이 매우 높고 다른 실험처럼 현실에서 당장 결과물을 내거나 검증할 수 없다.

그럼에도 공동육아 협동조합에는 조합원들이 졸업해서 떠나면 또 새로운 가족이 들어오기 때문에 지속적으로 공동체 구성원이 바뀐다. 이러한 멤버 교체 과정은 곧 '생산성'의 개념으로 받아들여진다. 즉 공동육아 이념을 알아가는 사람들, 이웃과 더불어 사는 법을 배워 나가는 가족들, 공동육아 지원 세력을 계속 배출해 낼 수 있다. 또한 다음 세대를 미래 공동체적 생활에 대한 주역으로 길러 낸다는 점에서 매우 바람직하다.

  참여하는 가족들은 제도 교육을 월등하게 탈바꿈하지 않는 한, 공동육아는 유지해야 하고, 나아가 방과후 학교뿐만 아니라 대안 학교까지도 모색해야 한다고 말한다. 가족 개념이나 형태, 제도는 다양하게 변화할지라도 가족은 사라지지 않고 지속성이 있듯이 공동육아 협동조합에도 형태의 변화가 있을지 몰라도 '공동육아'를 지속적으로 유지해 나가고자 하는 특성이 있다. 공동육아 협동조합 방식만이 아닌 공동체적인 삶을 보여 주는 다양한 모델이 필요하다. 협동조합형 방식 자체가 확산되어야 한다기보다 어떠한 방식이든 공동육아 이념이 사회의 주 흐름으로 확산되어 공동육아 협동조합 운동이 더는 절실하지 않기를 바라야 한다. 따라서 가족 간의 공동체적 삶을 모색하는 데 집단 내에 협동조합 방식만을 고집하는 집단 이기주의는 없다.

  앞서 논했듯 조합원 이웃은 육아에 대해 함께 고민하고 조언해 주는 상담자이자, 지역 사회에서 함께 아이를 키우는 공동의 부모다. 마실에서나 퇴원 후의 아이들을 돌아가면서 돌보는 저녁 품앗이를 통해, 터전에서의 아마 활동을 통해, 다수의 아이들에게 부모 역할을 해줄 수 있다. 참여 가족들 간에는 내 아이를 옆에서 지켜본 조합원이라면 객관적으로 아이들을 바라볼 수 있고, 내 아이에게 부모의 역할을 해줄 수 있다는 기본적인 신뢰가 있다.

  그리고 터전이라는 물리적인 공유 영역과 육아라는 공동의 관심사, 동일 세대, 공통의 용어들(터전, 아마, 노둣돌, 나들이 등), 반말 문화와 별명 부르기 같은 관념적인 공유 영역(고유문화)들은 참여 가족들 사이에 깊은 유대감과 일체감을 형성하게 한다.

공동육아의 관계들은 그 구조가 평등하다. 최고의 의사 결정 기구인 총회에서 참여 가족 모두 발언권과 의결권이 있으며, 자체적으로 1년간 조합을 위해 봉사할 수 있는 운영위원과 이사를 매해 돌아가면서 뽑아 어느 가족이나 한번씩은 돌아가면서 조합의 운영 일을 해볼 수 있다. 또한 터전에서는 남녀에 따른 역할 구분이 없어서 아빠들이 가사에 많이 참여를 한다는 것이 터전의 보편 특징 중의 하나다. 아빠들도 아마 활동을 통해서 자녀 양육에 참여하고 조합원들과 교류하면서 자녀 양육에 자연적으로 관심이 많아지는 것이다. 또한 총회를 하거나 조합원 교육이 있어서 터전에서 조합원들이 저녁 식사를 모두 함께할 때는 아빠들이 설거지를 한다거나, 퇴원 후의 터전 청소를 한다거나 하는 경우도 많다. 설령 자신의 가족 안에서는 권위적이고 보수적으로 행동할지라도 터전에서만큼은 예외적이다. 한편, 교사와 부모 간에도 평등한 관계 속에서 서로 아이들의 교육에 대한 의견을 주고받는다. 부모들도 당당히 자신의 견해를 이야기하여 터전 교육에 반영되도록 개입할 수 있고, 교사들도 가정 교육에 대한 자신의 의견을 자유롭게 이야기하는 열린 의사 소통 구조를 가지고 있다. 이와 같이 평등한 관계의 상호 작용은 구성원 간의 원활한 관계망(network)을 형성하게 하여 공동체로서 지속되게 한다.

공동육아를 통한 가족 간의 끈끈한 관계 형성은 비혈연의 핵가족들 간에 나에서 우리로, 내 가족에서 우리 가족으로 인식의 변화를 경험하게 하며, 다른 가족과 다른 가족 구성원을 내 가족의 범주로 받아들이는 가족 경계의 확대를 경험하게 한다.

공동육아 협동조합에서 공동체란 '현재적' 시점의 공동체가 아니라 '지향하는' 공동체이기 때문에 공동육아는 과정 지향적이다. 현재 조합의 단계가 초보적 수준이건, 앞선 수준이건 간에 어떠한 단계에서도 공동체를 만들어 가는 과정이기에 보람과 가치가 있다. 공동육아 참여 가족들은 목표를 향해 가는 끊임없는 과정 속에서 공동체를 바라보기 때문에 성급하게 평가를 내리지 않으며, 결과를 생각하기보다는 가족 간의 공동체적인 삶을 통해서 얻는 만족과 행복을 충분히 즐기고 있다.

> 결과가 별로 중요하지 않다고 봐요. 어떻게 보면, 바깥에서 보면 극성으로 키운다 그럴 수도 있는 건데, 그것이 뭐 진짜 남다른… 환경이 뭔가 대단한 걸 기대하진 않구요. …(중략)… 애들한테 좋은 친구들 만들어 주면 좋겠고. 여기 애들은 이렇게 뜨내기들이 아니잖아. 어른들끼리도 결합된 관계인 거니까 장기적으로 좋은 친구가 될 수 있는 가능성이 있단 말이지. 그러니까 좋은 친구들 만들어 주면 좋을 거 같고. 여기서 하는 많은 프로그램들이 애한테 좋은 추억이 되면 된 거 아닌가… — 최정환

공동육아 협동조합에 참여하게 된 목적과 이유가 개별 가족마다 다를지라도 결과적으로는 공동육아라는 동일한 목표를 추구하므로 공동체로서 구심점을 지니고 있다.

> 음, 일단은 지향하는 바가 비슷한 거 같아요. 운동하셨던 분도 있고, 뭐 여러 가지 있는데, 일단 신뢰가 가요. 생각이 좀 다를 수도 있겠지만, 부분적으로는. 전체적으로는 지향하는 게 나하고 비슷할 것이다, 이런 기대감이 있어요. 신뢰감 같은 게. 일단 공동육아 어린이집에 들어왔다, 여기 뭐 유치원 이런 데 안 보내고, 여기 들어왔다 하면 이 사람이 만약에 아주 평범한 또는 일반적인 어떤 애들에 대한 육아관을 갖고 있더라도, 공동육아적으로 좀 변할 것이다, 이런 기대감도 있고. 여기서 부대끼다 보면 변할 것이다, 점점 좋아질 것이다, 그런 기대감 같은 게 일단 생기고. 하여튼 뭔가 이렇게 정신적으로 같은 걸 지향한다는 거, 이런 거 참 힘들잖아요. 왜, 학교 졸업하고 나서는 그런 사람 만나기 힘든 거 같아요. 근데 일단 여기 어린이집 사람들은 그런 점에서, 나하고 비슷한 사람들이란 생각이 들어요. — 권미숙

이러한 특성들을 살펴볼 때 공동육아 협동조합은 개별 가족의 공통된 문제인 자녀 양육의 어려움을 가족 간에 함께 해결해 나가고, 가족 안의 성별 불평등을 집단의 평등한 관계 구조를 통해 개선해 나가고자 하며, 가족 의식, 공유 영역, 각기 다른 욕구를 지닌 구성원들이 동일한 목표를 지향하는 것과 같은 개별 가족에 나타나는 특성을 공동체 가족 차원에서 유사하게 지닌 대안적 가족 형태이다. 또한 지역적 기반, 의식적 이념, 대안적 실험성이 매우 강한 집단이다.

그러나 공동육아 협동조합은 자녀 양육을 가족 간에 함께 해결하기 위한 유일한 대안이며 모델은 아니다. 참여 가족원의 특성, 지역의 특성, 참여 가족 간의 관계 특성, 조합의 독특한 경험에 따라 가족 간의 공동체적 생활의 모습은 다를 수 있기 때문이다.

공동육아 협동조합이 대안적 가족 형태로서 더욱 잘 기능하기 위해서는 이익 집단의 형태를 띠는 협동조합형 테두리에서 공동체적인 인간관계를 지향해 나가는 갈등과 어려움을 극복할 필요가 있다. 또한 대안적 가족 형태가 가질 수 있는 여러 어려움들도 고려해야 한다. 즉 공동체적인 삶과 사적인 생활과 갈등(Berger et al.,1974), 공동체의 소유를 자기 가족만의 것으로 생각하는 것처럼 공동체 생활을 방해하는 자기 가족만에 대한 애착(Skolnick,1973), 집단이 지나치게 커져서 일차적인 관계 형성이 어려워 분파가 생기고 공동체적인 삶이 깨어질 위험성, 외부의 적대감(Poplin, 1979)등, 많은 과제들이 숨어 있다.

그럼에도 공동육아 협동조합은 가족 간의 관계망을 통하여 공통의 유대와 평등한 인간관계를 맺으면서 상호 작용하고, 나름대로 구체적인 삶과 문화의 현장을 만들어 가면서 가족간의 공동체성을 발현하고 있으며, 실험 정신과 미래에 대한 희망을 가지고 미래의 대안 가족적 삶에 구체적으로 도전하고 있다.

다양한 대안 가족 실험의 전망

그렇다면 앞으로는 가족의 대안 형태에 대한 어떤 실험들이 전개될까? 자크 아탈리는 『21세기 사전』에서 "가족은 인구어서 예술, 성(性)에서 정치에 이르기까지 다양한 영역에서 일어난 큰 변화에 따라 뿌리부터 뒤흔들리는 제도"라 했다(한국일보, 2000.3.16). 많은 학자들도 현재는 핵가족 시대를 벗어나 다양한 가족 생활을 특징으로 하는 새로운 사회로 이행하고 있다는 견해를 받아들이고 있다. 어떤 특정한 단일 가족 형태가 오랫동안 지배하는 일은 없을 것이며(Toffler, 1997). 일생 동안 한 사람의 가족이 고정적인 것이 아니라 유연하게 되어 사는 동안 여러 가족에 차례로 소속되고, 가족이라는 것은 자신이 소속되어 온 여러 가정들 가운데 하나를 일컫는 말이 되리라고 전망하고 있다(한국일보, 2000.3.16).

따라서 앞으로는 공동육아 협동조합 참여 가족과 같이 가족에 대한 고정관념에서 벗어나 현재 가족의 문제점을 보완하고 해결해 줄 수 있는 다양한 형태의 대안을 실험적으로 모색해 나갈 것이다. 그리고 앞으로 핵가족은 여러 가족 형태들 중의 하나에 불과할 것이며, 개인이나 가족은 일생을 사는 동안 핵가족뿐만 아니라 다양한 형태의 대안 가족을 일시적으로든 지속적으로든 경험하게 될 것이다.

지금까지 우리는 공동육아 협동조합 참여 가족들 간에 어떻게 공동체성을 형성하고 있는가, 가족간의 공동체적인 삶이 단위 핵가족 안에서 어떻게 받아들여지고 변화를 일으키는가를 살펴보았다. 이것을 토대로 우리가 앞으로 계속해서 도전할 대안적 가족 형터에 대한 전망을 가늠해 보려 한다(류경희 · 김순옥, 1999 ; 류경희, 2000).

첫째, 공동육아 협동조합은 육아 문제가 가족적, 사회적으로 해결되지 않는 상황에 대한 끊임없는 가족들의 저항 과정에서 형성된 가족과 사회의 중간 집단(정병호, 1996)이라고 볼 수 있다. 앞으로는 육아 외의 가족의 다양한 영역 즉 노인, 여성, 청소년, 의식주 생활, 환경 문제 등등에서 다른 가족과 함께 자율적으로 중간 집단을 형성하여 공동체적인 삶을 통해 해결해 나가고자 하는 '가족의 중간 집단화'가 활발해질 것이다.

둘째, 공동육아 협동조합이 모든 생활을 함께하는 '전면적인 함께'가 아니라 육아라는 생활의 필요 부분을 함께하는 '부분적인 함께' 공동체인 것처럼, 앞으로는 각 가족의 개성과 특성을 존중해 주면서 개별화할 부분은 남겨 놓고 필요 부분에서만 가족 간에 함께 연대하는 '따로 또 같이' 공동체(조은, 1999)가 그 대안일 가능성이 크다.

셋째, 앞으로 가족의 대안 형태들은 집단 지향적 성향이 있더라도 집단 안에서 개별적인 참여 가족의 성장과 발전에도 관심을 기울여, 개별 가족의 자율성과 선택을 존중하는 방식으로 나타나리라 전망된다.

넷째, 가족의 대안 형태들은 하나의 실험 과정에 있기 때문에 앞으로도 정해진 형식이나 내용 없이 대안적 가족 형태에 대한 많은 시도와 모색이 있을 것이다. 협동조합 방식은 아주 부분적인 공동화를 추구하면서 점진적이며, 지속적으로 사람들 간의 마음과 마음, 생활과 생활을 공동체화하려는 대중적이며 공동체적인 삶을 지향하고 있다. 그 지향점은 두레나 향약, 계 등 우리 전통과도 밀접하게 연관되어 있어서, 개별 가족 혼자만의 힘으로 해결할 수 없는 부분들을 가족들이 스스로 모여서 한번 해 보자는 공동의 요구가 있을 때 앞으로는 상당히 다양한 영역에서 협동조합이 만들어질 가능성도 있다.

다섯째, 가족과 가족 간의 공동체적 생활은 가족 내의 문제 해결만이 아니라 바람직한 방향으로 사회 변화의 가능성을 열어 줄 것을 늘 염두에 두고 있다는 점에서 '사회적 가족'이라고도 할 수 있는데, 이러한 '사회적 가족'으로서 대안적 가족 형태는 앞으로도 계속 확산될 것이다.

여섯째, 이혼율의 급증, 출산 파업으로 불리는 저 출산율 등 한국

사회 현실과 가족 재구성의 다양한 요인이 생겨남에 따라 미래 사회에서는 이성애 부부가 중심이 된 가족 구성이 해체되고 이혼 가족, 한부모 가족, 재혼 가족, 분거 가족, 무자녀 가족 등의 다양한 가족 형태가 출현하게 될 것이다. 공동육아 협동조합 참여 가족들 중에도 분거 가족이나, 이혼 가족, 한부모 가족들이 몇몇 포함되어 있었으나, 가족의 다양성에 따른 배려의 요구가 조합의 역량상 제대로 반영되기 어려움을 볼 수 있었다. 따라서 앞으로는 가족의 다양성을 수용하며, 각 가족이 처한 상황을 배려해 주는 다양한 양상의 대안적인 가족 형태를 만들어 가야 한다.

일곱째, 공동육아 협동조합에 참여하는 가족들은 집단 구성원의 조건에 맞는 현실적이고 합리적인 공동체로 그 개념을 수정해 가면서 나름대로 공동체성을 형성해 가고 있다. 도시에서 생산 기반이 다른 사람들이 모여 공동의 매개로 하나의 연대감을 갖고 좋은 이웃들과 함께 생활하는 것으로 시작하여 나중에는 오래된 친구로 발전해 갈 수 있고, 계속 뿌리내리면서 지역 공동체로 발전해 나갈 가능성이 있다. 또한 이기적인 개인주의, 고립감, 소외감, 불안감 등을 극복하게 해주는 형태라면 모두 공동체로 볼 수 있다는 공동체에 대한 현실적인 정의도 내릴 수 있다. 공동육아 참여 가족들 대부분은 공동 생산, 공동 분배, 공동 거주 등을 표방하는 이상주의적인 공동체 개념에 대하여 많은 거부감을 표현하고 있다. 이런 이상주의적인 공동체는 현재 도시 생활에서는 이루어지기 어렵다. 이상주의적인 공동체 개념은 허상이고 말 그대로 이상일 뿐이다. 더군다나 가족 간의 공동체적인 삶을 경험하지 않은 일반 가족들은 공동체라는 용어가 주는 고정관념 때문에 심한 거부감부터 느낄 수 있다. 어떻게 보면 공동체라는 용어를 대신할 다른 용어가 필요한 것은 아닌가 하는 생각도 든다.

결국 '공동체 가족'이라는 미래의 대안적인 가족 형태는 공동체에 대한 기존의 이상주의적인 개념이 현실에 맞게 재정의 되어, 구성원의 조건에 맞는 현실적이고 합리적인 공동체로 그 개념을 수정하고 나름대로 적합한 공동체성을 형성해 갈 것이다.

여덟째, 가족 간의 공동체적인 삶은 이웃과 더불어 사는 가족의 일상에 집중하게 하며, 이를 통해 내 가족의 삶의 방식을 찾아내고, 가족에 더욱더 충실하게 한다. 또한 이웃과 함께 하는 충만감과 행복감은 가족의 새로운 삶의 질을 향상시키는 토대가 된다. 그리고 이웃과 더불어 함께하는 삶을 통해서 기존에 가족이 갖고 있는 지위 부여나 '도구적 기능'보다는 삶의 양식을 함께 누리는 문화적 공동체로서의 가족의 의미가 앞으로 더욱 중요해질 것이다(조은, 1999). 현대 사회에서 이러한 공동체 가족, 즉 대안 가족 형태가 개발되기 위해서는 함께 해결해야 할 과제들이 많이 있다(류경희 · 김순옥, 1999).

공동체 의식의 확립 없이 막연한 동경이나 환상만으로 참여하거나, 공동체적인 삶을 스스로 받아들이는 것이 아니라 타인에 의해 받아들이게 되면, 공동체 가족의 경험은 오히려 실망만을 주는 안타까운 것이 될 수도 있다. 나나 내 가족만을 생각하는 편협한 의식에서 벗어나 내가 속한 지역과 그곳에 살고 있는 다른 이웃과 유기적 연관성을 의식하면서 더불어 살아간다는 공동체 의식이 사회 전반적으로 확산되어야 한다.

공동체 가족 구성원들은 기존 구성원이든 새 구성원이든 비록 공동 관심을 중심으로 모였다고 하더라도, 정체성 형성을 위해서는 공동체의 이념을 지향하기 위한 교육을 계속해야 한다.

또한 공동체 가족 구성원들의 살아온 환경이나 배경이 다르기 때문에 의견 차이와 갈등이 있을 수 있고, 그 외 공동체 가족을 실현하는 과정에서 발생하는 여러 문제점들이 있는데, 이것을 어떻게 해결해 나가느냐에 따라 공동체 가족의 성패가 좌우될 것이다. 따라서 이러한 갈등과 문제점을 공동체 내에서 자체적으로 해결할 수 있는 의사 소통 구조나 인간관계 기술, 문제 해결 방법 등을 모색해야 한다.

지역 사회와 외부 사회와의 관계 문제도 중요하다. 자칫, 공동체 가족이 내부의 체계를 갖춰 나가는 데 중점을 두고 독자성만을 유지하려다 보면 공동체의 이념이나 지향하는 바와는 달리 지역 사회나 외부 사회와 단절된 폐쇄적인 경향을 띨 수도 있다. 따라서 공동체 가족은 공동체가 가지고 있는 이상을 지역 사회와 함께 나누고 지역의 문제를 함께 풀어 나가려는 노력을 해야 한다. 마포 지역 공동육아 협동조합인 우리 어린이집이 지난 2년여 동안 성미산 살리기 운동을 하면서 지역과의 새로운 만남이란 결실을 일구어 내고, 지역 사회의 구심점으로 자리 잡게 된 사례는 좋은 예가 될 수 있다.

서울시 마포구 성산동에 있는 성미산(높이 65미터, 면적 3만 8천평)의 소유주인 한양학원이 지난 2000년 6월 산기슭 8천5백 평에 12-15층 아파트 9개 동을 짓는 '지구단위계획안'을 마포구청에 제출하면서 도심 속 야산을 대지로 형질을 변경해 아파트를 지으려는 개발업체와 구청측, 그리고 이를 반대하는 주민들 간에 마찰이 있었다. 이에 마포구 주민들과 마포두레생활협동조합, 지역 공동육아 협동조합인 우리 어린이집과 우리 어린이집의 방과후학교인 도토리 방과후 조합원 등이 주축이 되어 「성미산을 지키는 주민연대 모임」을 결성했고, 지역 내 유일한 자연 녹지를 파괴하고 쾌적한 주거 환경을 해치려는 움직임에 반발하면서 성미산 살리기 운동에 앞장섰다. 또한 2001년에 만들어진 협동조합대표자협의회는 마포 지역 5개 공동육아와 마포두레생활협동조합으로 구성된 공동 모임으로 성미산 살리기 운동과 연계해 3일 동안 열린 성미산 축제와 같은 마을의 행사들을 공동으로 치러 냈다(공동육아와 공동체 교육, 2002). 성미산 살리기 운동을 하면서 3년여 동안 고생한 결과 2003년 10월 서울시에서 성미산 배수지 공사를 중단하기로 결정했다. 배수지 공사는 중단되었지만 벌목된 성미산을 복원하고 지역 주민들의 진정한 산으로 만들기 위해 2003년 10월부터 11월까지는 성미산의 나무에 대한 것과

마포 지역 공동육아 협동조합인 우리 어린이집은 2001년부터 2년여 동안 성미산 살리기 운동을 하면서 지역 사회와 만나고 지역 사회의 구심점으로 자리 잡는 결실을 일구어 냈다. 위는 성미산 개발을 저지하기 위해 열린 숲속 음악회, 아래는 서울시에서 성미산 배수지 공사를 중단하기로 결정하고 나서 지역의 아이들과 어른들이 함께 그린 벽화.

지역 주민의 성미산 이용 실태 등에 관해 모니터링을 실시하고, 이를 토대로 2004년 봄부터는 지역 주민의 소중한 공간인 성미산을 건강한 자연 숲으로, 지역의 생태 공원으로 가꾸고 있다(http://www.sungmisan.wo.to).

지역 사회와 함께 나누려는 이러한 움직임은 지역의 현안이 모든 공동육아 조합원들의 문제라는 공감에서 출발했는데, 공동육아 협동조합이 일을 추진하는 주체로 자리매김을 하고, 역할을 나누어 지역의 현안을 해결하고 지역 행사를 치러 냈다는 것은 공동육아 틀을 벗어난 지역과의 결합이란 점에서 중요하게 평가된다(공동육아와 공동체 교육, 2002).

앞으로 21세기의 대안적 삶의 형태로서의 공동체 가족은 미래의 이상을 현실의 가능성과 적절히 결부시키면서 지역 사회를 중심으로 가족 간의 활발한 교호 작용을 해야 할 뿐만 아니라, 다른 공동체와도 충분히 교류할 수 있는 개방된 지역 개념으로 공동체 가족간의 관계망을 형성해 가야 한다. 또한 구성원 내부의 성과 연령, 문화 등의 차이에 의한 다양성을 인정하고 미래의 대안적 가족 문화를 생각하는 실험성을 뚜렷이 견지하면서, 생활자 주체성을 갖고 공공 관심을 주제로 '가족 간의 모임'을 형성해서 점차 확대, 분화하면서 사회 전반에 대안적인 가족 형태를 확산시켜야 할 것이다.

전국 곳곳에서 가족의 어려움을 가족 간에 함께 극복해 보려는, 그리고 더 나아가서는 바람직한 사회 변화까지도 유도하려는 '사회적 가족'으로서의 대안적 가족 형태는 앞으로 더욱 다양한 도전 앞에 서게 될 것이다.

주

1 이 책에 등장하는 조합명 「활기찬 어린이집」과 조합원, 교사, 어린이의 이름은 정보 제공자를 보호하고 사생활의 침해를 막기 위해 가명으로 했다.

2 「(사)공동육아와 공동체 교육」으로 명칭이 바뀌었으며, 2004년 현재 동작구 대방동에 있다.

3 서술 관찰 내용: 터전의 위치, 터전의 공간 구조, 아이들 놀이 도구와 기구, 터전의 구성원, 터전에 있는 가구 및 가전제품 등의 물건들, 터전에 드나드는 사람들, 터전의 일상생활 흐름, 아이들이 어른을 대하는 행동, 어른이 아이를 대하는 행동, 교사의 행동, 나들이 장소, 아이/교사 간의 상호 작용, 원장과 영양 교사의 활동, 교사회의 및 아이들 교육 활동.

4 집중 관찰 내용: 등원, 퇴원시의 부모와 아이들/부모와 교사/부모들 간의 상호 작용, 퇴원 시의 부모들의 청소 활동, 아마 활동, 안전사고들, 아이들의 싸움, 문제를 해결하려는 노력들, 터전의 구성원들이 느끼는 감정들.

5 선별 관찰 내용: 임시총회 1999. 2. 27, 졸업식 1999. 2. 27, 정기총회 1999. 7. 24, 도란도란방 모임 1999. 3. 5, 깡충방 모임 1999. 3. 10, 조합원 교육 (① 「공동육아-나, 우리의 체험과 전망」 1999. 3. 27 ② 신입 조합원 교육 1999. 6. 1 ③ 「MBTI를 통한 나, 너 알기」 1999. 5. 21), 야유회(장소 이포 리조트) 1999. 6. 19-20, 개원 3주년 기념 잔치 1999. 4. 25 저녁 마실가기, 이웃과 휴일 함께 보내기 등과 같은 비공식적 모임은 참여 관찰하기 어려워 심층 면접에서 정보를 얻었고, 주로 공식적 모임에 초점을 두어 선별 관찰하였다.

6 방법론상, 스프래들리(1979, 1980)의 발전식 연구 절차에 따라 문화기술학적 참여 관찰과 정보 제공자 심층 면접을 진행했다. 이는 내부자 참여와 외부자 위치 사이에서 적절한 균형을 유지할 수 있는 보통 참여 관찰이었으며, 조합의 정관, 회의 자료, 소식지, 조합 형성 초기의 자료 등을 수집하는 한편, 상황을 간략히 메모해 두거나

기억하고 있다가 현장에서 돌아오면 즉시 현장 일지를 작성하는 방식이었다. 부모들의 활동 모습, 부모와 아이들의 놀이 장면을 사진에 담았는데, 수집 후에는 다시 나누어 줌으로써 신뢰 관계를 형성해 나갔다. 심층 면접은 어린이집이나 정보 제공자의 집 등에서 정보 제공자 10명을 대상으로 1999년 3월부터 9월까지 진행했다. 정보 제공자들은 모두 터전을 중심으로 걸어서 20분 이내 거리에 거주하는 사람들이었으며, 면접 시 정보 제공자의 동의를 얻어 녹음하였고, 간결하게 요약하면서 적어 나갔다. 면접 초기는 자연스러운 분위기에서 기술적 질문을 해서 면접자와 정보 제공자 간에 일상적인 대화 형식을 유도했다. 면접 내용 및 비언어적 행동은 있는 그대로 적는 필사본으로 전환했고, 제공자의 요청에 따라 면접 필사본을 돌려준 뒤, 수정 사항을 체크했다. 필사본을 보고 정보 제공자 10명 중 4명만이 주로 다른 조합원 또는 교사와의 갈등 문제에서 직설적인 표현을 완곡한 표현으로 수정하여 돌려주었다. 논문이 완성된 후에는 현장에 다시 돌아가 정보 제공자에게 읽어 보게 했다. 이로써 자료 분석을 거쳐 이루어진 연구자의 해석이나 주장이 불일치하는 증거나 부정할 만한 사례는 없는지 확인했다. 연구 결과는 정보 제공자의 지각을 대체적으로 정확히 반영하고 있어 다른 사람들에게 신뢰받을 수 있는 가능성이 높았다.

7 이 책에서는 Ethnography를 문화기술학(文化記述學)으로 표기한다.

8 첫째, 정보 제공자는 연구 주제에 철저히 문화화되어 있어야 한다. 즉 정보 제공자가 연구의 주제가 되는 문화에 철저히 익숙해져 있을수록 좋다. 둘째, 정보 제공자는 현재 어느 정도 관여되어 있는 상태(current involvement)여야 한다. 셋째, 정보 제공자는 면접을 위해 충분한 시간을 낼 수 있어야 한다. 넷째, 정보 제공자는 가급적 비분석적(nonanalytic)일수록 좋다(Spradley, 1979). 이는 어떤 개념이나 상황을 설명할 때 자신의 분석적 틀을 이용하여 분석하고자 하는 정보 제공자보다는 개념이나 상황 자체를 기술적으로 설명하는 정보 제공자가 더 타당직하다는 것이다.

9 외국의 공동육아를 살펴보면, 일본의 경우 지난 20-30년 동안 종일 공동육아 제도의 빠른 확산 과정을 통해 오늘날은 최소한 네 명 중 한 명꼴로 어린이들이 공동육아 시설에서 전혀 다른 초기 사회화의 길을 가게 되었다. 일본이 처음에 공동육아를 사회적 제도로 발전시킨 이유는 젊은 어머니들을 노동 시장에 편입하기 위한 것이었다. 1985년을 기준으로 볼 때 일본은 22,899개소의 인가받은 공동육아 시설에서 약 2백만에 가까운 영유아에게 종일 보호 교육을 하고 있다. 일본의 종일 공동육아 시설의 규모와 질은 이미 사회적 공동육아의 선진국이라고 여겨져 왔던 나라들(예를 들어 스웨덴이나 사회주의 국가인 소련 등)보다도 앞질러 있다(정병호, 1991).

공동육아형의 보육을 실시하고 있는 스웨덴은 1960년대 노동 시장에 대한 여성 참가율의 증가, 계속되는 여성 노동력에 대한 요구, 여성 평등에 대한 인식의 증가와 함께 여성 노동을 지원하는 정책의 하나로 사회적 양육 정책이 발달하였다. 1968년 어린이 센터를 위한 왕립위원회가 설립되어 공공 보육의 욕구와 목적에 대한 새로운 개념을 지적하여 1973년 12월 「프리스쿨 법 (Preschool Act)」의 제정으로 스웨덴에서 공공 보육 서비스는 급속히 증가하였다. 스웨덴 공공 보육 제도는 '취학 전 학교(pre-schools)' 와 '가정 보육(family day home)'이라는 두 가지를 기본 형태로 하고 있으며, 어린이의 성장 발달을 강조함으로 과거의 시설 보육과 같이 경제적으로 곤란한 계층의 어린이만을 주된 대상으로 간주하지 않는다. 단 특별한 욕구를 가진 어린이 — 신체적, 정신적, 사회적, 언어 또는 기타 장애를 가진 경우 — 에 일차적인 우선 순위를 두며, 다음으로는 부모가 취업한 경우나 전업 학생인 경우의 어린이가 우선 순위를 가진다(김종해, 1993). 스웨덴의 보육 프로그램들은 어린이에 대한 교육에서 읽기와 쓰기를 가르치려고 하지 않으며, 유아 자신의 세계, 경험, 흥미 등에 기초하여 계획되고, 기본적으로 문화 활동, 자연 활동, 지역 사회 생활 활동의 세 부분으로 진행된다. 문화 활동에서는 언어나 극 활동, 음악, 미술 활동 등을 하며, 자연 활동에서는 빈번한 야외 자연 학습을 강조하여 실제 대부분의 보육 프로그램들이 매일 야외 학습을 일과로 정하고 있다. 또 지역 사회 활동 영역에서는 역할 놀이나 게임, 인형을 이용한 역할극 등을 매체로 하여 책임과 협력을 촉진하는 활동을 함으로써 유아들이 사회적 책임과 단결, 우정, 이타심을 배우도록 한다(Blaska & Hasslen, 1994: 차현진, 1997 재인용).

이탈리아는 전통적으로 가톨릭의 영향권에 있었으며, 1930년대 초까지 유아 교육의 60% 이상이 종교 재단에 의해 운영되어 왔는데, 파시스트가 지나간 2차 대전 직후 이탈리아 주 정부는 재조직되었고, 이로 인해 가톨릭 교회의 영향력이 약화되면서 사회주의적이며 지방 자치적 성격이 강했던 도시인 레지오 에밀리아에서 부모 공동의 조합 형태를 설립하려는 자발적인 시도가 일어났다(Malaguzzi, 1993). 핵가족화와 맞벌이 등의 이유로 유아 학교와 영·유아 센터에 자녀를 보내야만 하는 가족들은 유아와 부모 간의 독점 애착의 관점을 버리고 다른 사람들과 공유 애착을 형성함으로써 여성의 사회 진출과 가족 구조의 변화에 대한 갈등을 해결했다. 이러한 지역 사회 문화를 바탕으로 레지오에서는 사회적 관계의 형성과 의사 소통을 중요시하며 유아를 또래, 교사, 부모, 사회 문화적 환경과의 관계 속에 소속된 것으로 보기 때문에 어느 누구도 유아에 대한 문제 해결의 독점권을 가질 수 없음을 인식하고 있다. 그 결과 1971년 부모, 교사, 시민 대표로 구성된 이사회를 주축으로 교육부와 정부에 대한 압력 단체의 역할을 함으로써 지역 사회 중심의 운영 체계를 이루고 있다(Spaggiari, 1993).

이와 같이 일본, 스웨덴, 이탈리아 등 외국에서의 공동육아는 우리 나라와 달리 한 보육 제도 속에서 자리 잡고 있다.

10 조합원 및 가족의 일반적 특성

특성		범주	빈도(명, 가구)
연령	남편	30대	27
		40대	2
	부인	30대	29
		40대	1
직업	남편	전문직(변호사, 의사)	5
		교직	3
		회사원	15
		자영업	3
		학생	3
	부인	전문직(변호사, 의사)	1
		교직	7
		회사원	8
		공무원	2
		자영업	1
		학생	1
		전업 주부	10
학력	남편	대졸	27
		대학원졸	2
	부인	고졸	1
		대졸	27
		대학원졸	2
가족형태		맞벌이 동거가족	18
		맞벌이 분거가족	1
		외벌이(부인) 분거가족	1
		외벌이(남편) 동거가족	9
		한부모가족*	1

* 1999년 2월 27일 조합의 임시총회 자료와 조합원과의 면담을 통해 재구성.

11 아동 및 교사의 구성 (1999년 8월 현재)

층별	방별	아동수	교사수
2층	도글도글방	5	1 (전일제)
	도란도란방	7	1 (전일제)
	소근소근방	10	1 (전일제)
1층	깡충방	7	1 (전일제)
	도깨비방	10	1 (전일제)
총 계		39명 (30가구)	원장, 영양교사, 반일제 교사 1명, 보육도우미 1명, 총 9명

12 기본 출자금의 규모는 1999년 현재 공동육아의 터전에 한 자녀를 맡긴 경우 430만 원, 두 자녀 이상 맡긴 경우 550만 원으로 하며, 가입비는 40만 원이다. 월 보육료는 12개월에서 18개월 아동은 41만 원, 19개월에서 26개월 아동은 36만 원, 27개월에서 36개월 아동은 31만 원, 37개월에서 60개월의 아동은 28만 원, 61개월에서 초등학교 취학 전까지의 아동은 26만 원으로 개월 수에 따라 차등을 두고 있다. 보육비는 조합원 자격을 취득한 달부터 자격을 상실한 달까지 내야 하며, 질병 등으로 어린이집에 일정 기간 보낼 수 없는 경우 이사회에 사유서를 제출하고 그 기간이 한 달 이상이면 보육료의 60%를 부담한다. 어린이집 운영비는 총회에서 3분의 2 이상 출석해서 과반수 이상 찬성하면 조정 가능하고, 입회 및 탈퇴 보육료는 보육 기간이 15일 미만이면 보육료의 70%를 납부한다.

13 나들이는 미리 계획하며 6-7세는 정기적으로 산행을 간다. 가까이에 위치한 다른 어린이집과 연합 나들이도 한다. 교통안전공단, 소방서 등 다양한 기관을 방문하기도 하고 상반기에는 정보과학도서관을 간다. 바깥 나들이는 계절별로 개구리 관찰(봄), 시민공원 소풍, 호수에서 썰매 타기 등 다양하다. 7세는 여름에 갯벌 나들이를 가고 3-4세는 가을 들살이를 간다. 4-5세는 연합 나들이를 자주 하는 편. 사고 예방을 위한 안전 교육이 더욱 강화되었다.

14 터전의 말

마주이야기 아이들의 이야기를 상황 그대로, 가감 없이, 설명 없이 옮겨 놓은 것. 말을 시키지 않아도, 묻지 않아도 하고 싶어서 터져 나오는 말을 열심히 들어주고 공감하는 대화가 들어 있다. 마주이야기 속에 담겨 있는 교육론은 가르치려 들지 않고 들어주는 것을 으뜸으로 한다는 것이다. 마주이야기는 아이들이 세상을 어떻게 느끼는지, 아이들 안에는 어떤 세계가 있는지 한눈에 알려준다. 백 마디 설명보다 한 편의 마주이야기가 아이에 대한 이해를 훨씬 폭넓게 할 수 있다. 또한 아이들은 어떤 문제가 풀리지 않아도 자신의 말을 정성껏 귀기울여 주는 것만으로도 희망을 갖고 건강하게 자랄 수 있다.
(새미가 양말이 젖어 신을 양말이 없는 걸 보고)
인범(6세) : 인호야, 새미한테 곰돌이 양말 빌려 주면 안 돼?
인호(6세) : 안 돼.
인범 : 그럼 마음이 안 넓어져.
인호 : 안 돼! 내꺼야!
인범 : (고민하다가) 환희가 양말 빌려 주면 안 돼?
환희(6세) : (자기 바구니에서 양말을 한참 찾다가) 짝짜기여두 돼?
새미(6세) : (고개를 끄덕끄덕)

방 일반 어린이집이나 유치원에서는 샛별반, 햇님반, 달님반 등 무슨무슨 반이라는 말을 쓰는데, 공동육아에서는 '방'이라는 말을 쓴다. 까꿍방, 도글방, 소근방, 당실방…
'반'이 교육 공간인 교실과 그 안에서 이루어지는 고립적이고 제한적인 활동을 의미한다면
'방'은 안방, 건넌방처럼 생활 공간으로서 자유로운 넘나듦을 의미한다. 공동육아는
생활 속에서 자연스럽게 이루어지는 교육을 중시하며 그 일과는 '반'이 아니라 '방'
이 기본 단위다. 아이들은 '방'에서 밥을 먹고, 참을 먹고, 낮잠도 자고, 여러 활동도
한다. 여러 방이 한데 모여 활동을 하는 연령 통합 활동도 있다. 사실 아이들의 일상생활
자체가 통합 활동인 예가 많다. 특별한 활동을 하지 않을 땐 아이들은 이방 저방을
자유롭게 넘나든다. 안방에서 건넌방으로 갈 때, 언니나 동생과 놀 때 부모의 허락이
필요하지 않은 것처럼 공동육아 아이들은 자기 또래뿐만 아니라 다양한 연령과 자유롭게
어울리는 것. 이처럼 공동육아의 '방'은 열려 있음과 자연스러움, 편안함을 의미한다.

장기 활동 한 주제를 다양하고 심도 깊게 장기간 탐구해 보는 활동. 공동육아 어린이집에서
이뤄지는 장기 활동 주제는 나들이를 통한 탐색 활동과 계절에 따른 변화, 전래놀이에
관련된 활동이 대부분이다. 텃밭 가꾸기는 봄에 밭을 일구고 씨앗을 뿌리는 일에서
시작해 물 주기, 김매기, 수확해서 음식 만들어 먹기까지 아이들과 교사들이 장기적으로
하는 것이다. 이 과정을 관찰일지로 계속 작성하거나 그림으로 그리는 등 기록으로
남기고 발표를 한다.

들살이 짧게는 1박 2일 길게는 3박 4일 일정으로 어린이집 전체가 떠나는 특별한
나들이. 계절이나 장소 제한 없이 이루어지는 적극적인 체험 활동이다. 1년에 1-2회
이상 들살이가 마련되는데 '들살이'라는 이름에서 알 수 있듯이 자연적인 경험에 비중을
둔다. 상업화된 캠프 프로그램에 참여하기보다는 어린이집 전체 인원이 참여할 수 있는
적절한 곳에 가서, 숙식과 모든 활동을 교사들이 준비하고 진행한다. 내부 들살이라는
것도 있는데, 주로 들살이에 대한 적응이나 경험을 위해 상반기나 여름에 하고 있다.
익숙한 환경인 터전에서 1박 2일 정도로 진행되는데 특히 어린방의 경우 가족과 하루
떨어져 생활해 보는 것만으로도 의미 있는 경험이 될 수 있다.

나들이 공동육아 아이들의 하루 일과를 일반 어린이집과 비교해 볼 때 가장 크게 차이가
나는 활동이 바로 '나들이'일 것이다. 나들이란 말 그대로 바깥으로 나가서 하는 활동.
공동육아 교육의 방향은 자연과 놀이를 통해 자연의 본성을 지닌 아이의 모습을 되찾게
해주는 것이다. 즉, 나들이를 통해 생명을 소중히 여기는 교육, 개성과 공동체성을 함께
키우는 교육, 이성과 함께 하는 감성 교육을 한다. 이는 일상생활에서 지속적이고도
직접적인 자연과의 관계, 다양한 사람들과의 관계 속에서만 얻을 수 있기 때문이다.
공동육아에서는 매일 바깥으로 나가는 나들이를 '밥'에 비유한다. '밥'을 먹음으로써
에너지원을 공급받듯 나들이를 통해 자연 체험과 놀이, 생활을 모두 경험할 수 있다는
것. 나들이에는 매일 이뤄지는 일상적인 나들이와 다소 먼 거리까지 이동하는 긴 나들이가
있다. 일상적인 나들이는 날씨가 아주 춥거나 덥지 않은 한, 그리고 비가 많이 오지

않는 한 매일 오전 10시부터 12시까지 18개월 이상의 모든 아이들이 함께 떠난다. 주로 어린이집 가까이 있는 산이나 동네가 그 장소다. 긴 나들이는 한 달에 한 번 어린이집 전체가 한 장소로 점심을 준비해 가서 하루 종일 활동하는 것이다. 이것은 일상적 나들이보다 시간적인 여유를 갖고 계획하며 탐구 활동이나 체험 활동의 심화 과정으로 진행된다.

긴 회의와 교육의 날 공동육아는 끊임없는 회의를 통해 함께 만들어 가는 공동체 교육. 긴 회의는 한 달에 1-2회 5시간 이상 길게 진행된다. 대개는 절대적으로 부족한 교사회의 시간을 조합으로부터 확보받아서 밀린 회의를 하는 기능이 크다. 매주 한 번 열리는 낮 회의는 아이들이 낮잠 자는 시간을 이용해 1시간-1시간 30분 정도 열리는 까닭에 집중적인 논의를 할 수 없기 때문이다. 긴 회의에서는 매달 평가와 계획, 교육적 문제 점검, 터전의 현안 등을 논의한다. 교사 재교육을 목적으로 '교육의 날'로 정해 시간을 확보해 주는 경우도 있다. 이 경우 회의보다는 교재 연구, 교구 준비 또는 외부 강사를 통한 재교육까지 공동육아 전반에 걸친 교육적 고민들을 함께 풀어 가면서 교사의 성장을 유도하고 교육의 질을 높여 나간다. 긴 회의 날은 각 터전 상황에 따라 아마를 운영하기도 하고 터전 문을 닫기도 한다

(출처: www.gongdong.or.kr).

15 힐러리(1955)는 공동체에 관한 94개의 정의들을 분석했는데, 공동체를 포괄적 공동체와 농촌 공동체라는 두 범주로 나누어 공동체에 관한 정의들을 분류할 수 있다. (아래 괄호 안의 숫자는 정의들의 수) 우선 포괄적 공동체를 살펴보면 ① 지리적 영역: 자족성(8), 공동의 삶(9), 공동의 친족(2), 동류 의식(7), 목표나 규범·수단의 공동 소유(20), 제도들의 집합(2), 지역 집단들(5), 개인성(2) ② 지역 이외의 어떠한 공통적 특성의 존재: 자족성(1), 공동의 삶(3), 동류 의식(5), 목표나 규범·수단의 공동 소유(5) ③ 사회 체제(1) ④ 개인성(3) ⑤ 태도들의 전체성(1) ⑥ 과정(2)과 같은 사회적 상호 작용과 그 밖에 생태학적 관계들(3)이 있다. 다음으로, 농촌 공동체를 들 수 있는데, ① 지리적 영역: 자족성(1), 공동의 삶(3), 동류 의식(3), 목표나 규범·수단의 공동소유(3), 지역 집단(5)과 같은 사회적 상호 작용으로 분류된다. 힐러리는 공동체가 사회 집단이나 사회 과정, 사회적 체계, 지리적 장소, 의식 등 다양하게 정의되고 있기 때문에 개념 정의에서 완전한 동의를 얻을 수 있는 유일한 기준은 공동체가 단지 사람들로 구성된다는 점뿐이라고 하였다.

16 힐러리(1955)는 공동체를 정의할 때 지리적 영역, 사회적 상호 작용, 공동의 유대라는 3가지 주요 요소들이 포함된다고 보았다. 공동체는 한 지리적 영역에서 하나 이상의 부가적인 공동의 유대를 통해 사회적으로 상호 작용하는 사람들로 구성된다. 매키버는 공동체란 본래적으로 스스로 내부에서부터 발생해서 자발적으로 자유롭게 상호 관계를 맺고, 사회적 통일체의 복잡한 망을 자기를 위해 만들어 내는 인간 존재의

공동 생활을 본질로 한다고 하였다. 그는 공동체 성립의 기초가 되는 것은 우리 감정(we-feeling), 역할 감정(role-feeling), 의존 감정(dependency-feeling) 세 요소로부터 만들어지는 주관적 조건으로서의 공동체 감정(community sentiment)과 사회적 응집과 지리적 범역에 관한 객관적 조건으로서의 지역성이라고 하였다. 또한 공동체는 단순한 지역성에 관한 집단 개념이 아니라 인간의 생의 전체에 뿌리를 둔 공동생활의 영역을 가리키며 결국 사회적 존재의 공동 목적과 상호 의존의 목적에 의존한 정신적 통일체로서 공동화(共同化)의 기본적 계기를 이루는 것이 공동 관심이라고 하였다. 즉 공동체는 공동 생활의 상호 행위를 충분히 보장하는 공동 관심이 그 성원에 의해서 인정되고 있는 사회적 통일체라고 하였다(秋元律郞, 1990 재인용).

17 도시 공동체는 젊은 전문직업인, 편부모, 일부 중산층 가족으로 8-10명으로 구성된 소규모 협동적 가구다. 캔터(1972)는 도시 공동체를 (자녀가 있든 없든) 비혈연 관계 성인 5명 이상이 모여 식생활을 함께 하고, 가사 비용을 공동으로 부담하면서 자기들을 공동체적 용어(Commune, Collective Extended-family)로 규정한다.

가계만을 공동으로 운영하는 이 공동체는 소외된 핵가족 속 긴장과 제한적 역할에 반대하고 따뜻이 서로 후원하는 집단 생활을 하려는 의도에서 생겨났다(Skolnick, 1973). 도시 공동체들은 미국의 오랜 공동체 역사와 전통적인 가족 가치관에 뿌리를 둔다. 핵가족의 위기와 가족 문제의 추세는 도시 공동체를 형성해 나간 동시에 전통적 가족을 더욱 붕괴하기 쉽게 만들었다. 전통적 가정들이 그러했듯이 도시 공동체는 집단적 세대, 공유된 가정, 확대된 가족을 창조하는 것이 일차적 목적이기 때문에 친교 이외 특별 활동도 없고, 서로 친밀한 것 이외에는 어떤 특수한 가치관도 없으며, 저녁과 주말 외 대개의 시간은 공유하지 않는다.

도시 공동체의 가족 생활은 더 공개적인 것이 되고, 핵가족들을 구분하는 경계는 흐려져서 가장 밀접한 인간관계인 부부 관계나 부모 자녀 관계가 개인성을 덜 띠게 된다. 남남 또는 우연한 친구들에게서 보통 가정이 식구들에게 해결해 주는 외면적인 의식주뿐만 아니라 특별하고 친밀하며 사랑스러운 감정과 같은 가족적 감정이 의도적으로 창조될 수 있다고 믿으며, 가족적 감정을 발전시키려고 노력한다. 대부분의 도시 공동체에서 멤버들은 어느 가정에서나 보통 하는 식으로 서로를 돌보아 주고, 권위가 아닌 타협이 도시 공동체 내부 관계의 기초가 되며, 남녀가 집안 일을 평등하게 나누어 하며, 아이들의 지위와 참여도는 어른과 평등하고 독립적 존재로 인정받는다. 그러나 도시 공동체는 구성원들이 공동체 생활에 대해 영구적으로 헌신하기는 하지만 이 집단에서 저 집단으로 이동하는 것이 가능하기 때문에 비교적 많은 사람에게 일생 중 짧은 기간 이상 동안 지배적인 가정 형태로 보이지는 않는다(Kanter,1983).

우리 나라에서는 8년간의 실험적인 공동체 생활을 한 「새벽의 집」 도시 공동체가 있었다. 1972년에서 1980년까지 8년간의 공동체 생활은 결국 실험에 그치고 말았지만, 공동체를 어떻게 만들어 가야 할 것인가에 대해 많은 교훈을 주고 있다(문영미, 1996).

■ 18 ■ 공동 주거 운동(cohousing)은 사생활을 보장하면서도 공동체의 공공의 활동과 협력을 원활히 할 수 있는 효율적인 주거 양식에 대한 필요와 개인적이면서도 공동체적인 다양한 개인들의 요구를 해결하려는 과정에서 생겨났다. 처음에는 1970년대를 전후하여 덴마크에서 시작되어 그곳에만 현재 200개가 넘는 공동 주거 공동체가 만들어졌고, 북미에서는 공동 주거에 대한 대중적인 관심이 높아지면서 1991년 캘리포니아의 데이비스 교외에서 처음으로 공동 주거 주택이 세워졌고, 샌프란시스코에 에머리빌 공동체가 있으며, 캘리포니아의 베니시아에는 27개의 가정과 자치 시설이 전통적인 소규모 읍 규모로 세워질 예정이다(한국불교환경교육원편, 1997). 다양한 세대들 간에 상호 의존하는 가족 복합체를 형성하여 현재의 주거 방식에서 느끼는 고립감에 깊이 회의를 느끼는 사람들이 전통적 관점에서 이웃이라는 개념을 새로이 찾고자 한 것이다. 공동 주거 공동체는 주택 양식과 주거 방식을 자신들이 자주적으로 선택하는 운동이며, 단독 건물과 공동 공간을 갖고 있는 개인 주택들을 모두 한꺼번에 아우르는 것으로 공동 공간으로 할당된 곳은 다양한 즐거움을 제공하는 만남의 장소나 공동 부엌, 식당, 세탁 시설 등 다양한 부속 건물을 배치한다. 어떤 공동체들은 공동 공간 안에 음악실, 놀이방, 워크숍 토론실, 사무실 및 접대실도 있는 경우도 있으며, 18-25세대가 활동적인 교제를 하거나 공동 공간을 잘 활용하는 데 충분한 크기이면서 동시에 공동체 안에 사는 다른 사람들과 서로 친근해지거나 참여를 유도하는 데 적당한 규모다. 또한 각 가정이 개별적인 주거 영역을 가진다는 점과 그들이 공동체에 어느 정도의 수준으로 참여하고자 하는지를 스스로 선택할 수 있다는 점이 특징이다(엘렌 헬츠만, 1995; 듀안 피케이슨, 1995 [한국불교환경교육원, 1997 재인용]).

■ 19 ■ 신문 자료, 문헌, 모임의 소식지, 전화 조사 등을 통해서 1980년대 이후의 가족 간의 공동체적 삶의 형태를, 좋은 가족 만들기, 자녀 교육 및 자녀 양육, 환경 운동, 생태 마을 운동, 안전한 먹거리를 통한 생명 문화 창조 운동 등의 모임이 다루는 주요 주제 영역을 중심으로 살펴보았다(변화순, 1994; 박숙자·한미라, 1995; 공동육아연구원, 1996; 중앙일보, 1997년 3월 3일; 중앙일보, 1997년 3월 4일; 중앙일보, 1997년 4월 2일; 최민경, 1997 ; 이성인, 1997; 중앙일보, 1997년 12월 9일; 동아일보, 1997년 12월 22일; 에코가족 소식지 1호, 1997년 12월; 한국 불교 환경 교육원, 1997; 한겨레 신문, 1998년 7월 4일; 에코가족소식지 2호, 1998년 6월 30일; 여성의 신문, 1998년 7월 20일; 시민의 신문, 1998년 10월 19일; 좋은 엄마들의 모임 월간정보지 12호, 1998년 10월; 동아일보, 1998년 11월 30일; 한국 불교 환경 교육원, 1998; 공동육아와 공동체 교육, 2002, 2003).

참고문헌

저서, 논문

공동육아연구회(1994), 『함께 크는 우리 아이들』, 도서출판 또 하나의 문화
공동육아연구원(2001), 『코뿔소~ 나들이 가자!』, 도서출판 또 하나의 문화
구자인(1996), 「공동체 운동의 조류와 시사점」, 한국도시연구소 엮음, 『도시 서민의 삶과 주민 운동』 도서출판 발언, 222-241쪽.
김노정희(1997), 「공동육아와 생명 중심의 육아 문화 만들기」, 김미혜 외 공저, 『양성 평등이 보장되는 복지사회』, 미래인력연구센터, 197-249쪽.
김영옥 외(1995), 『한국 근 현대 유아 교육사』, 양서원.
김정자(1993), 「현행 영유아보육법의 문제점과 개정 방향」, 『21세기의 영유아 보육』, 한울, 43-77쪽.
김종해(1993), 「영유아 보육 발전을 위한 행·재정적 지원 방안」, 『21세기의 영유아 보육』, 한울, 193-238쪽.
류경희(2000), 「공동육아 협동조합 가족의 공동체성 연구」, 성균관대학교 박사학위청구논문.
류경희·김순옥(1999), 「한국의 공동체 가족에 관한 고찰」, 『한국가족관계학』, 4권 1호, 193-221쪽.
_____(2000), 「공동육아 협동조합의 대안적 가족형태로서의 가능성 탐색」, 『한국가족관계학』, 5권 2호, 119-151쪽.
_____(2001a), 「공동육아 협동조합 가족의 공동체성 형성 과정 — 조합형 어린이집 한 사례 분석을 통하여」, 『대한가정학』, 39권 3호, 107-133쪽.
_____(2001b), 「공동육아 협동조합에의 참여를 통한 이웃과 가족 관계의 변화」, 『대한가정학회』 39권 11호, 193-208쪽.
문영미(1996), 『새벽의 집』, 보리출판사.
박민선(1995), 『가족과 한국 사회』, 여성한국사회연구회 편, 경문사, 291-329쪽.

박숙자(1990), 「취업모를 위한 탁아 제도 연구」, 『한국가족론』, 까치, 352-383쪽.
_____(1992), 「미취학 아동기의 공동생활 경험과 사회적 성숙」, 『한국사회학』 제26집 여름호, 145-165쪽.
박숙자・한미라(1995), 「가족과 지역사회」 여성한국사회연구회편, 『한국가족문화의 오늘과 내일』, 사회문화연구소, 369-409쪽.
변화순(1994), 「공동체적 삶을 향한 가족」, 『열린 사회와 가족』, 유네스코 한국위원회・한국여성개발원, 117-141쪽.
신용하(1985), 「공동체에 대한 현대인의 추구」, 『공동체 이론』, 문학과 지성사, 11-17쪽.
신용하・장경섭(1996), 『21세기 한국의 가족과 공동체 문화 — 합리적 공동체로서의 한국형 가족 모델』, 지식산업사.
이기범(1994), 「공동육아 공동체의 가치와 의미」, 공동육아연구회 편, 『함께 크는 우리 아이』, 도서출판 또 하나의 문화, 313-322쪽.
이성인(1997), 「한국의 좋은 가정 사례 발표」, 한국의 좋은 가정 포럼 및 사례 발표회 (주최: 한국 건강 가족 실천 운동 본부・한울타리 가족 모임・중앙일보), 41-61쪽.
이정덕 외(1998), 『결혼과 가족의 이해』, 일지사.
이창호(1998), 「공동육아 협동조합 조합원의 참여 과정과 집단 정체성의 형성 — 한 조합형 어린이집의 사례를 중심으로」, 한양대학교 석사학위논문.
장정순(1986), 「생활 공동체에 대한 여성학적 고찰」, 이화여자대학교 석사학위논문.
장현섭(1995), 「가족의 미래」, 여성한국사회연구회 편, 『가족과 한국 사회』, 경문사, 431-473쪽.
정규호(1997), 「환경 문제와 공동체 운동에 대한 재고」, 한국불교환경교육원 편, 『공동체를 찾아서』, 도서출판 녹색세상(비매품), 15-30쪽.
정병호(1991), 「여성 노동 시장 수요와 공동육아(탁아)제도 — 일본 정부의 대응을 중심으로」, 『한국문화인류학』 제23집, 227-244쪽.
_____(1993), 「우리의 도시 환경과 공동육아」, 우리 아이들의 보육을 걱정하는 모임 편, 『우리 아이, 우리 엄마』, 제6호, 4-7쪽.
_____(1994a), 「대안 교육의 길을 찾아서: 야학에서 공동육아까지」, 『내가 살고 싶은 세상』, 도서출판 또 하나의 문화, 215-243쪽.
_____(1994b), 『공동육아 운동론』, 공동육아연구회 편, 『함께 크는 우리 아이』, 도서출판 또 하나의 문화, 323-343쪽.
_____(1996), 『미래 지향적 사회 조직과 가족 문화』, 백완기・신유조 공저, 『문화와 국가 경쟁력』, 박영사, 459-501쪽.
정진경(1994), 「고립된 엄마」, 『함께 크는 우리 아이』, 도서출판 또 하나의 문화, 13-33쪽.

정해은(1992), 「대안 가족으로서의 공동체에 대한 이해와 평가 ― 키부츠와 미국의 코뮌을 중심으로」, 『한국가정관리학회』, 10권 1호, 229-238쪽.
조은(1999), 「가족 제도의 운명과 새로운 공동체의 가능성」, 『창작과 비평』 103호, 창작과 비평사, 45-61쪽.
조형(1994a), 「공동육아란 무엇인가」, 공동육아연구회 편, 『함께 크는 우리 아이』, 도서출판 또 하나의 문화, 301-312쪽.
_____(1994b), 「탁아 제도: 국가 개입과 민간 시장」, 탁아 제도와 미래의 어린이 양육을 걱정하는 모임 편, 『우리 아이들의 육아 현실과 미래 ― 공동육아 제도의 전망』 한울, 57-70쪽.
차현진(1997), 「공동육아 어린이집 나들이 활동의 교육적 의의」, 중앙대학교 석사학위논문.
최민경(1997), 「주민생협소개」, 대안적 시민운동 모색을 위한 생명운동 워크숍 자료, 생명민회(비매품).
최재석(1972), 「한국에 있어서의 공동체 연구의 전개」, 『한국사회학』, 제7집, 21-35쪽.
한국불교환경교육원 편(1997), 『공동체를 찾아서』, 도서출판 녹색세상(비매품).
_____(1998), 『생태 위기 시대의 공동체 운동』, 한국불교환경교육원(비매품).
한송이(1997), 「새로운 보육 형태인 '공동육아'에 관한 연구 ― 공동육아 부모들의 인식을 중심으로」, 서강대학교 석사학위논문.
Bell C. & Newby H.(1972), 「공동체의 이론들」, 『공동체 이론』, 신용하 편, 문학과 지성사, 52-101쪽.
Berger, B.M. & Hackett, B.M. & Miller, M.(1974), "Child-Rearing Practice in the Communal Family," *Intimacy Family and Society*, Skolinick, A. & Skolinick, J.(ed), Boston: Cittle Brown Company.
Burr, W.R. & Day, R.D., Bahr, K.S.(1993), 「대안적 가족 형태들」 최연실 외 역 (1995), 『새로 보는 가족관계학』 하우, 515-540쪽.
Hartmann, Heidi I.,(1981), "The Family as the Locus of Gender, Class, and Political Struggle: The Example of Housework Signs," *Journal of Woman in Culture and Society*, vol. 6, no. 3, [홍찬숙 역(1988), 『가족연구의 관점과 쟁점』 까치, 160-188쪽.]
Hillery, George A.(1955), "Definition of Community Areas of Agreement," *Rural Sociology* Vol. 20, 111-123쪽.
Kanter, R.M.(1972), "Communes", *The Nuclear Family in Crisis: The Search for an Alternative* Gordon, Michael(ed.), New York: Harper & Row Publishers.
_____(1983), 「도시의 공동체들」, 김윤 역, 『공동체란 무엇인가 ― 사회학적 시각에

서』, 심설당, 222-251쪽.

Malaguzzi(1993), "History, Ideas, and Basic Philosophy — An Interview with Lella Gandini," In C. Edwards, L. Gankini & G. Forman(eds.), *The Hundred Language of Children: The Reggio Emilia Approach to Early Childhood Education*, Norwood, New Jersey: Ablex Publishing Cooperation.

Minar, David W. & Greer, Scott(1969), *The Concept of Community: Readings with Interpretations*, Chicago: Aldine Publishing Company.

Poplin, Dennis E.(1979), 「코뮌」, 신용하 편(1985), 『공동체 이론』, 문학과 지성사, 167-182쪽.

Poplin Dennis E.(1985), 「공동체의 개념」, 신용하 편, 『공동체이론』, 문학과 지성사, 18-51쪽.

Scar, S.(1993), 『어머니의 양육과 타인의 양육』, 현은자 엮음, 양서원.

Skolnick, Arlene(1973), *The Intimate Environment: Exploring Marriage and the Family* Boston: Little Brown Company.

Spaggiari(1993), "The Community — Teacher Partnership in the Governance of the Schools — An Interview with Lella Gandini," In C. Edwards, L. Gankini & G. Forman(eds.), *The Hundred Language of Children: The Reggio Emilia Approach to Early Childhood Education*, Norwood, New Jersey: Ablex Publishing Cooperation.

Spradley(1979), *The Ethnographic Interview*, Harcourt Brace Jovanovich College Publishers.

Spradley(1980), *Participant Observation*, New York: Holt Rinehart & Winston, [이희봉 역(1996), 『문화 탐구를 위한 참여 관찰 방법』, 대한교과서.]

Toffler, Albin(1997), 『제3의 물결』, 한국경제신문사.

秋元律郎(1990), 「Community 理論의 再檢討」, 『社會科學討究』, 36권 1호, 와세다대학 사회과학연구소, 201-224쪽.

기타 자료

공동육아연구원(1995), 「공동육아」 창간호.

____(1996), 「공동육아 어린이집은 이렇게 만들어집니다」.

공동육아와 공동체교육 편(2001), 「공동육아와 공동체 교육」 7권 6호.

____(2002), 「공동육아와 공동체 교육」 8권 6호

____(2003), 「공동육아와 공동체 교육」 9권 5호.

동아일보(1997), 「에코가족운동 지구촌 살린다」, 12월 22일자.

____(1998), 「엄마도 웃고, 아이도 웃고 — 품앗이 육아」, 11월 30일자 14면.

보육정보(2004), 「영유아보육법개정안 국회 본회의 통과」, 1월호(제60호).
시민의 신문(1998), 「아껴 쓰는 생활 태도로 지구를 살리자」, 10월 19일.
여성 신문(1998), 「지구 시민증 받은 우리는 에코가족」, 7월 20일.
에코가족(1997), 소식지 1호/12월, 지구를 위한 세계운동 한국본부.
＿＿＿(1998), 소식지 2호/6월 30일, 지구를 위한 세계운동 한국본부.
좋은 엄마들의 모임(1998), 「월간정보」, 12호/10월.
중앙일보(1997), 「姓은 달라도 우리는 한 식구」, 3월 3일.
＿＿＿(1997), 「흙내음 나는 마당서 놀게 해야」, 3월 4일 19면.
＿＿＿(1997), 「자녀 바르게 키우자고 모였어요」, 4월 2일 19면.
＿＿＿(1997), 「교육문제 프로 못지 않아요」, 12월 9일 19면.
한겨레신문(1998), 「'좋은 엄마' 되고 싶어요」, 7월 4일 11면.
한국일보(2000), 「'미래 가족형태는 일부다처・일처다부?」, 3월 16일 18면.
공동육아와 공동체 교육 http://www.gongdong.or.kr
성미산 개발 저지를 위한 대책위원회 http://www.sungmisan.wo.to

공동육아 ❹
공동육아, 이웃이 있는 가족 이야기

1쇄 펴낸날 | 2004년 9월 20일
2쇄 발행일 | 2013년 4월 1일
지은이 | 류경희
펴낸이 | 유승희
펴낸곳 | 도서출판 또하나의문화
121-818·서울 마포구 와우산로 174-5 대재빌라 302호
전화 (02)324-7486 팩스 (02)323-2934
tomoon@tomoon.com http://www.tomoon.com
출판등록번호 | 제9-129호 1987년 12월 29일
ⓒ 류경희, 2004
ISBN 89-85635-67-0 03330

* 책값은 뒤표지에 있습니다.
* 잘못된 책은 바꾸어 드립니다.
* 저자의 허락없이 글, 그림, 사진의 무단 복제 및 전재를 금합니다.